JN241758

LGBT ヒストリーブック

絶対に諦めなかった人々の100年の闘い

著：ジェローム・ポーレン　訳：北丸雄二

　本書の原題は『Gay & Lesbian History for Kids』で、2015年にアメリカのシカゴレビュー出版（Chicago Review Press）という独立系の出版社から刊行されました。この出版社の編集長であるジェローム・ポーレンは「LGBTの歴史」、その中でも「LGBTの公民権運動の歴史」をひもとく子ども向けの本がないことに気がつき、本書を執筆することにしました。

　「子ども向け」にとって重要なのは「わかりやすさ」です。その「わかりやすさ」に欠かせないのが、「親しみやすさ」と「リアリティ」です。本書は、そのあたりをとても意識して編まれています。その特徴の一つとして、人名、地名などの「固有名詞」がたくさん登場します。その固有名詞にまつわる興味深いエピソードや関係性が具体的に綴られています。特に「人物」については、歴史を動かしてきた「ヒーローたち」として、有名無名を問わず、その活躍が生き生きと描かれています。そして心にくいのが、そここここに挿入される、ちょっとしたディテールの描写。それが想像力をかきたて、本書をより立体的で印象深いものにしてくれています。もちろん、新聞や雑誌、書籍やウェブサイトなど、著者が集めた膨大な量の文献や資料が土台になっているのは言うまでもありません。

　一方、副題には「The Century-Long Struggle for LGBT Rights」とあります。ピンクの三角形、ラヴェンダー狩り、ストーンウォールの反乱、ハーヴィー・ミルクの暗殺、エイズ危機、数々の裁判、同性婚の実現……。LGBTの権利を求めた100年にわたる長い長い闘い。そこには一進一退を繰り返しながらも、決して諦めることなく前へ前へと権利を求めて闘った人々の、血と汗と涙が刻まれています。人としての尊厳と誇り（PRIDE）に貫かれています。

　日本語版を編集するにあたっては、資料としての側面を考慮し、本文や索引において、対応する英語をなるべく併記するよう心がけました。インターネットで検索するなどして、思い思いに好奇心の翼を広げていただければと思います。また、本書は「子ども向け」とはいえ、その内容や情報量は、大人にも十二分に読み応えのあるものであり、新たな知識や刺激、感動や勇気を得られるものと自負しております。

　本書を読んで痛感するのは、歴史をつくるのは「人」だということです。人と人とのつながりが歴史を動かし、未来を切り開いていくのです。ストーンウォールの反乱からちょうど半世紀となる2019年に、本書の日本語版を届けられることを嬉しく思うとともに、日本におけるLGBTの公民権運動の歴史を、共につくりあげていくことができれば幸いです。

　一歩一歩、時に大胆に。決して、諦めることなく。

『LGBTヒストリーブック』編集部

目次

第5章

1970年代

Into the Streets

街へ出よう ……………………………… 78

第6章

1980年代

AIDS and a Conservative Backlash

エイズと保守の巻き返し ……… 106

第7章

1990年代

Setbacks and Victories

揺り戻し、そして勝利 …………… 124

第8章

*2000*年〜現在

Things Get Better

いまよりすべてがよくなるさ ……… 144

年表

Time Line

1986年	米連邦最高裁が「バワーズ対ハードウィック」裁判で、 同性愛行為を禁止するジョージア州法（ソドミー法）を合憲と判断
1987年	ニューヨークでエイズ問題の実力行使団体「アクト・アップ（ACT UP）」設立 第2回ワシントン全米大行進開催
1989年	デンマークが世界で初めて同性カップルに「登録パートナーシップ」制度を提供
1993年	第3回ワシントン全米大行進開催。 この時の名称は「レズビアンとゲイの権利のための」から拡大し 「レズビアン、ゲイ、バイの平等の権利および解放のための （for Lesbian, Gay, and Bi Equal Rights & Liberation）」と変更 米軍においてLGBTの性的指向や性自認を黙っていれば軍務に就けるという 「聞くな、言うな（DADT = Don't Ask, Don't Tell）」規則にクリントン大統領が署名成立
1996年	エイズの画期的な治療法「カクテル療法」が始まる 米国で、結婚を異性間カップルに限るという 「結婚の防衛法（DOMA = Defense of Marriage Act）」がクリントン大統領の署名で成立
1997年	米人気コメディエンヌのエレン・デジェネレスがカムアウト
1998年	米ワイオミング州ララミーでゲイの大学生マシュー・シェパードが殺害される
2000年	米ヴァーモント州が同性カップルに「シヴィル・ユニオン（Civil Union）」制度を提供
2003年	米連邦最高裁、ソドミー法を合憲とした86年の「バワーズ対ハードウィック」判決を 「ローレンス対テキサス州」裁判で覆す 米マサチューセッツ州最高裁が同性婚禁止を違憲と判断
2004年	サンフランシスコ市長ギャヴィン・ニューサム、市として独自に同性カップルにも 結婚証明書を発行する「愛の冬（Winter of Love）」を（2月という冬の季節に）開始
2005年	カナダが同性婚を合法化
2008年	米カリフォルニア州最高裁、同性婚を禁止した州法を違憲と判断 カリフォルニア州民投票「提案8号（Prop. 8）」で同性婚禁止が多数票を占め、 同州での同性婚認知が一時停止に
2009年	オバマ大統領が「マシュー・シェパード＆ジェイムズ・バード・ジュニア憎悪犯罪防止法」に 署名成立
2010年	米国で相次ぐLGBT青少年の自殺にダン・サヴェッジとテリー・ミラーが インターネットを通じて自殺を思いとどまるよう呼びかける 「イット・ゲッツ・ベター（It Gets Better＝きっとうまく行く）」プロジェクトを開始 LGBTの米軍勤務条件だった「聞くな、言うな（DADT）」規則の撤廃決定、翌2011年撤廃発効
2012年	オバマ大統領、米大統領として初めて同性婚の無条件合法化に支持表明
2013年	米連邦最高裁、「結婚防衛法（DOMA）」を廃止
2015年	米連邦最高裁、「オバーゲフェル対ホッジズ」裁判で、ある州で正式に結婚認定を受けた 同性カップルには、他の全州でも正式に結婚資格を認定することを義務付ける判断。 これで事実上、全米で同性婚が有効となる
2016年	オバマ大統領、ストーンウォール・インをナショナル・モニュメントと宣言

APRIL·25·1993
MARCH ON
WASHINGTON
ILLINOIS

2人のママ

「ちょっと待って！」両手を広げなが
ら病院の人が言いました。「母親2人はここには
入れません」

　なぜ？ テレサ・ヴォルピーは驚きました。
彼女の息子ジェイダンが腎臓の病気で死にそう
で、いま救急車で病院に飛んできたのです。
ヴォルピーのパートナーであるメルセデス・サ
ントスも車で追いかけてきました。けれど緊急
処置室の大騒ぎの中で、メルセデスはジェイダ
ンに付いて小児集中治療室に入ることができま
したが、テレサはそのドアの前で止められ、病
院職員に入れてほしいと言っているのです。集
中治療室に誰が入っているかの管理のために、
メルセデスは「母親」と書いたリストバンドを
もらいました。残っているのはあと「父親」のリ
ストバンドです。

　「じゃあ、あなたは義理のお母さんなんです
か？」と職員が聞きます。「そうなら入ることが
できますが」

　違う違う、そうじゃない、とテレサは心の中
で言いました。どうしてこうなるのよ!?　彼
女はすぐに中のメルセデスに携帯電話をかけま
した。メルセデスだってジョーダンのそばを片
時も離れたくなかったのですが、生後18カ月
のテレサの息子を助けようとしているお医者さ
んたちを後に、とにかくすぐに彼女のところに
出てきました。そしてすぐに2人してその病院
職員と言い合いになったのです、けれど議論は
堂々巡りするばかりでした。

　テレサとメルセデスは一緒になって19年に
なっていました。一緒に家を建て、一緒に事業
も始め、そしていま、アヴァとジェイダンとい
う2人の子どもを育てていました。それ以上の
説明をする時間こそもったいなかった。いま大
切なことはただ1つ、ジェイダンにはお母さん
たちが一緒にいてやらねばならないというこ
と、ただそれだけでした。

▲　▼　▲

こうした衝突は、昔の病院では起こらなかったことです。レズビアンのカップルという親が病院を訪れることはなかったから。でも、これは2011年、シカゴで起きました。この家族が受けた扱いに言い訳することはできません。

レズビアンやゲイ、バイセクシュアル、トランスジェンダー（LGBT）の人たちの人権を求める長く難しい苦闘は、このテレサとメルセデスのような、不正に対して立ち上がった人たちの物語でいっぱいです。その多くは、彼ら彼女たち自身がまず直接の被害者でした。あの日、あの病院で起きたことはその後、多くの人たちの心を変え、最後にはシカゴのあるイリノイ州の法律を変えることになりました。テレサとメルセデスとアヴァとジェイダンのエピソードは、100年以上前から始まっていまにまで至る、素晴らしい歴史の新しい1項目でしょう。

でも彼らが何を成したのかを知る前に、忘れてはならないのが、彼ら彼女たちが、そして私たちみんなが、何をどうやってここまでたどり着いたのか、そのことを理解することなのです。

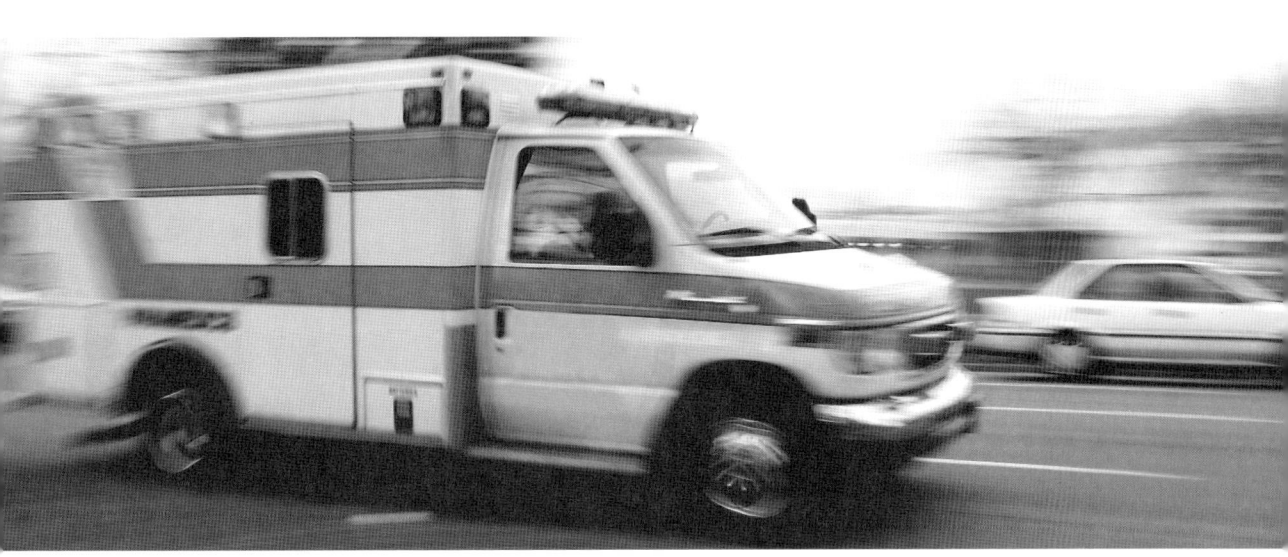

© Braden Gunem

神々の庭（Garden of the Gods）からのパイクスピークの眺め（1900年ごろの撮影）。
Library of Congress (LC-DIG-ppmsca-17814)

1893年7月22日 ≫ この日の早朝、大型の草原馬車を借りた教授たちの一行は、ロッキー山脈南側の最高峰であるパイクスピーク（Pikes Peak）へと出発しました。途中、彼らは馬車をラバに替えます。空気の薄い山道ではラバのほうが良いからです。山頂に達して、みんながラバから降りて景色を眺めました。標高4,302m、まるで大西洋から太平洋まですべてが見渡せるような光景が広がっていました。

キャサリン・リー・ベイツは感動で胸いっぱいになりました。「まさにそのとき、そこでだった。あの壮大な空の下、大海原のようにはるか遠くまで広がる肥沃な国土を見渡しながら、あの歌の最初の一行が私の心に浮かんでいた」と彼女はのちに回想しています。

O beautiful for halcyon skies . . .
おお美しきかな安らかなる天空……

次に続く言葉はそのあとでやって来ます。しかし山頂から戻るまえに、彼女は故郷の母親に電報を打っています。「パイクスピークからこんにちは。神々しい光の眩しさ。お母様がここにいたらいいのに」

その日、ベイツの母親は彼女と一緒ではなかったのですが、キャサリン・コウマンは一緒でした。この2人はコロラド大学からサマースクールの客員教授として招かれ、はるばる東部から一緒にやって来ていたのです。西への旅の途中、彼女たちの汽車は7月4日にカンザスを通

1900年まで

A Brief History

歴史をざっとおさらい

> 「汝の善人たちに友愛を冠す、
> 1つの海からもう1つの輝ける海まで遍く！」
> —— キャサリン・リー・ベイツ

過しました。小麦畑を渡る夏のそよ風を彼女たちは目にします。ベイツは日記に「こんな独立記念日（7月4日）のおかげで、私はより善きアメリカ人でいられる」と書いています。

コウマンと一緒のその夏の旅の思い出はやがて『アメリカ』と題した詩になりました。その詩はその後、サミュエル・オーガスタス・ワードがメロディーをつけ、いまでは誰もが知る『アメリカ・ザ・ビューティフル』という、第2の国歌とも言われる愛国歌になりました。

O beautiful for spacious skies,
おお美しきかな広大な空ぞらよ
For amber waves of grain,
琥珀色の穀物の波なみよ

For purple mountain majesties
紫たる山の王たちよ
Above the fruited plain.
そは実り多き平原の上に在り
America! America!
アメリカ！ アメリカ！
God shed His grace on thee,
神は汝の上に恩寵をもたらし
And crown thy good with brotherhood
汝の善人たちに友愛を冠す
From sea to shining sea.
1つの海からもう1つの輝ける海まで遍く

　キャサリン・リー・ベイツとキャサリン・コウマンがレズビアンだったとは、誰も証明したわけではありません。教鞭を執っていたウェルズリー（Wellesley）大学界隈で「2人のキャサリン教授 Professors Katharine」として知られていた2人は確かに親しい関係でした。25年間を共に暮らしていた2人の関係を、米国北東部ニューイングランド地方では「ボストン式結婚 Boston marriage」と呼んだりします。未婚の女性2人が、お互いに精神的に頼り合いながら結婚したカップルのように暮らすことをそう呼ぶのです。

　そして彼女たちは間違いなくカップルでした。2人は1887年に名門女子大ウェルズリーで出会います。コウマンは歴史と経済を教え、ベイツは英語学部の学部長でした。同じ家で共に暮らし始めたのは1894年のことで、以来、1915年にコウマンが亡くなるまでそれは続きました。コウマンの死後、ベイツは亡きパートナーのために『Yellow Clover（黄色のクローヴァー）』という詩集を出しました。そこで彼女は2人の関係を「1つの魂を共にした one soul together」と書きました。

　歴史を遡（さかのぼ）ってみればみるほど、誰がレズビア

ンか、ゲイか、バイセクシュアルか、トランスジェンダーだったかを知るのはもっと大変です。その問題はあまり言葉にされませんでしたし、話題に上ったとしてもだいたいは悪い意味で口にされたからです。だいたい、「ホモセクシュアル」「ヘテロセクシュアル」という言葉自体、1868年以前には存在しなかったのです。結婚とか家族とか友情とか、そういう最も私的な関係も、何年も前といまではかなり変わりました。ベイツとコウマンも自分たちのことをレズビアンだとさえ思っていなかったかもしれません。ただ、ほかの人とは違うのだという感じで。

　でも、だからといって歴史の中のすべての人々が、ホモセクシュアルだと証明されない限りは全部ヘテロセクシュアルだと仮定するのもおかしな話です。多くの人の髪が黒いからといって、黒じゃないと言われるまではみんな髪は黒いものだと思い込んでいていいわけじゃありません。ベイツとコウマンについてわかっていること、2人が一緒に暮らしていたこと、それって、まずはレズビアンだったかもしれないと考えるほうが普通な気がします。レズビアンではなかったと証明されたら別ですが。

　これからやがて知ることになりますが、歴史はレズビアンやゲイやバイセクシュアルやトランスジェンダーの人たちでいっぱいです。私たちはそのことを、数少ない歴史本や個人的な手紙や裁判記録やその他の資料から知っています。何年もの間、その歴史の多くは隠されていたり無視されていたり、あるいは消し去られていました。そういうことを言葉にしたくない人たちによってです。けれどそれは素晴らしく豊かな歴史です。私たちの世界は、目に見えているかいないかに関わらず、LGBTコミュニティの貢献なしにはこんなに素晴らしくも豊かでもなかったはずです。

数世紀にわたるホモセクシュアリティ

　人間の文明があるところでは必ず、LGBTの人々がその文明の一部を担ってきました。農場主から詩人まで、将軍から歩兵まで、農夫から

観衆に向けて演じるサッフォー。

女王、王まで。いくつかの文化では、同性同士の カップルやトランスジェンダーの人たちは日常 の中で普通に受け入れられていました。ただし、 多くの文化においては迫害されてきたのです。

　古代ギリシャはホモセクシュアリティには慣 れていました。「汝自身を知れ」「吟味されざる 生は生きる価値なし」と弟子たちに説いていた ギリシャの哲学者ソクラテス（紀元前約469〜 399）はゲイでした。その一番弟子のもう1人の 偉大な哲学者プラトン（紀元前427〜347）も そうでした。同じくギリシャの詩人で作曲もし たサッフォー（紀元前約625〜同570）は女性 同士の愛をうたいました。彼女は自分の詩に曲 をつけ、リラと呼ばれる古代ギリシャの竪琴で 演奏しました。サッフォーはレスボス島（island of Lesbos）で若い女性だけが入れる学校を作り ました。このレスボス島が、「レズビアン」とい う名前の由来です。

　戦争の天才と言われたアレクサンドロス（ア レキサンダー）大王（紀元前356〜323）は古 代ギリシャのマケドニア王国に生まれ、西はい までいうエジプト、ギリシャから東はアフガニ スタンやインドにまで広がる大帝国を築きまし た。彼はしばしば自身の兵たちの先頭に立って 戦いに臨み、11年間、無敗を誇りました。彼も またバイセクシュアルでした。彼のパートナー は騎兵指揮官のヘファイスティオンでした。

　ホモセクシュアリティはギリシャ神話にも登

場しています。若きトロイアの王子ガニュメデ スはあまりに美少年であったためゼウスの寵愛 を受け、オリンポス山にさらわれてきて神々へ の給仕として仕えます。ゼウスの妻ヘラは嫉妬 しますが、ゼウスは彼女に構わずガニュメデス を夜空に輝く水瓶座の中に置き、栄誉を授けま した。

　古代中国でも、漢王朝（前漢）最後の皇帝であ る哀帝（紀元前27〜1）は結婚こそしたものの 「女性には関心がなかった」と書かれています。 彼は3歳年下の美少年・董賢と恋に落ち、さまざ まな官職を与えたのちに彼を「大司馬」（国防大 臣）に任命しました。哀帝は自分の次の皇帝は この董賢に継がせたいとまで考えましたが、哀 帝は25歳で急死してしまいます。すると太皇太 后（前の前の皇帝のお妃）がすぐに董賢を排除 し、彼はその日のうちに自殺してしまいました。

　哀帝と董賢の愛情の深さを表す「断袖の契 り」という言葉があります。「哀帝が昼寝から目 覚めると董賢がまだ自分の袖の上で眠ってい た。哀帝は董賢を起こさないようにその袖を断 ち切って起きた」という故事から、「断袖」とは 男同士の同性愛のことを意味します。

　ヨーロッパや中東では、ギリシャに次いでロー マ帝国が出現します。そこでもまたホモセク シュアリティは一般的で、中には男同士で結婚 する人もいました。ハドリアヌス帝（76〜138） はバイセクシュアルでした。寵愛した美青年

アンティノウスがナイル川で溺死したときには彼のために神殿を建て、都市アンティノオポリスを創建したほどです。ハドリアヌスはローマ帝国における「五賢帝」の1人に数えられ、公正で思いやり深い皇帝として国民に敬愛されていました（ローマ帝国の他の皇帝は、時に残虐だったりして、あまり良い人はいなかったのです）。

さらに東へ行ったインドでは、ヒンドゥー教の経典にジェンダーを変える神々の話や、ラクシュミーナラヤン神のように男性であり女性でもある神々のこと、また同性カップルの神々が子どもたちを生む話も書かれています。

文化的なつながり

世界の芸術や文学の中にはLGBTの作家たちによる数多くの作品が残されています。

『千夜一夜物語』あるいは『アラビアン・ナイト』とも呼ばれるアラブ・南アジアの民話集は知っているでしょう。『船乗りシンドバッドの冒険』や『アリババ』『アラジンの魔法のランプ』などが収まった物語集です。イスラム黄金時代の各地で、何世紀にもわたってこれを収集した多くの貢献者の1人にペルシャ人の詩人アブー・ヌワース（約756〜814）がいます。この人はおそらくゲイでした。お話の中にはいくつか同性愛を含むものがありますが、長年にわたっ

やってみよう ACTIVITY　水瓶座を探してごらん

ギリシャ神話では、水瓶座（アクエリアス）は、無尽蔵に水が注がれる水瓶とそれを持つガニュメデスの姿として描かれます。夜空の星の中で、見つけられるかな？

用意するもの

- インターネットにアクセスのできるパソコンとプリンタ
- 双眼鏡、または望遠鏡（あれば）
- ペンか鉛筆

北アメリカでは水瓶座は1月の夜9時ごろにいちばんよく見えます（もしもっと遅くまで起きていられるようだったら、12月の夜10時に、あるいは11月の夜11時ごろにも見られます）。都会に住んでいるなら街の明かりではっきりとは見えづらいかもしれません。そういう明かりから遠く離れて田舎に行くと見つけやすいですよ。見つけるのは簡単。双眼鏡や望遠鏡があればなおさらよく見えます。

どうやるか？　最初に自分の地域の1月の星図をネット上で探しましょう――「www.astroviewer.net」をチェックして、「現在の夜空（Current night sky）」というところをクリックしてください。自分のいる都市の名前も入れるように。時間も合わせてプリントアウトしておくと使いやすいでしょう。

頭上に、南北へ走る線を想像してみましょう。するとその線の近くの南の空に、ほとんどぽつねんと輝く星が見えるはずです。それが南魚座のアルファ星であるフォーマルハウトです。そのフォーマルハウトの上に、そこに向かってジグザグに続くやや暗い星がいくつか並びます。それが水瓶から魚の口に注がれ落ちる水の流れを表します。そこで星図を見てみましょう。ほかの星をつないで、水瓶座の姿を完成できますか？

【訳注】日本語のウェブサイトでは「Stella Theater Web」（https://stellatheater.com）がおすすめです。

てそのゲイ的な部分は故意に書き換えられてわからないようになっていました。

『最後の晩餐』のフレスコ画や『モナ・リザ』で知られるイタリアの天才レオナルド・ダ・ヴィンチ（1452〜1519）は大変な科学者でもあり、ゲイでした。ヴァチカンのシスティナ礼拝堂の天井画やダヴィデの像、ルネサンス期の最も有名なキリスト表象であるピエタ像（嘆きの聖母像）を作ったミケランジェロ（1475〜1564）もゲイでした。

ウィリアム・シェイクスピア（1564〜1616）は、ソネット144番を読むと自分がバイセクシュアルであると認めているようでもあります。彼のソネット集は1609年に彼に無断で最初の版が刷られたのですが、それは「Mr. W. H.」に献呈されたものであり、そのほとんどはシェイクスピア（語り手）から1人の男性（美男子 Fair Youth）へと発せられた詩です。1640年には彼の恋愛詩集が出版されましたが、そのときに多くの男性代名詞が女性代名詞に書き換えられました。それは以後150年にわたってそのままでした。

数世紀にわたる王や女王の歴史にも数多くのゲイやレズビアンが登場します——欽定訳聖書（キング・ジェイムズ版聖書）で知られるイングランドのジェイムズ1世（1566〜1625）、結婚を拒んで王位から退いたスウェーデンのクリスティナ（1626〜89）、それにプロセイン王のフリードリヒ大王（1712〜86）らです。こうした支配者の何人かは立派な人物でしたが、その

ほかはとんでもない悪人や、奇人変人の類もいました。ドイツ・バイエルンのルートヴィヒ2世は「狂王」の異名で知られ、統治よりも豪奢な城や劇場の建築に多くの時間を費やしました。彼が建てた有名なノイシュヴァンシュタイン城は、ディズニーランドの「眠れる森の美女の城」のモデルの1つとして知られています。

2つの魂（Two-Spirit）の人々

先住アメリカ人文化には「2つの魂を持つ人々 Two-Spirit People」と呼ばれる長い伝統があります。標準的なジェンダーの役割には合わないため3番目のジェンダー、あるいは、また別の（alternative）ジェンダーと思われる人たちのことです。この「2つの魂を持つ人々」は130以上もの異なる先住民文化の中に存在しています。この人たちはそれぞれの部族の伝統に従って、しばしばほかの人とは違うユニークな仕事を与えられました。その中には天気を当てたり、癒しの力や霊的な防御力など特殊な能力を持っていると信じられた人たちもいました。そのほかにも、結婚の仲介役とか相談役とか、生まれた子どもの命名者の役割の人もいました。

「2つの魂を持つ」といっても、部族ごとに呼び名は違っていました。ポーニー族では「ウィンクテ winkte」と言います。ズーニー族では「イハマナ lhamana」と呼びます。ナヴァホ族は「ナアドレッチ na'adlech」、モハーヴィ族は身体上、男に生まれた者を「アリハ alyha」、女性に生まれた者を「フワメ hwame」と呼びます。悲しいことに、先住アメリカ人の文化の多くの側面と同じく、この「2つの魂」の伝統もヨーロッパからの入植者やキリスト教宣教師たち、およびアメリカ政府によって押しつぶされました。もっとも、完全に消し去られはしませんでしたが。最近になって、この「2つの魂」の伝統は多くの部族で復活してきています。

最も有名な「2つの魂を持つ人々」の1人はズーニー族のイハマナのウィーワー（We'wha）といいました。1849年生まれのウィーワーは最後には今のアリゾナ州とニューメキシコ州の

レオナルド・ダ・ヴィンチと『モナ・リザ』。
Library of Congress (LC-USZ62-111797, LC-D416-29478)

聖なるトウモロコシの入った陶器の儀式用バスケットを持つウィーワー（1886年撮影）。

National Anthropological Archives, Smithsonian Institution (02440800)

州境に近いハロナイディワナ（Halona:idiwana／「世界の中心の蟻塚」という意味）という村の村長になりました。3、4歳のころ「2つの魂」の片鱗を見せ始めた彼は、そこで園芸や織物、陶器づくりといった「女性の仕事」を訓練されます。

1885年から86年にかけての冬に、文化人類学者のマチルダ・スティーヴンソンがウィーワーをワシントンDCに連れていきます。彼はす

ぐに街の話題の中心になります。とはいえ、ほとんどのワシントン市民はウィーワーを"インディアンのプリンセス"だと思っていたのですが。当時の新聞記事にはこうあります。「我が社会はこのほど、ズーニー族のインディアン姫の姿として注目すべき新人を得た……プリンセス・ワーワー（Wawa）は先住民の伝統ドレスを身につけ、レセプションやお茶会など至るところに出向き……ご婦人方はこのワーワー妃の周りに押し寄せ、ブロークンな英語や身振り手振りでの彼女との会話に延々と興じていた」

ウィーワーはスミソニアン博物館のズーニー族理解を助け、「ナショナル・モール the National Mall」で機織りのデモンストレーションも行いました。5月にはその季節の社交界イヴェントであるアマチュア・ページェント「キルムス the Kirmes」がナショナル・シアターで開かれたのですが、ウィーワーはそこにも参加しました。「国々の集まり」という、280人以上の人々がそれぞれの伝統衣装をまとってステージの周りをパレードする催しで、ウィーワーは伝統的なズーニーの踊りを披露したのです（チャリティ・イヴェントでは当時のお金で5,000ドルが集まって地域の病院に寄付されました）。1886年6月23日には当時のグローヴァー・クリーヴランド大統領が結婚したため、ウィーワーはホワイトハウスのグリーンルームで夫妻に結婚祝いをプレゼントしました。

ウィーワーはその後自分の村に帰って、1896年、49歳で亡くなります。大いに愛されたズーニーのリーダーの死は多くの人々に広く悲しまれ悔やまれました。

新しい世界、旧い法律

悲しいことに、LGBTの人々がずっと存在してきたことをどうして歴史家が知っているのかというと、それは彼らを処罰する法律が存在していたからなのです。逮捕され処罰されたLGBTの人たちのことを裁判所が記録しています。

1642年、メイフラワー号の到着地である米国マサチューセッツ州プリマスに植民地が設

そうだったのか、そうじゃなかったのか？（左からエマーソン、ソロー、オルコット、メルヴィル、ディキンソン）

置されて20年ほどたったとき、エドワード・ミッチェルとエドワード・プレストンの2人の男性が一緒にいるところを逮捕されました。彼らは裁判にかけられ有罪となって、プリマスとバーンズテーブルの2カ所で公開鞭打ちの刑に処されました。1649年には、サラ・ホワイト・ノーマンとメアリー・ヴィンセント・ハモンの2人がレズビアンであることの罪で起訴されました。プリマスの当局は、ノーマンに公開での懺悔（ざんげ）を強制しました。トランスジェンダーの振る舞いもまた当時の植民地区では違法でした。1696年、マサチューセッツ州は異性装（クロスドレッシング＝自分の身体上の性と異なる装いをすること）を違法とする法律を成立させています。

とはいえ別の場所では、そんな法律にいくつかのプラスの変化も起きました。フランスでは1789年に議会が「人は生まれながらにして自由かつ平等の権利を有する」という、いわゆる「人権宣言」を承認しました。フランス革命の始まりです。これにはまた「他人を害しないすべてのことをなしうる」権利が明示されています。この宣言が基になり、1791年の、同性間の付き合いを禁止する法律の廃止へとつながりました。1810年にはナポレオン法典に組み込まれて、フランスの植民地や領土全域で同様の自由が保証されるようになったのです。

しかし、当時の他のすべての植民地帝国、新たに建国されたアメリカ合衆国では違いました。

考えを変えさせること

新しく独立したアメリカ合衆国の法律は、当時の植民地主義の他の法律に比べてLGBTの人たちにそんなに友好的ではありませんでした。

ただし19世紀に入ると、米国の偉大な人たちの間でより寛容で受容的な人たちが増えてきたのです。

ロマン主義の思想家で詩人のラルフ・ワルドー・エマーソン（1803〜82）や『森の生活』の随筆家ヘンリー・デイヴィッド・ソロー（1817〜62）、『若草物語』を書いた作家ルイーザ・メイ・オルコット（1832〜88）といった、旧来の宗教観や思想にこだわらない自由思想家たちはみな、同性間の性的な親密さに関して記述しています。詩人のルイーズ・チャンドラー・モウルトンになぜ一度も結婚したことがないのかと問われて、オルコットは「とても多くの可愛い女の子たちに恋をしてきたけれど、一度だって男性と恋に落ちたことはない」と応えています。作家ハーマン・メルヴィル（1819〜91）の有名な『白鯨』や『白いジャケット』、それに未完の短編『ビリー・バッド』などではしばしば登場人物間のゲイな生き方（gay life）が描かれたり仄（ほの）めかされていたりします。

エミリー・ディキンソン（1830〜86）はエマーソンの著作の影響を受けて情熱的な詩を書きました。もっともそのほとんどは彼女の存命中には公表されることなく、出版されたのはわずか10編ほどでした。彼女の死後に家から見つかった詩は1,000編以上に及びました。もちろんそれらはのちに出版されますが、恋愛詩では何年にもわたって「彼女」は「彼」に改竄（ざん）されていました。ディキンソンが親友スーザン・ギルバートに宛てた手紙もまた、姪によってあまりロマンティックに聞こえないように編集されていたのです。

これらの男性や女性たちがゲイ、レズビアン、バイセクシュアルだったのかどうかはいまも議論されています。あるいは当時はやりの美

文調のロマン主義的文体で書いてみただけだったのかもしれません。あるいはあまり公に議論されない話題をあえて探求しようとしたのかもしれません。確かなことはわからないままかもしれません。ただ、アメリカの偉大な詩人ウォルト・ホイットマン（1815〜92）に関しては議論の余地なく確かにゲイでした。

『草の葉』

ウォルト・ホイットマンの最初の詩集『草の葉 Leaves of Grass』の初版はわずか795部しか刷られませんでした。発行は1855年7月4日です。ページ数は95、収められた詩はわずか12編でした。にもかかわらずこの薄っぺらな小冊子が

詩というものを永遠に変えてしまうのです。

ホイットマンは常にノートを持ち歩き、1800年代のアメリカの様子を観察してはそれを捉えて走り書きをしていました。数年ごとに新たな詩を加えては少し長くなった『草の葉』の新版を出していました。第3版は1860年に出ています。そこに「カラマス Calamus（菖蒲）」という一連の詩が入ったのです。「カラマス」で彼は、男同士の、長い人生を通して支え合う友情について書きました。その友情のことを彼は「密着性 adhesiveness」と呼んでいます。はっきりとゲイだというのではありませんが、かなりそれに近い関係です。例えば『苔のついたフロリダ樫 Live Oak, with Moss』では次のように書きました。

フリードリッヒ・ヴィルヘルム・フォン・シュトイベン将軍 （1730〜94）

General Friedrich Wilhelm von Steuben

1778年2月23日、24個の鈴付きの橇（そり）に乗り、ミニチュア・グレイハウンドを抱きかかえながら全身を毛皮のロングコートで包んだフォン・シュトイベン男爵がバレー・フォージに到着したとき、ジョージ・ワシントンの兵たちは彼をどう思っていいのかわかりませんでした。ゲイだという告発に曝（さら）されて彼がヨーロッパから逃れてきたのだということも彼らは知りませんでした。フランスでシュトイベンに会ったベンジャミン・フランクリンが、彼にアメリカに来て独立戦争で加勢してくれと示唆していたのです。

ペルシャ生まれの指揮官は飢えて疲れ切った軍隊を、アメリカ独立戦争の趨勢を一変させるような模範的な組織に直ちに変身させました。やがて彼はワシントン大統領の首席補佐官になり、彼の訓練マニュアル「合衆国軍隊の秩序と規律のための規則」は米陸軍で30年にわたって使用されました。

シュトイベンは新国家に尽くした功績で恩給とアメリカ市民権を与えられました。1794年に死去した際、彼はその財産のほとんどを副官だったベンジャミン・ウォーカー将軍と、同様に男爵に仕えたウィリアム・ノース大尉に贈るよう遺言しました（シュトイベンは結婚したことがありませんでした。そしてこの2人は、時を違えて彼のパートナーだっ

たと考えられています）。養子にした息子のジョン・マリガン・ジュニアには自分の蔵書と地図を遺しました。

Library of Congress (LC-USZ61-260)

But the two men I saw to-day on the pier,
parting the parting of dear friends

　The one to remain hung on the other's
neck and passionately kissed him—while
the one to depart tightly prest the one to
remain in his arms.

今日見た埠頭の2人の男、愛する友との別れ
を別れて

留まる男は相手の頸にすがりつき夢中に彼
に接吻し──去る男は留まる男を腕の中で
きつく抱き寄せた。

南北戦争のときにホイットマンは連邦軍（北軍）病院で看護師として勤務しています。これがきっかけで戦後に内務省の事務官の職を得ますが、「カラマス」の詩が内務長官の知るところとなってホイットマンは解雇されるのです。

内務省を去って間もなく、ホイットマンはワシントンDCでピーター・ドイルという男性と出会います。ドイルは馬車バスの車掌で、ホイットマンはその乗客でした。1895年、ドイルは彼らが最初に出会ったときのことを思い出して書いています。「僕らは最初から親しげだった──僕は彼の膝の上に手を置いた──僕らはわかっていた……そのとき以来、僕らは最大級の友人（the biggest sort of friends）になった」

おそらくはそれまでに受けてきたさまざまな迫害のせいで、ホイットマンは一度も公に自分がゲイだと認めたことはありません。自分のプライヴェートな生活を守ろうといろいろ苦労を重ねたようで、彼の日記にはドイルのことは「16.4」という数字でしか示されていないのです──16番目のアルファベットは「P」、そして4番目のアルファベットは「D」──そう、「PD」とはつまり、ピーター・ドイルの頭文字です。

1873年1月、ホイットマンは脳卒中に襲われます。そこで快復のためにニュージャージー州の弟の家に引っ越すと、ドイルもまた近くに移ってきて、ベッドに臥す詩人を毎日夕方に見舞ってはその足でペンシルヴェニア鉄道の列車ブレーキ係の仕事に向かうのでした。ホイットマン

ウォルト・ホイットマン（左）とピーター・ドイル（1865年撮影）。
Library of Congress (LC-USZ62-79930)

の脳卒中は1888年に再発します。その1年後に『草の葉』の第9版、最後の版が出版されました。

ホイットマンは1892年3月26日に亡くなりました。遺言で、ピーター・ドイルには「愛を込めて with my love」という言葉とともに彼の懐中時計が遺されました。もっとも、ドイルはすでにもっと素晴らしい賞品を手にしていました。ホイットマンの古いセーターです。「時々それを着ては横になって、僕は昔の自分を思い出す」とドイルがのちに書いています。「そのときウォルトはふたたび僕と一緒にいる……それはまるでアラジンの魔法のランプみたいだ。1分たりとも、僕は2度とあの人を失うことはない。彼はいつだってそばにいる」

日常の中に隠れて

1800年代はLGBTの女性も男性も自分が求めるような生き方をしやすくはなりました。自分の故郷のコミュニティを離れて都会に引っ越したり軍隊に入ったり、あるいはアメリカ西部に向かう人も出てきます。いまでいう「アウト（カミングアウトした状態）」であることはまだ無理でしたが、中には自分たちなりに静かな暮らしと密かなお付き合いとを築き上げている勇敢な人たちもいました。

アメリカの南北戦争（1861〜65）の混乱の中では女性が男性として入隊し戦闘に参加したりもできました。歴史家たちの推計ではそうした女性たちは1,000人に上るといわれます。そのほとんどは自分の国に奉仕したかったから、あるいはお金が必要だったからでしょうが、女性は入隊を許可されていなかったのです。ただし、第95イリノイ歩兵隊G中隊に所属したアルバート・キャシアーのような、おそらくはトランスジェンダーの人々もいたに違いありません。

キャシアーは1943年にジェニー・アイリーン・ホッジャーズとしてアイルランドに生まれ

ました。南北戦争が勃発したときにはすでにアメリカで男性として暮らしていたのです。彼の部隊はグラント将軍の指揮下にあるテネシー軍に所属していました。キャシアーは「ヴィクスバーグの包囲戦 the Siege of Vicksburg」の最中に南部連合軍に捕まりましたが、そこを逃れてから1865年の終戦時まで軍にとどまっていました。

南部が降伏したのちに、キャシアーはイリノイに戻って何でも屋（handyman）として働きました。彼は軍人恩給を受け、選挙でも投票しました（女性には参政権がなかった時代です）。1911年、彼は車にはねられます。彼を診療した

ACTIVITY やってみよう 自由詩を書くということ

ウォルト・ホイットマンが「自由詩」と呼ばれる新しい詩の形式を作ったわけではありませんが、彼によって自由詩のジャンルが有名になったのは確かです。自由詩というのは音節数や行数、音韻などが定まっている定型詩と違って、自分の内面を自由に、自然に発せられる言葉のように表した詩のことです。

百聞は一見に如かず。ヘンリー・ワーズワース・ロングフェローの詩「ポール・リヴィアの騎行 Paul Revere's Ride」の出だしの2行を見てみましょう。

Listen my children and you shall hear
Of the midnight ride of Paul Revere,
聴いてよ、子らよ、聞くべき話だ
ポール・リヴィアの深夜の騎行だ

© awrangler

対して、ホイットマンの「どこへも続く道の歌 Song of the Open Road」（『草の葉』所収）の冒頭部分はこうです。

Afoot and light-hearted, I take to the open road,
Healthy, free, the world before me,
The long brown path before me leading
wherever I choose.
この足で心も軽く、ぼくは開かれた道を行く
健康で、自由で、ぼくの前に世界がある
目の前の長く茶色い道は、ぼくがどこを選ぼうとも
そこへと続いている

違いは明らかでしょう。ただ、自由詩には形式上の規則はないと言っても、いくつかの共通項はあります。自由詩はだいたいが生き生きした「言葉の絵」を描くものです。感じたこと、湧き起こる感情を言葉にして絵のように表現するのです。その言葉は注意深く選ばれ、並べられます。森の中を静かに歩く詩は、険しい坂道を自転車で飛ばす詩とはかなり違った響きを持つはずです。

さて、きみの番です。自由詩の題材を選んでください――きみの感情に強く訴えてくるもの、細かなところまで描写できるもの。書き綴るときには、すべての言葉から選んでみてください。その言葉は、自分が伝えたいと思っていることを読む人にも感じさせてくれるものですか、どうですか？

医者が彼の秘密を見つけます。その医者はそのことを公言しませんでしたが、キャシアーがその1年後に同州クィンシーにある軍人養護施設「ソルジャーズ＆セイラーズ・ホーム Soldiers and Sailors Home」に入ることになると、医者はそこのホーム長にそのことを伝えました。ホーム長もまた、そのことを誰にも公言しませんでした。

　ところがキャシアーがウォータータウンの州立病院に転院して、噂が広まります。彼はその後、死ぬまで女性の服を着せられました。そう長い間ではありませんでしたが。キャシアーは1915年10月10日に亡くなりました。亡骸（なきがら）はイリノイ州ソーヌミン（Saunemin）のサニー・スロープ墓地に南北戦争の軍服姿で埋葬されています。その墓石には彼が彼であったことに敬意を表して「Albert D. J. Cashier. Co. G., 95 Ill. Inf.（アルバート D. J. キャシアー　G中隊　第95イリノイ歩兵隊）」と刻まれています。

　キャシアーは1人ではありませんでした。開拓時代のアメリカ西部の新聞には男性として"変装"していたり"通用"していた女性たち、女性として生きていた男性たちの話がたくさん載っています。「片目のチャーリー One-eyed Charley」と呼ばれていたチャーリー・パークハーストは1850年代から亡くなる1879年までカリフォルニア州サンタクルーズ郡に住んでいました。亡くなって女性として生まれたことがわかったのですが、彼は乗合馬車の御者、木材の切り出し人夫、酒場のマネジャー、牧場労働者として働いていました。

　男性から女性へのトランスジェンダーのパイオニアたちもまた存在しています。ミセズ・ナッシュとして知られたメキシコ生まれの女性は1868年から78年まで、後になるとダコタ準州の当時の「エイブラハム・リンカーン砦 Fort Abraham Lincoln」付きで、合衆国第7騎兵隊で洗濯婦、コック、助産婦として働いていました。彼女は3度結婚しています。最初の2人の兵士は彼女を捨てましたが、最後の夫ジョン・ヌーナン軍曹（ジョージ・カスター将軍の補佐官でした）は彼女の人生の最晩年5年間を共に暮らしています。ナッシュは盲腸炎で亡くなるのです

アルバート・D・J・キャシアーとイリノイ州ソーヌミンの彼の墓石。

Portrait courtesy Vicksburg National Military Park

が、夫はその時パトロールで遠くにいました。彼女は死の床で頼みます。死んだらいま着ているこの服のまますぐに埋葬してほしい、と。けれどこの望みは叶わず、彼女は男性として生まれたことを知られてしまいました。

　ほとんどのケースで、こうした人たちがどうしてその外見を変えたのか、動機を確認することはできません。ミセズ・ナッシュのように、何人かは間違いなくトランスジェンダーでした。ほかには、同性のパートナーと結婚して一緒に暮らすために異性の振る舞いをしていた人もいたでしょう。ニューヨーク州カナンデイグアに住むウィリアム・C・ハワードが50歳で亡くなったとき、彼の未亡人と遺された2人の養子たちはそこの葬儀屋に遺体の埋葬支度はしないでくれと頼みました。自分たちでやると言うのです。これが検死官の疑いを呼びました。そうしてハワードが女性として生まれていたことが知れたのです。それは彼女の家族には問題ではなかった、と、のちの医学報告書は記しています。「ハワードの家族には物事の事情が正しくわかっていた。彼らはこの関係がアブノーマルなものだとはまったく思っていなかったようだ」

最初のゲイ活動家たち

近代ゲイ人権運動の創始者は誰かといったら、カール・ハインリッヒ・ウルリクスでしょう。1825年ドイツ生まれのウルリクスは、幼少期から自分は違うということを知っていました。彼はその後勉強して弁護士になりましたが、やがてゲイだということが知れて仕事をクビになりました。

ウルリクスはそこで執筆活動に移ります。1862年、彼は同性へと向かう自分自身の感情を描写し、同性愛というものの本質について思いを巡らす論考を、自ら出版するパンフレットで発表し始めました。それは12冊の連作になります。当初、彼はニューマ・ニュマンティウスという筆名（嘘の名前）を使っています。それをのちに本名に変えました。つまり、彼は、歴史上初めて公的に「カムアウト」── 自分がゲイだと自発的に明らかにした人物になったわけです。「ゲイ」という単語を使ったわけではありません。代わりに彼は「ウルニング urning」という、ギリシャ文学から派生した造語を使っていました。レズビアンのことは「ウルニンギンurningin」と呼びました。

ウルリクスはウルニングを「男性の肉体で女性の精神を持った人」と定義し、ウルニンギンは「女性の肉体で男性の精神を持った人」としました。今日ではこの概念は単純化しすぎて間違っているように見えますが、その当時は革命的な考え方でした。いやそもそも、同性愛につ

最初のゲイの大統領？

アメリカの第15代大統領ジェイムズ・ブキャナン（1791〜1868）は史上最初のゲイの大統領だったのでしょうか？　何人かの歴史家はそう考えています。米東部ペンシルヴェニア選出の上院議員だったブキャナンは、1834年から44年までワシントンDCの下宿屋でウィリアム・ルーファス・キング（1786〜1853）と一緒に暮らしていました。キングもそのころ、米南部のアラバマ州選出の上院議員でした。生涯にわたって独身だった2人はどこへ行くにも一緒で、ブキャナンはキングの影響で南部訛りの英語を話すようにもなりました。第7代大統領のアンドルー・ジャクソンはお洒落なこの2人組を「ミス・ナンシー（ナンシーお嬢ちゃん）」「アーント・ファンシー（ファンシーおばさん）」と陰で呼んでは笑っていました。

キングがフランス公使の職を受けて、2人は結局別れることになりましたが、キングが去ってからブキャナンは親しい友人コーネリア・ルーズベルトにこう手紙を書いています。「私はいまや孤独でひとりぽっちだ。うちには私の相手をしてくれる者が誰もいない。何人かの紳士たちに求愛してはみたものの、誰ひとりとして成功しない。男がひとりでいることは良くないことだと思う。とはいえ、うろたえるあまりに誰か、私が病む時に看病してくれて、健康でいる時には良き食事を用意してくれて、しかも私からは熱烈かつロマンティックな愛情を微塵も期待しないような、そんなオールドミスと結婚しようなどと思ってはいけない」

ブキャナンはその後、大統領に選出されますが、あまり良い大統領ではありませんでした。南北戦争につながることになる長年の南部北部間の緊張を止める手立てをほとんど講じず、結局、米国分断の際にエイブラハム・リンカーンに大統領の座を渡します。

ジェイムズ・ブキャナン（左）と
ウィリアム・ルーファス・キング。
Library of Congress (LC-USZC2-2674, LC-USZC2-2488)

いて語るということ自体がなんとも実に革命的であったのです。おまけにそれを文字に書き記し、印刷してパンフレットにしてヨーロッパ中の医師たちに送り付けたのです。

パンフレットの1つはハンガリーのジャーナリスト、カロリー・マリア・ケルトベニのもとに届きます。彼はウルリクスに手紙を書き始めます。1868年5月6日付の手紙で、ケルトベニが初めて「ホモセクシュアル homosexual」という言葉を使っています。ウルリクスに倣（なら）って彼もその言葉を造語したのです。それはギリシャ語とラテン語の奇妙なミックスでした。「ホモ」のほうはギリシャ語からです。「同じ」という意味。「セクシュアル」はラテン語からで、こちらは「性（性愛）に関係する」という意味です（ちなみにケルトベニは、「ヘテロセクシュアル heterosexual」という言葉も発明しました）。

ケルトベニは10代のときに、ゲイの友人が脅迫を苦に自殺するという経験をしています。ケルトベニ本人はゲイではありませんが、この悲劇が彼に、ゲイとレズビアンたちが直面する問題へのより良き理解を助けました。このことに関して、ケルトベニはのちに、同性愛の合法化のために記した自分の論説シリーズの中で触れています。

医学界も1800年代後半に同性愛研究に着手しました。そして奇妙な学説が登場します。例えば、ゲイやレズビアンは性的な「逆転者」だ、彼らの精神の回線は逆向きにつながっている——次の半世紀にわたって人々が支持したの

ゲイ解放運動の“祖父”、
カール・ハインリッヒ・ウルリクス（1899年）。
Wikimedia Commons

はそんな理論でした。医師たちはまた、レズビアンは緑色を好む、ゲイ男性は口笛が吹けない、レズビアンは裁縫を嫌う、とも主張しました。想像してもください——こんなアホな理論を引っさげて登場してきたのが、当時その分野で第一人者と言われた専門家たちだったということを。

その同じころ、イングランドでは英国国教会の聖職者だったエドワード・カーペンターがウォルト・ホイットマンの作品を読んで文筆と講演で生計を立てようと、教会を離れることを決意します。カーペンターは肉体労働者たちや被虐者階層の人たち、ゲイやレズビアンなどの社会的除外者たちのために言挙げしたのです。

「ゲイ」という言葉はどこから来たのか？

「ホモセクシュアル」という言葉はだいたい150年ほど前に生まれました。ところが「ゲイ Gay」という言葉はそれよりもっと長く使われています。古いフランス語からその言葉が英語に入ってきたのは1100年代のようです。フランス語の綴りでは「gai」。英語でのもともとの意味は「showy（これ見よがしの、目立つ、派手な）」とか、「joyful（陽気な、楽しげな）」「carefree（自由気ままな、気苦労のな

い）」でした。それが1500年代のフランスで「gaie」と綴りを変化させて同性愛者を指す言葉として男性にも女性にも使われ始めたのです。アメリカで最初に広く使われだしたのは第二次世界大戦の時でした。でもそれはLGBTコミュニティの中だけでの広まり方です。社会の一般の人たちが同性愛の意味で「ゲイ」を使い始めたのは1970年代に入ってからなのです。

ACTIVITY 秘密の符丁を発明する

昔は（そして国や文化によってはいまも）、ゲイであることがとても危険でした。そこで人々はお互いにコミュニケートするためのアイディアをいろいろ考え出しました。オスカー・ワイルドの裁判があったころのロンドンでは、ゲイの男の人たちは、時に上着の下襟（ラペル）のところに緑色のカーネーションを付けていました。「私はゲイ」という合図です。でも、ゲイじゃない人たちはそんなことはまず知りません。その後も、赤いネクタイがゲイの合図になったりしました。

19世紀の英国の演劇界の人々の間で始まった「ポラーリ Polari」と呼ばれる符丁（日本語では、仲間内でしか通用しない特別な用語を「符丁」と言います）、隠語があります。それがゲイ・コミュニティに取り入れられるようになりました。ほかの人に聞かれても意味が通じず問題とならないように。ありきたりの言葉やフレーズが船員たちのスラングやイタリア語やイディッシュ語やその他諸々の聞いたこともない言葉に置き換えられました。今日ゲイやレズビアンの間で使われる多くの俗語はこのポラーリからです——「キャンプ camp」「ブッチ butch」、それに「ドラァグ drag」も。英語全体では現在も100語余りが俗語として残っているようです。

友だちとよく話す話題は何ですか？ そういうのを秘密の暗号言葉にしてみませんか？ いくつかの言葉だけでも自分で作る「符丁」に置き換えるのも面白いですよ。まずは名詞を変える？ 次には動詞や形容詞も新しい発明語に作り変える。ノートに、普通の言葉と自分で作った符丁とのリストを作るといいですね。

彼が同性愛に関して書いたものは、専門家たちの手になるものよりはるかに理にかなっていました。カーペンターはゲイだったのです。だから何を話しているのか自分でよくわかっていたのです。

カーペンターの書いたものは広く読まれました。1890年代初頭の大英帝国において、彼は同性愛受容のための初期の代弁者となりました。けれどすぐその後で、ロンドンで起きたあるスキャンダルが社会のムードを変えました。うまくいっていたかもしれない社会的な受け入れが、そうして一気につぶされてしまったのです。

オスカー・ワイルドの裁判

観客は一斉に立ち上がってやんやの喝采を送りました。アイルランドの詩人で劇作家オスカー・ワイルドの『真面目が肝心 The Importance of Being Earnest』の初演の幕がいま下りたところでした。評論家たちも、それ以前の彼の作品と同様にこの芝居を激賞しました。

けれどみんながワイルドを崇拝していたわけではありません。クイーンズベリ侯爵ジョン・ショルト・ダグラス卿はその夜、このセント・ジェイムズ劇場（St. James's Theatre）に入場することを断られました。もし機会があればと、ワイルドに投げつけるためのバケツいっぱいの腐った野菜を持ち込もうとしたのです。ワイルドに対するダグラス卿の嫌がらせはかなり続いていました。彼の息子アルフレッド・"ボージー"・ダグラス卿がワイルドと付き合っていたからです。もし交際を続けるならば、公爵は息子を勘当して相続もさせないと脅していました。

1895年2月28日、芝居開幕から4日後に、ジョン・ダグラス卿はワイルドが会員だった社交クラブ「アルベマール・クラブ Albemarle Club」を訪れ、彼への面会を求めます。けれどそれを阻止されて、彼はワイルドを「ソドマイト sodomite」（聖書の「ソドムの町」に由来する男性同性愛者への侮蔑語）と露骨に告発するメモを残すのです。ワイルドもこれには我慢ならず、ついにダグラス卿を名誉毀損で訴えることにするのです。名誉毀損とは、虚偽の発言で誰かの名声を汚すことです。

このワイルドの計画の問題点は、ダグラス卿の申し立てが虚偽ではなく事実だったことでした。ワイルドは結婚して2人の子どももいました

オスカー・ワイルド（1882年ごろ撮影）。
Library of Congress (LC-USZC4-7095)

が、男性とも情事を重ねていたのです。1895年の裁判で、ダグラス卿側の弁護士はワイルドと付き合ったそんな男性たち数人を証人に呼びました。ダグラス卿はよって無罪。ワイルドのほうは訴訟費用を負担するよう判決が下りました。

　ロンドンの新聞はそこでワイルドに襲いかかります。ある新聞は彼のことを「世界で最も堕落した男」と呼び称しました。このスキャンダルが明るみに出て、『真面目が肝心』の公演も中止となりました。借金を払うために財産も競売に掛けられました。けれど最悪の事態はそれからでした。ワイルドは刑事犯として起訴されるのです。1885年の修正刑法には、同性愛は違法だと書かれていたのでした。

　「陪審員諸氏」と判事が呼びかけて、2つ目の裁判が始まりました。「このケースは最も困難なものであり、私の任も実に重い。この種のケースに関与するくらいなら……最も衝撃的な殺人事件を裁くほうがどんなに気が楽か」。政府がワイルドを有罪にしようとした罪は「甚だしき不品行 gross indecency」。猥褻行為を示す法律用語さえ、こうした婉曲表現だった時代でした。しかしこのときの裁判は陪審の評決が一致せず、やり直しとなります。

　3回目の裁判が行われたとき、ワイルドは「世界はより寛容になっていく。いつの日か、あなたたちは、私へのこの自分たちの仕打ちを恥じ入るようになるだろう」と予言しています。しかしその時代、法廷はその裁きを恥じることはまったくありませんでした。ワイルドは有罪となります。判決言い渡しの際に、判事は何らの慈悲をも彼に与えませんでした。「これは、私がこれまで裁いた中で最悪の事件である。こうした状況下では、私は法の許す最も厳しい量刑を言い渡すことを期待されるべきであろう。それであっても、私の意見では、こんな犯罪にはまったく不十分である。判決を言い渡す。被告人を、2年間の禁錮と重労働の刑に処する」

　傍聴の人々は息を飲み、何人かが叫び始めます、「恥を知れ！」。

　ワイルドは尋ねます。「私には？　私には何も言うことができないのですか、裁判官どの！」

　判事は答えませんでした。彼は無言で廷吏に首で合図をし、彼らはワイルドを急いで法廷から引きずり出したのです。

　ワイルドの妻と子どもたちは名前を変えてロンドンから逃げます。1897年に刑務所から出てきたときには、彼は破産していました——肉体的にも、精神的にも、そして職業的にも。彼はフランスに行き、1900年11月30日、刑務所で負った耳のけがの合併症で息を引き取ります。彼の亡骸はパリのバニュー（Bagneux）墓地に眠っています（のちにパリのペール・ラシェーズ墓地に移された）。彼はまだたったの46歳でした。

▲　▼　▲

ガートルード・スタイン（1935年撮影）。
Library of Congress, Carl Van Vechten Collection (LC-USZ62-103680)

1915年8月7日 ≫ エマ・ゴールドマンがオレゴン州ポートランドの「体操協会講堂 Turnverein Hall」で1週間ずっと講演をしていました。講演のテーマは毎晩違っていました──社会主義、戦争、出産管理（避妊）、その他諸々。そしてこの土曜日の話題がさらに革命的だったのです。「中間の性：同性愛をめぐる議論 The Intermediate Sex: A Discussion of Homosexuality」。アメリカ合衆国でこの話題についての講演が行われたのはこれが最初です。

ゴールドマンはレズビアンではありません。ただ政府や大企業あるいは教会がその権力を使って人々を抑圧するのが大嫌いだったのです。

同性愛に関するケースもまさにそれでした。彼女は次のように書いています。

同性愛をほぼ理解せず、性のグラデーションやヴァリエーション、さらには生きる上で重大な意味を持つ事柄に関してもまったくの無関心をはばからぬ世界で、異なる性的指向（sexual orientation）の人々が自らを禁じられた存在だと知ることは、私にはそれは悲劇だと映る。これらの人々を価値の低い存在、道徳観に劣る人間、高貴な情感や振る舞いが不可能な連中と見ようとするのは、私には完全に無縁なことである。

The Birth of a Movement

運動の始まり

「科学的だと思われている男性たちが、作用と反作用が同じ力で逆に働くという物理学の基本的な原則に自ら気づけないというのはおかしなことです。あなたたちが人々を迫害するたびに、あなたたちはその人たちをより強くさらに強く立ち上がらせることになるのです」

—— ガートルード・スタイン
『Wars I Have Seen（私が見てきた戦い）』（1945年）より

その夜の「中間の性」の講演原稿は見つかっていません。ただ、新聞によれば、彼女はオスカー・ワイルドの裁判やウォルト・ホイットマンおよびエドワード・カーペンターの著作に関しても話をしたそうです。講演後にはものすごい数のゲイやレズビアンが彼女のもとにやって来ては感謝の言葉を掛けたといいます。ゴールドマンはのちに、これらの人々は「しばしば、彼らを外へと投げ蒔いた人々よりもよほど素晴らしい種子だった」と書いています。

エマ・ゴールドマン（1911年ごろ撮影）。
Library of Congress (LC-USZ62-48793)

進歩

　20世紀はいわゆる「進歩主義の時代 Progressive Era」の絶頂期に夜明けを迎えます。社会活動家、ジャーナリスト、科学者、そして政治家たちが日常生活のすべての部分を考え直していました。これが政府や企業、そして社会の改革へとつながります——より安全な食べ物のための規則が決められたり、労働組合の強化や女性の投票権へと進んでいくのです。

　そんなアメリカ最大の改革者の1人がジェイン・アダムズでした。イリノイ州の裕福な家庭に生まれた彼女は、1888年、ヨーロッパ中を周る旅の中で、それまでとは違った人生の使命を得ます。彼女はロンドンのトインビー・ホール（Toynbee Hall）を訪れます。そこは世界初の「セツルメント・ハウス settlement house」でした。【訳注】1880年代にイギリスで起こったセツルメント運動の拠点施設。都市の貧困地域を舞台に、持つ者・持たぬ者の共生を目指す。1884年に設立されたこのハウスは、イースト・ロンドンに住む貧しい労働者たちに社会福祉サーヴィスと教育とを提供する施設です。アダムズはシカゴに戻り、1年後にパートナーのエレン・ゲイツ・スターとともに「ハル・ハウス Hull House」を立ち上げたのでした。2人は大学時代に出会って、そして何年にもわたってカップルだったのです。

　ハル・ハウスはシカゴの西側に近い移民地区の中心部にありました。独身の働く女性たちに家を、体育館を、幼稚園を、図書館を、そして共有キッチンを提供するものでした。同時に、大人向けの教育クラスも開講し、子どもも大人も楽しめる数十もの同好クラブも用意したのです。

　アダムズは「家族」の概念の拡大を正しいと信じていました。彼女はそれを「結合 combining」と呼びました。個人のつながりを自分自身で選び取り、個々の人々が共通のゴールに向けて共に働くのです。

　ハル・ハウスはまた、ソーシャルワーカーたちの実地訓練の場でもありました。その1人、メアリー・ロゼット・スミスはやがて、アダムズが死ぬまでの40年間のパートナーとなりまし

ジェイン・アダムズ（1914年ごろ撮影）。
Library of Congress (LC-USZ62-13484)

た。2人はその関係をオープンにはしていませんでしたが、あえて隠そうともしていませんでした。2人は常に同じベッドで寝、それは旅行先でも同じでした。1904年には2人でメイン州バー・ハーバー（Bar Harbor）に家を買いました。1902年に3週間だけ離れて暮らす時があったのですが、アダムズはスミスにこんな手紙を書いています。「知らねばなりません、ディア、この間ずっと私があなたをいかに恋い焦がれているかを……結婚した人間が一緒に暮らし続けるその習慣にも、しかと理由はあるのです」

　そうした生活の中で、アダムズはアメリカ連邦議会に働きかけて16歳未満の子どもたちの就労を違法化することに成功しました。あなたたちがいま学校に通えているのも、このアダムズのロビー活動が理由の1つです。彼女以前はあなたたちと同年齢くらいの子どもたちの多くは工場で働かせられていたのです。アダムズはまた「全米黒人（有色人種）地位向上協会 National Association for the Advancement of Colored People」（NAACP）と「アメリカ自由人権協会 American Civil Liberties Union」（ACLU）の創設メンバーでもありました。1931年にはノーベル平和賞を受賞しています。アメリカ女性初の快挙です。その当時のアメリカで最も崇拝される女性だったことも驚くに値しません。

進歩主義の時代はまた、道徳改革者もいました。彼らは「純潔十字軍 purity crusaders」とも呼ばれます——「一致協力道徳努力組合 the Union for Concerted Moral Effort」「アメリカ純潔同盟 the American Purity Alliance」「全国母親会議 the National Congress of Mothers」等々。これらの団体は書籍や演劇、芸術などで公然と性的なものを見せることを取り締まろうと動きました。"伝統的"な結婚に関係するものでも、です。彼らはしばしば禁酒十字軍とも協力し合いました。アルコール飲料を違法にしようという団体です。

アダムズのような社会改革者たちがアメリカの貧困者や女性たちの暮らしを善くしていったのに対して、純潔十字軍のほうはそれから数十年にわたってLGBTコミュニティを攻撃したり弾圧したりしました。

マグヌス・ヒルシュフェルトと科学的人道主義委員会

1871年に遡りますが、ドイツで男性同性愛を犯罪とする法律が刑法典に加えられました。条文の番号から、これは悪名高い「175条項 Paragraph 175（パラグラフ175）」として、反対者たちには「恥辱的条項 the disgraceful paragraph」として知られることになります。

「パラグラフ175」への最大の攻撃者はマグヌス・ヒルシュフェルト博士でした。1897年5月、彼は「科学的人道主義委員会（科学人道委員会）Scientific-Humanitarian Committee」を設立します。ヨーロッパにおける最初のゲイ人権運動組織……です。つまり、世界で初めての。そのモットーはラテン語で「Per scientiam ad justitiam」（科学を通して正義へ）でした。この委員会の設立目的は3つ。「パラグラフ175」の撤廃、一般大衆への同性愛教育、公民権を求めて闘うゲイとレズビアンへの支援、です。

ヒルシュフェルトは委員会設立と同じ年に「恥辱的条項」撤廃の請願書署名活動を始め、有名人かどうかに関係なく署名者を探し出していきました。アルベルト・アインシュタインが

これに署名しています。精神分析の草分けジークムント・フロイトや作家のレオ・トルストイ、トーマス・マン、ヘルマン・ヘッセらも、6,000人以上の著名な博士や科学者、芸術家らとともに署名しています。このキャンペーンは大変な時間を取りました。ヒルシュフェルトが請願書を政府に提出したのは1922年3月18日、活動開始から25年もかかってのことでした。

署名を集めている間にも科学的人道主義委員会は当時「第三の性 third sex」と呼ばれていたことに関して大衆教育活動を始めます。1899年から1923年にかけて、委員会は《Jahrbuch für Sexuelle Zwischenstufen (the Yearbook for Intermediate Sexual Types)》（中間の性の類型者たちのための年鑑）という会報を刊行します。世界初のLGBT出版物です。内容は調査報告や、ゲイやレズビアン・コミュニティにとって関心の高い記事でした。委員会はこれを選挙で選ばれたドイツ中のすべての公職者に送り付けるとともに、新聞社、教会、判事、警察、その他この大義名分の遂行の助けになりそうなあらゆる機関に郵送したのです。

そしてその努力が報われます！ 第一次世界大戦の混乱の後、ドイツではゲイとレズビアンへの迫害が緩みます。1919年から33年にかけて、ドイツがヴァイマル（ワイマール）共和国として知られた時期、民主的な社会改革が起こるのです。ヒルシュフェルトもベルリンで「性科学研究所 the Institute for Sexual Science」を設立し、1921年には「性の改革世界連盟 the World League for Sexual Reform」を作り上げました。こちらは最高で13万人という会員を得ました。彼のヨーロッパ講演旅行はオランダ、オーストリア、チェコスロヴァキア、イタリアで会場からあふれる聴衆を集め、その後、アメリカ合衆国にも足を延ばしています。

委員会はいわゆる「啓発映画」の制作を支援してもいます。『Different from the Others（他の人たちとは違って）』と題した無声映画は、より多くの人たちにメッセージを伝えるのに貢献しました。ポール・ケルナーという才能あるヴァイオリニストが、ゲイだと知られて脅迫さ

マグヌス・ヒルシュフェルト博士とクリスマスのパーティー（1917年撮影）。
Magnus Hirschfeld Gesellschaft

れるというフィクション映画でした。ヒルシュフェルトは1919年のプレミア上映会でこう話しています。「これからあなたたちの観ることになる今日が初上映のこの映画が、理解の輝きの欠如した『今』を終わらせることを願っています。その日はすぐにやって来ます。科学が誤りに勝利し、正義が不正義に勝利し、そして人類の愛が人類の憎悪と無知に勝利する日が」

ヘンリー・ガーバーと人権協会

　1924年12月、「人 権 協 会 the Society for Human Rights」（SHR）の設立申請を認可した米イリノイ州の事務官はほぼ確実に、この組織が何のためのものかを知りませんでした。SHRの創設者で幹事のヘンリー・ガーバーは申請書をわざと曖昧な言葉で書いていたのです。ただしSHRに関係する人たちはみな、これがゲイの人権組織であることを知っていました。「みな」というのは組織を始めた7人のことです。

　ガーバーは第一次大戦後のドイツで3年間、米占領軍で勤務していました。そこでマグヌス・ヒルシュフェルトらによる戦後のさまざまな改革を目の当たりにしたのです。彼は米国でも同じことを求めました。ところがそれは苦難の道でした。

　「難しさの第一は、事を進めるための十分なメンバー及び資金提供者の確保にあった」と気難し屋のガーバーが書いています。「気づいたことだが、同性愛者というのはだいたいが自分のことに関して何も知らなかった。さもなければいつもビクビクしていた……何に関してもどうでもよい感じの者もいた」

　ガーバーは、それでも最後には何人かの友人を説得してミーティングに集めました。そこで法律を変えること、講演計画やコミュニティの構築について話し合っていたのです。そのほとんどは話だけで終わりましたが、SHRが出すニュースレター《友情と自由 Friendship and Freedom》だけは実現しました。ゲイの権利に関する、アメリカで知られる初の刊行誌です。発行は2回しか続きませんでしたが。

　1925年7月、ガーバー宅が警察の家宅捜索を受け、彼のタイプライターと原稿が没収されました。ガーバーも留置場に放り込まれました。SHRの他のメンバー3人も逮捕されました。最終的にガーバーに対する容疑は取り下げられましたが――警察はそもそも令状すら持っていなかったのです――上司がそれを知ることとなって彼は郵便局員の職を失いました。一文無しで仕事もなく、彼はニューヨークに逃げて再び軍に入ったのです。

　「我々は無知と偽善と卑劣と堕落の堅牢な壁と闘っていた」とガーバーは書いています。「勝ったのはその壁だった」

ヘンリー・ガーバーと、シカゴの人権協会の拠点。
Portrait, Wikimedia Commons

ゲイな巴里

「パリは私にとってはいつも、好きなように自分を出して生きられる唯一の街と思われる」と書いたのは作家（でレズビアンの）ナタリー・クリフォード・バーニーです。20世紀の初めのパリはまさに彼女の言うとおりでした。第一次大戦の後、パリは作家や芸術家を惹きつける磁石のような存在となりました。その多くがゲイやレズビアン、バイセクシュアルで、この現代世界を変えたのが彼らでした。

1組のレズビアン・カップルがパリの文化シーンの中心にいました、ガートルード・スタインとアリス・B・トクラスです。スタインは作家で美術収集家でしたが、最もよく知られているのは彼女の友人知人たちのサークルのことです。スタインとトクラスは毎週、フルリュース通り27番（27 rue de Fleurus）の自宅アパートでサロンを開催し、参加者はそこでさまざまな話をしてはアイディアを交換し合いました。そこにいたのは作家のアーネスト・ヘミングウェイやF・スコット・フィッツジェラルド、ジャズ歌手のジョセフィン・ベイカー、劇作家のソーントン・ワイルダー、作曲家のコール・ポーター、画家のパブロ・ピカソやアンリ・マティス等々。ピカソが描いた最初のキュビズムの絵はスタインの肖像でした。

トクラスはスタインの著述に関するエージェントとして動いていました。スタインに1920年代のパリの回顧録を書けと説得したとき、スタインはそれを、トクラスが書いた自叙伝という体裁で仕上げました。1933年のこの『アリス・B・トクラスの自伝 The Autobiography of Alice B. Toklas』の出版後に、2人はアメリカを旅しています。その際にはホワイトハウスで大統領夫人エレノア・ルーズベルトとお茶までしています。新聞各紙もこの2人の30年に及ぶパートナーシップを広く記事にしています。2人がカップルであることは、誰もが知る事実だったのです。

スタインの晩年、2人はフランス南部に暮らしました。1946年、スタインの臨終の床にはトクラスが付き添っていました。悲しいことにスタインの遺族は2人の美術収集品をトクラスから奪い取ってしまいます。彼女はスタインの法的な、婚姻関係のある配偶者ではなかったからです。トクラスは1967年に亡くなります。彼女はパリのペール・ラシェーズ（Père Lachaise）墓地のスタインの隣に埋葬されました。彼女の名前もスタインの墓石の裏面に彫られています。

ボヘミアンたちの生き方

アメリカでは進歩主義の時代が2つの主要目標を達成して終わりを迎えました。1919年の禁酒法の成立と1920年の女性参政権の確立です。禁酒法時代は「スピークイージー speakeasy」と呼ばれる無届けの違法バーやクラブの乱立を招きました。そこではジャズやブルーズの音楽文化が花開きます。同時に、ゲイ文化も。

ほとんどの都市には、いわゆる「ボヘミアン」と呼ばれる生き方が見られる地区がありました。サンフランシスコではバーバリー・コースト（Barbary Coast）がそうでした。ボストンは

パリの仕事場でのガートルード・スタイン。ピカソによる自身の肖像画が壁に掛かっている（1930年撮影）。
Library of Congress (LC-DIG-ppmsca-30616)

ビーコン・ヒル（Beacon Hill）です。シカゴはオールド・タウン（Old Town）、ニューオリンズはフレンチ・クォーター（the French Quarter）、そしてニューヨークではグリニッチ・ヴィレッジ（Greenwich Village）とハーレム（Harlem）地区がその場所です。これもまた奇妙な話ですが、禁酒法時代というのは酒を探し求める人たちに、ゲイやレズビアンのような振る舞いをさせました――地下に潜り、目立たないようにし、目こぼしを願って警察には袖の下を渡す。

ハーレムでは同時に「ハーレム・ルネッサンス」と呼ばれたアフリカ系アメリカ人による文学や芸術の復興運動が起きました。その運動を担った詩人のカウンティ・カレンやラングストン・ヒューズ、ジャマイカ生まれの小説家クロード・マッケイ、有名なグリムケ姉妹の妹の女性参政権活動家アンジェリーナ・ウェルド・グリムケ、作家・哲学者で教育者のアラン・ロック、小説家のネラ・ラーセンやウォレス・サーマン、詩人で劇作家のジョージア・ダグラス・ジョンソン、そして作家で画家で俳優やダンサーでもあったリチャード・ブルース・ニュージェントは、いずれもゲイやレズビアンやバイセクシュアルでした。彫刻家のリッチモンド・バルテや、ダンサーでレズビアン活動家のメイブル・ハンプトンもそうでした。

だいたいにおいて、ハーレム・ルネッサンスのLGBT作家・芸術家は、自身の性的指向に関して公にオープンにしていたわけではありません。何人かはいましたが、ほんの一握りです。もっとも、友人間では公にしていましたし、LGBTのことも著作を通じて注意深く議論に載せていました。リチャード・ブルース・ニュージェントの短編小説『煙草、百合、そして翡翠 Smoke, Lilies, and Jade』はゲイに関するものです。ラングストン・ヒューズはハーレムの「スペクタクルズ・オヴ・カラー spectacles of color」（色の祭典）――男たちがド派手な衣装を纏って女装することで賞金賞品を競い合う大変な人気のドラァグ大会――について書きました。ダンスパーティーの最大のものはサヴォイ・ボールルーム（Savoy Ballroom）で開催されるもので、

ハーレム・ルネッサンスの最も偉大な作家の1人、ラングストン・ヒューズ（1943年撮影）。
Library of Congress (LC-USW3-033841-C)

4,000人もの客を集めました。これらのイヴェントはいつもニューヨークの地元各紙に取り上げられていました。

1920年代には、ゲイやレズビアンを扱う映画や芝居も登場し始めます。『復讐の神 The God of Vengeance』や『囚われし者 The Captive』『子供の時間 The Children's Hour（別名「噂の二人」）』にはLGBTの役が登場します。そうした登場人物の多くはステレオタイプの――女っぽい男性や男みたいな女性たちという描かれ方でしたが、いずれにしてもそういう人物が登場するということはその時代の1つの前進ではあったわけです。女優のメイ・ウエストは『ザ・ドラァグ The Drag』というゲイの世界を描いた劇を書きましたが、それを上演しようと試験興行したところコネチカット、ニュージャージーの両州から追い出される羽目になりました。それではとニューヨークのブロードウェイでの上演を発表したのですが、共産主義の宣伝活動を禁止する1927年のニューヨーク州法、いわゆる「パドロック法 Padlock Law」がゲイをテーマにしたいかなる演劇も警察が中止させられるということで、結局一度も上演されませんでした。

トランスジェンダー、初手術

20世紀になる前は、トランスジェンダーの人々にはわずかな選択肢しかありませんでした。その人たちは「違う身体に生まれてきた」と感じているかもしれませんが、自分の外見、つまり服装や髪型を変える以外にできることはあまりありませんでした。それでさえ危険だったのです。1920年代になるまでは自分の性別を変える手術のことを考えた人はいませんでした。それでも誰かが実験的な医学的処置の最初のヴォランティアにならなくてはなりませんでした。

のちにリリー・エルベと名乗ることになる人物は、1882年にデンマークで生まれます。出生時に付けられた名前はアイナー・ヴィーグナーでした。今日ではヴィーグナーはインターセックス、つまり男性と女性双方の性的特徴を有していた人物だったと多くの人に信じられています（なんらかの度合いでインターセクシュアリティを示す人々は全体の約1%とされます）。何年か前は、インターセックスの子どもたちのジェンダー（性別）は分娩を行った医師たちによっ

やってみよう ACTIVITY　ブルーズを歌いながら

1900年代初め、アメリカのディープ・サウス（深南部）地区のアフリカ系アメリカ人コミュニティから生まれたブルーズの人気が全米各地に広がります。初期の女性シンガーたちの中には、驚くほどレズビアンやバイセクシュアル女性が多かったのです。「ブルーズの女帝」ベシー・スミスや、アルバータ・ハンター、エセル・ウォーターズ、そして「ブルーズの母」ガートルード・"マー"・レイニーもです（"マー"はママの意味の愛称です）。特にグラディス・ベントリーはそのことをまったく隠し立てしませんでした。しばしば男性用の白いタキシードを着て歌ったり、時にはバックコーラスに男性ドラァグクイーンたちを引き連れて、客たちには自分はアトランティック・シティ（ニュージャージー州のリゾート地）で女性と結婚したと自慢していました。

現在、いま挙げたような歌手たちの有名曲はYouTubeで聴くことができます。写真も見ることができます。時にはテレビや映画で残っている動画も見つかります。大人の許可をもらってYouTubeにアクセスして、次のような歌手名と曲名を検索してみましょう。

Bessie Smith「After You've Gone」
Alberta Hunter「Amtrak Blues」
Ethel Waters「Am I Blue」
Ma Rainey「Prove It On Me Blues」
Gladys Bentley「Worried Blues」

ベシー・スミス（1936年撮影）。
Library of Congress (LC-USZ62-88083)

歌詞の意味を聴き取ってみてください。どうして「ブルーズ the blues」と呼ばれるか、わかりますか？ お気に入りの歌声は誰？ どれか聴いたことのある歌はありましたか？

【訳注】英語では「ブルー＝青」の複数形で、「ブルー・ズ」と濁って発音されます。

て「決められ assigned」ていました。その子自身の要求はほとんど、あるいはまったく顧みられませんでした。

ヴィーグナーは男の子として育てられ、のちにゲルダ・ゴトリブと結婚します。2人ともアーティストでした。ところが1900年代初めのある日、ゴトリブは夫に、デッサンのクラスに現れなかった女性ファッションモデルの代わりに、女性ものの服を着てくれないかと頼んだのでした。ヴィーグナーはそのとき、女性でいるほうがずっと居心地が良いと気づきます。それから彼女はより頻繁に女性の格好をするようになり、リリー・エルベと名乗るようになったのです。

2人は最終的にパリに住みつきますが、どういう関係なのかと聞かれると姉妹だと答えていました。やがてエルベはマグヌス・ヒルシュフェルトと出会います。1930年、彼はベルリンでのエルベの最初の性別適合手術を指導しました。エルベにとって最初だっただけではありません。世界で初めての手術でした。

エルベの性別移行のニュースはヨーロッパ中で熱い話題になりました。ついにはデンマーク王までが乗り出すことになり、王はエルベとゴトリブの結婚を無効にする裁定を行ったのです。ただしそうしたのは、王その人が、エルベを新たに女性と認定するためでした。つまり、王が2人の結婚に反対したのは、新たに2人が女性同士として結婚できるようにするためだったのです。

エルベはその後、4回の手術を受けねばなりませんでした。そのいずれもドイツはドレスデンのクルト・ヴァルネクロス医師が執刀しました。悲しいことに、彼女は最後の手術による合併症で、1931年に死亡します。その当時は臓器移植はまずほとんど行われた試しはなく、術後の感染症を抑える抗生物質自体がありませんでした。つまり手術はどんなものでも大変危険なものだったのです。

性別適合手術を受ける最初の人物になるというリリー・エルベの勇気は、その後何年にもわたってトランスセクシュアルの人々に恩恵をもたらしました。しかし、彼女の死の直後の数年は、LGBTコミュニティの誰にとってもあまり良いものではありませんでした。

一斉摘発

世界大恐慌が起きたのはそんな時です。1929年10月、アメリカの株式市場が大暴落し、世界経済が崩壊します。企業は倒産し、失業者が街にあふれます。人々はスケープゴートを探し始めます。1920年代は「狂騒の20年代 the Roaring Twenties」と呼ばれ、ジャズが台頭し、アール・デコが頂点を迎え、生産技術が発達して消費意欲が急激に上昇した躍動の時代でした。しかしその過剰なまでの浮かれ具合が、この金融大惨事をもたらしたのではないか？ 大恐慌の原因はもちろん主に経済的な失敗でした。けれどある人々は、国内の道徳的退廃――法を無視したスピークイージー、犯罪やセックスをもてはやすハリウッド映画――が原因であると非難を始めたのです。

カトリック教会やその他の保守的な社会勢力からのプレッシャーもあって、アメリカの映画業界は、映画で何を見せて良いか悪いかの自主規制を設けることになりました。これが1930年に採択された「映画製作倫理コード the Motion Picture Production Code」です（実際に厳正に施行されるようになったのは1934年7月からです）。「不道徳」として禁止されたのは、情熱的なキス、神を冒瀆するような罵り言葉、同性愛、ヌード……等々。この規制を実施する部署の責任者がウィル・ヘイズという人物だったので、この規制は「ヘイズ・コード Hays Code」としても広く知られています。規制の項目は実際にはイエズス会の神父ダニエル・ロードが書きました。ですから、聖職者を否定的に描くことも禁止、と聞いても驚くことではありませんね。映画スタジオは前もってその台本を検閲室に提出して、撮影開始前に許可を取ることが必要でした。

とても不思議なことに、当時のハリウッドの大スターたちはそろってゲイ、レズビアン、バイセクシュアルだと知られていました――俳優では

タルラー・バンクヘッド、マレーネ・ディートリヒ、グレタ・ガルボ、ケーリー・グラント、キャサリン・ヘプバーン、ランドルフ・スコット。そしてルドルフ・ヴァレンティノ。監督では『若草物語』『スタア誕生』『マイ・フェア・レディ』などで女性主演映画の第一人者と言われたジョージ・キューカーや、フランケンシュタイン映画で有名なジェイムズ・ホエイル等々。ホエイルといえば、彼の晩年を描いた1998年のオスカー脚色賞映画『ゴッド・アンド・モンスター Gods and Monsters』で、ホエイル役をゲイのイアン・マケーレンが演じたことでも知られています。映画会社は彼らとの契約書に「道徳条項」を加えて、何かスキャンダルが持ち上がったらすぐにクビにできるように計らいました。

けれど、大スターたちをクビにしたい映画会社などありません。そこで会社側はあらかじめ噂の根を断つために、タブロイド紙に誰と誰とがデートしているというフェイク記事を流していました。本当かどうかなどどうでもよいのです。中にはクローゼットのゲイ男優とレズビアン女優がいわゆる「ラヴェンダー結婚 lavender marriage」に追い込まれることもありました。そうすればファンたちに、2人がヘテロセクシュアルだという幻想を持たせ続けることができたからです。そうじゃない場合は脅されました。ケーリー・グラントは、ランドルフ・スコットとの関係を切らなければパラマウント映画との契約更新はないと言われました。

すべてがそこに書いてある

映画だけではありません。小説などの本もまた「不道徳」を基に攻撃されました。1928年、英国イングランドの検閲制がレズビアンをテーマにした『さびしさの泉／孤独の井戸 The Well of Loneliness』の出版差し止めを行いました。作者は英国の作家でレズビアンのラドクリフ・ホール。彼女は「ジョン」というニックネームで通用していて、しばしば男物の服を着ていました。

ホールのことを知っている人たちはこの小説がホール自身の人生をモデルにしていると知っていました。その上、それは少なくとも猥褻などではなかった。これは同性愛への寛容を懇願する書だったのです。「あなたは不自然でも邪悪でも狂気でもない。あなたは他の人と同じように、自然と呼ばれるものの一部。ただ、いまはまだ説明がつかないというだけのこと」と、スティーヴンという男子洗礼名を持つ主人公女性への思いを家庭教師に語らせています。「けれどいつか、その日はやって来る。だからいまは自分自身から逃げちゃダメ。穏やかに、勇敢に、自分自身と向き合いなさい。勇気を持つこと。あなたが背負っているものとともに、できる限りを行いなさい。でもいちばん大切なのは、あなた自身が高潔（honorable）であることなのです」

危険作品！

イングランドの何人かは明らかにそう考えたようです。《サンデー・エクスプレス》紙の編集者で書評担当のジェイムズ・ダドリーは同紙にこう書きました。「健康な男子、女子にこの小説を与えるくらいなら、私なら青酸の瓶を与える。毒は身体を殺すが、道徳的毒は魂を殺すのである」。猥褻物出版禁止法の下、検閲制度は英国におけるこの本の出版差し止めに成功しました。ところがそれがかえって人々の興味を惹きます。ヨーロッパで出版されたものが英国に無許可で持ち込まれ、やがてはアメリカからも供給されるようになりました（実はアメリカでも保守派によってこの本の出版差し止めが画策されましたが、それは裁判で退けられました）。

『さびしさの泉』は当時、最も有名なレズビアン小説でした。しかし、ゲイ男性について書かれた小説は実際はそれより数百も多い——1940年までに500以上の、つまりレズビアン小説の5倍の数のゲイ小説が書かれています。そのほとんどは安っぽく稚拙なもので、だいたいは最後に主人公が悲劇に見舞われて終わります。なぜか？　郵便局の規則で、1950年代半ばまで、ゲイやレズビアンを扱った本は、不幸な結末を迎えなければ郵送できないことになっていたからです。

映画『つばさ Wings』（1927年）で、死にゆく友に別れを告げるパイロットのシーン——
1929年の第1回アカデミー賞で最優秀作品賞に輝いたサイレント映画。
このようなシーンの上映はのちに「ヘイズ・コード」によって禁じられた。
Paramount Pictures / Photofest, © Paramount Picture

LGBT Hero　LGBTヒーロー　マレーネ・ディートリヒ（1901〜92）
Marlene Dietrich

　少しでもゲイに関連した映画は検閲によってほとんど作られなくなりましたが、俳優や監督の中には創造的な方法で「ヘイズ・コード」に挑む者もいました。マレーネ・ディートリヒは『モロッコ Morocco』（1930）と『ブロンド・ヴィナス Blonde Venus』（1932）の中で男装しています。両方とも筋書き上では彼女はレズビアンではありません——建前上は。ただ、彼女が登場すると、ほら、タキシードを着ています。そしてスクリーン上で他の女性とキスをするわけです。

　ディートリヒはドイツ生まれで1920年代のワイマール共和国時代のベルリンで役者、歌手のキャリアをスタートさせました。彼女はその後ハリウッドに渡りますが、アドルフ・ヒトラーが総統になったナチ党から故国に戻ってくるよう言われます。彼女はそれを拒否して、代わりにアメリカ市民権を申請しました。第二次世界大戦の間、彼女は連合軍部隊を慰問し、ドイツ軍の兵士たちに向けてはラジオでナチスに反対するメッセージを送り続けていました。この功績によって、このバイセクシュアルの女優は1945年に、大統領から民間人に贈られる最高の章「自由勲章 Medal of Freedom」を授与されました。自分の誇れる最たるものがこれだと彼女は言っていました。

Paramount Pictures / Photofest, © Paramount Pictures

新たな禁止法

　1933年、アメリカはついに禁酒法を廃止しました。酒類販売を禁止するという試みが失敗だったことにほとんど誰にも異論はありませんでした。禁酒法にかかわらず人がまだ酒を飲んでいたことだけじゃありません、別の新たな問題が生じたのです。1つは組織犯罪です。ギャング組織が酒を密輸して不法なスピークイージーを経営しました。さらに摘発を免れるための賄賂の横行とそれを受け取る汚職警官の蔓延です。

　1930年代にいくつかの市や州が、ゲイやレズビアンの人たちが集まったり異性の服を着たりするのを取り締まる法律を制定しました。禁酒法がなくなって多くのバーが再開しましたが、それに伴いさらに多くの市がこのような条例を追加していったのです。レストランやクラブもまたそんな条例を無視してゲイやレズビアンを客に迎えると「秩序を乱す施設」として営業免許を取り上げられるリスクがありました。中にはこんな看板を出す店もあったのです。「If You Are Gay, Please Stay Away（ゲイの方、入店お断り）」

　ギャングも汚職警官も双方がこうした法を利用してLGBTコミュニティを食い物にしました。ニューヨークのグリニッチ・ヴィレッジにはそれを表す隠語までありました。「ブラウン・バッグの金曜日」というのです。茶色い紙袋はいまでも簡素な包装袋として使われていますが、この場合は週の終わりの金曜日に決まってゲイ・クラブ回りをする悪徳警官たちに、店側がまるでランチを入れた紙袋に模して現金の詰まったこのブラウン・バッグを渡す習慣をいったのです。店が賄賂を払ったからといって、警察に摘発されないわけではありません。多くの場合、客たちが警察の餌食になりました。

　アメリカのほとんどの都市で、同性同士がダンスをしたり手を握り合ったりするのは違法でした。公共の場で異性の服装をすることも法律違反とされました。なんらかの犯罪容疑者が変装して逃亡することを禁止する「変装罪 masquerading」がここで援用されたので

す。ロサンゼルスでは「変装罪」で捕まった者は500ドルの罰金および6カ月の禁固刑になる恐れがありました。シャツのボタンだけでも問題視されることがあったのです——男性のシャツのボタンは普通、右側に付いています（つまりボタン穴は左）。女性の服はその逆。目を付けられたら、そんなところまでが問題なのです。

　そんなトラブル回避のために個々人までがバー店主に倣って賄賂を渡しもしました。活動家のハル・コールは、1950年代のその様子を次のように書いています。「当時、逮捕した警官と裁判官は、弁護士費用も含めると計800ドル（現在の日本円で言えば70万〜80万円ほど）で買収できた。それで訴えは却下された」

　ゲイ・バーもレズビアン・バーも戦う方法は限られていました。せめて客たちに警告するのが関の山だったです。警官がやって来たときに店内の照明を点滅させるバーもありました。すると客たちは一斉にダンスの相手を近くの異性にスイッチします。ハリウッドの「ジーノズ Gino's」というクラブではジュークボックスでアメリカ国歌「星条旗 The Star-Spangled Banner」がかかるのが合図でした。すると全員がダンスをやめて相手から離れます。だって、国歌じゃ誰もダンスなんか踊らないですものね。

ピンクの三角形

　アメリカでの状況が悪くなったといっても、ヨーロッパ、特にドイツの比ではありませんでした。ヒトラーの台頭で、マグヌス・ヒルシュフェルト博士が進めたすべての革新が無に帰しました。1921年に、博士はミュンヘンで暴漢たちに襲われ頭蓋骨を砕かれています。死んだと思われて暴漢たちはそのまま去ったのですが、かろうじて生き延びました。しかしその2年後、今度はナチの若者たちが、ウィーンでの博士の支持者たちの会合に悪臭弾を投げ込み、銃撃も行って、多くの人が負傷する事件が起きました。

　幸運なことにヒルシュフェルト自身はヒトラーが首相となって権力を掌握した1933年1月にドイツを出ることができました。その5月、

ナチスはドイツから「非ドイツ的精神」を持った本を一掃すると発表しました。博士の性科学研究所は最初に襲撃されたものの1つでした。5月6日のその時の様子が1933年にオットー・カッツが書いた『ヒトラーの恐怖と国会炎上の茶書 The Brown Book of the Hitler Terror and the Burning of the Reichstag』に再現されています。

【訳注】米ミシガン大学でデジタル保管されている米国版タイトル；オリジナルは「The Brown Book of the Reichstag Fire and Hitler Terror」。

　午前9時30分、100人ほどの学生とブラスバンドを乗せた（トラック）数台が研究所の前にやって来て……バンド演奏をしながら建物の中に行進してきた……彼らは1階（欧州のビルでは多くは2階部分）に上がってきて瓶に入れたインクを原稿やカーペットの上に振りまき、それから書棚へと進んだ。彼らは明らかに関係ないと思われるもの以外は片端からすべて取り除き……下のトラックの荷台から荷台へと何度も貴重な本や草稿を運び下ろした……。

　数日後、それらすべての本、写真、その他の膨大な数の研究論文は、オペラ広場で公開で焚書となった……ヒルシュフェルトの胸像はたいまつを掲げた行列の中で炎の中へと投げ込まれた。

　ヒルシュフェルトはフランス・ニースの小さなアパートメントに逃げていました。そこで、「私は、もう二度と故国ドイツを見ることはないだろうという思いを受け入れざるを得なかった」と日記に記したのでした。彼は1935年5月14日に亡くなりました。ちょうど67歳の誕生日でした。第二次世界大戦開戦から4年がたっ

ていました。

　ナチスは1934年にゲイ男性たちを一斉検挙し始めます。その1年後、「パラグラフ175（刑法175条）」が改正され、同性同士のキス、抱擁、さらにそれらを考えることまでもが違法となりました。刑務所に入れられた人間は5万人にも上りました。その後、何人もが、全員ではありませんが、強制収容所に送り込まれることになりました。そこではピンクの逆三角形の印がついた服を着せられました――この印を、英語で「ピンク・トライアングル Pink Triangle」、ドイツ語では「ローザ・ヴィンケル Rosa Winkel」と言います。

　レズビアンたちも、ゲイほど多くはなかったとされますが収監されました。彼女たちの印は黒い逆三角形、ブラック・トライアングル。これは「反社会的」のレッテルでした。彼女たちの主たる「犯罪」は、第三帝国のための子どもを産むことを拒んでいる、というものだったのです。女性に期待されるものとしてのナチのスローガン「子ども Kinder、台所 Küche、教会 Kirche」に公然と刃向かっているというわけです。

　ホロコーストを生き延びたゲイ、レズビアンの被収容者たちは4,000人にも足りませんでした。たとえ収容所群が解放されても、彼らの多くはまだ逮捕される恐れがありました。刑法175条はまだ生きていたのです。同性愛者として収容されていたという記録は、そのまま警察の資料として残りました。東ドイツはこの条項を1988年になるまで撤廃しませんでした。西ドイツはもっと遅い、再統一後の1994年です。何十年にもわたって、ホロコーストの歴史にはピンク・トライアングル、ブラック・トライアングルの人々の弾圧のことは含まれていませんでした。

1945年8月、ニューヨークに到着した「米戦艦ジョン・エリクソン」の帰還兵たち。
Library of Congress (LC-DIG-ppmsca-19287)

1944年6月 ≫ サイパンでの戦闘は熾
烈を極めました。小さな南太平洋の島をめぐる
25日間の血戦で3,400人以上の米兵が戦死し
ました。犠牲者の1人にジム・ウォレンのボーイ
フレンドがいました。2人は同じ陸軍部隊に属
し、戦争が終わったら一緒に暮らそうと話して
いました。

　ウォレンの恋人はそこで日本兵に撃たれたの
です。日本軍の機関銃巣の1つを破壊する任務
の最中でした。衛生兵が彼をテントに戻しまし
たが、いくつもの銃創からの出血が止まりませ
ん。ウォレンは恋人に最期の別れを告げます。

　「私はそこに立っていて、彼は私を見上げて
いて、私は彼を見下ろしていました。そのとき
彼が言ったんです。『なあ、ジム、おれたち、ダメ
だった、な？』って。私の頬をただ涙だけが落ち
ていきました」。ウォレンは憶えています。「た
ぶん7人か8人そこにいました。私は彼の手に
触れながら話していました。誰かが後からこう
言いました。『おまえら、すごくいい友だちだっ
たんだな』。おおっぴらに泣いていましたから
ね……だから言ったんです。『ああ、おれたち、
すごくいい友だちだった』って」

In the Shadows

暗闇の中で

「誰でもいい、第二次世界大戦で軍にいたやつに、どこのどんな部署でもいいから聞いてみるといい。みんな言うよ、ああ、ゲイのやつもいたな、でもなんでもなかったよ、って」

—— 米退役軍人、ダン・マーフィー

第二次世界大戦

　他のどんな出来事と比べても、第二次世界大戦がアメリカにおける現代ゲイ人権運動のきっかけになったことは否めません。この戦争の間に男性は1,600万人が、女性は35万人が米軍に従事しました。ほとんどの兵士たちにとってそれは故郷を離れる初めての体験でした。これが多くのゲイやレズビアンの兵士たちに自分と同じ他者と出会う機会と、彼ら同士が共有する感情に向き合う自由とを与えたのです。

　開戦前、「アメリカ心理学会 American Psychological Association」（APA）は軍部に新兵の同性愛テストを行うよう進言していました。ところが当時の陸軍省は、ゲイであろう

がなかろうがとにかく兵士を求めていた。なので入隊者は単に「女子は好きか？ Do you like girls？」と質問されるだけでした。これにはゲイであろうがストレートであろうがだいたいは「イエス」と答えても嘘ではなかったわけです（女性兵に関しては同様のふるい分けは行われませんでした）。戦争の5年間で入隊を阻まれたゲイ男性は5,000人に満ちませんでした。

　「とんでもない数のゲイたちを知っていたが、誰も、例外が1人いたけど、ゲイは兵士になるな、なんて考えてるやつはいなかった」と思い返すのは陸軍にいたチャック・ロウランドです。「国家が重大な危機にあるっていうのに、ゲイだからどうだとかそんなバカみたいな規則のせいで、おれたちが国に尽くす特権を奪おうとか

いうの、そういうのはまるでなかったよ」。ヒトラーによるゲイ弾圧を知ったゲイたちは、逆に自分もゲイだからこそという理由で入隊を志願しもしたのです。

アメリカ国内では一方で、200万人の女性たちが産業労働力に参入しました。航空機を作ったり、船舶や爆弾やジープも組み立てていました。そうした工場労働では髪の毛が長いのは危険なので、女性たちが髪を短くしたりスラックスを履いたりしても誰も問題にはしなくなりました。1930年代だったら異端視されて嫌がらせされてもおかしくなかったことです。こうして港湾都市や工業都市ではレズビアン・バーが隆盛を迎えたのです。

やがて戦争が終わってゲイやレズビアンの軍人たちが、新しいモノの見方とともにアメリカに帰ってきました。多くの者たちにとって帰還して軍務を離れた港はサンフランシスコやニューヨーク、ロサンゼルス、サンディエゴなどです。彼らはそこにそのまま住み着こうと決めます。ある者にとっては、悲しいことに、それ以外に選択肢はなかったのでした。

お務めはもうノーサンキュー

第二次世界大戦が、まずはヨーロッパ戦線で、続いて太平洋戦線で終わって、兵士の需要は少なくなります。ペンタゴン（アメリカ国防総省）はゲイの軍人を男女問わずどんどん除隊させていきます。国に奉仕したというのに軍法会議にかけられる者も出ました。他の多くの者は名誉除隊を拒否され、身体的・精神的不適格者の分類「セクション8」という「不適格除隊」扱いで放り出されました（しばしば「青色除隊 blue discharge」とも呼ばれました。通知が青い紙に印刷されていたからです）。おおまかに5,000人の兵士、4,000人の水兵が戦時中および戦後にこの青色除隊扱いとなっています。

不名誉除隊でこそないにしても、青色除隊者への扱いは同じくひどいものでした。退役しても「復員兵援護法 GI Bill」の恩恵——失業手当、障害手当、住宅融資、企業融資、学生ローンなど

——にあずかる資格がないのです。たとえ戦闘中に負ったけがであっても退役軍人病院での治療を受けることもできませんでした。軍功以外の功績に贈られる従軍記章は青色除隊で剥奪されました。何よりも最悪なのは、多くの職で、青色除隊者は門前払いでした。

軍の方針でやむなくクローゼットから出るしかなかったとしても、国に仕えた矜持はありました。1945年、ニューヨークにいたゲイとレズビアンの多くが集まって「退役軍人慈善協会 Veterans Benevolent Association」（VBA）が結成されます。懇親会活動が中心ではありましたが、仕事や人権、手当を求めるメンバーの手助けも行いました。VBAの実際の会員は100人ほどでしたが、人気のダンス会には500人も集まったようです。

軍を離れた多くのゲイやレズビアンは戦後、自分自身でビジネスを始めました。ほかに仕事が見つからなかったことも理由ですが、ゲイであることでクビになる恐れのない、自分で選んだ生き方をしたかったということもあったのです。

《ヴァイス・ヴァーサ》

1947年6月、イーディス・イードはハリウッドのRKOピクチャーズ（1950年代まではMGMやパラマウントと並び「ビッグ5」と呼ばれたメジャー映画会社の1つ）で秘書として働いていました。彼女のボスは幹部で、とにかく彼女には忙しそうにしていろと言っていました。することがなくても彼女が忙しそうにしていれば彼自身が忙しく見えるからでした。何かタイプライターを打ってろ、本なんか読んでちゃダメだ、という具合です。

イードはロサンゼルスでの自分の暮らしのことでも書いてみたいと思っていました。ここに移り住んで2年、自分のアパートに招く新しい女友だちのグループもできました。そのうちに彼女がゲイだと知ると、同じくゲイだった女友だちが、彼女を女子ソフトボールの試合に連れて行ってくれました。試合は興味がなかったのですが、新しい友だちに会えることは楽しかったのです。

そしてそれから彼女たちはイードを「イフ・クラブ If Club」というレズビアン・バーに連れて行きます。「みんなでそこに入ると……誰かが誕生日ケーキを持って自分たちのテーブルに戻るところだった。何人か女の子たちが座っていて『ハッピー・バースデイ』を歌っていた。私は周りを見回し、涙が出てきた……女の子たちがみんな一緒にこうしていられるなんて、なんて素敵なことだろう」。自分の家はまさにここだと感じたそうです。

そこでイードは《ヴァイス・ヴァーサ Vice Versa（逆もまた同様）》をタイプし始めます（ボスの言ったとおりに忙しそうにして）。「アメリカでいちばん陽気（ゲイ）なマガジン」と銘打ち

LGBT Hero
LGBTヒーロー

アラン・チューリング（1912〜54）
Alan Turing

アラン・チューリングほど現代生活に影響を与えた人は少ないでしょう。輝かしき数学者チューリングは、ナチスのエニグマ・コード（暗号）を解く英国チームを率いていました。第二次大戦中、ドイツ最高司令部はこのエニグマを使って海軍に指令を送っていたのです。暗号解読者たちはイングランド外れにあるブレッチリー・パーク（Bletchley Park）の秘密諜報基地で、エニグマ解読のための「ボンベ Bombe」（ドイツ語で「爆弾」）と呼ぶ機械で日々、計算を続けていました。「ボンベ」は高さ2mほど、長さも2m15ほど、重さは1トンもある、現在のコンピュータの初期ヴァージョンの1つです。デザインしたのはチューリングでした。

暗号通信を解読できればドイツ軍の動きを事前に察知することができます。連合軍はそれで大変有利に戦うことができました。これにより第二次大戦は2年も早く終結したとさえ言う人もいます。チューリングはその功績により1946年に英国最高の名誉である「大英帝国勲位 the Order of the British Empire」を授与されました。もっともそれは、ブレッチリー・パークで何が行われていたのかということも含めてすべて何年にもわたって秘密でした。

戦争が終わってもチューリングは現代コンピュータ・サイエンスの基礎を築く研究を続けます。そんな1952年、彼はゲイであることで捜査を受け、結果、裁判にかけられます。オスカー・ワイルドが負わされたのと同じ罪で同じく有罪となり、安全保障上のリスクになるという理由で（同性愛者はその秘密を握られたら暴露を恐れて容易に敵のスパイになり得ると考えられていました）、政府の職も追われることになったのです……戦争に勝利することに貢献したまさにその人物が。彼のそんな功績は、裁判でも触れることのできない機密事項でした。刑務所へ

の収監を免れるために、チューリングは女性ホルモン療法を受けることに同意します。化学的去勢と呼ばれる処置です。当時の医師たちはそれで性欲が減退して同性愛が「治る」と考えていたのでした。

彼のキャリアは破滅します。チューリングは失望を深め、1954年6月8日、青酸入りのリンゴを食べて自殺します。彼に対する英国の公的な謝罪が行われたのは2009年でした。当時の首相ゴードン・ブラウンは次のような声明を発表しました。「英国政府を代表して、またアランの業績のおかげでいま自由に生きていられるすべての人々を代表して、私は次のように言えることを誇りに思う。We're sorry, you deserved so much better（ごめんなさい、あなたはもっとずっと大切に扱われるべきだった）」。2013年12月24日、エリザベス女王は彼の有罪を全面的に撤回する恩赦に署名しました。

アラン・チューリングのチームがエニグマ・コードを破った場所、暗号解読8号バラック。

Portrait, © National Portrait Gallery, London

はしましたが、それが実際にアメリカで唯一の
ゲイの雑誌 (gay magazine) だったことは知り
ませんでした。各号はそれぞれ数ページの分量
でしたが、イードは計8枚のタイプ用紙を1枚ご
とにカーボン紙を挟んでタイプライターに挿入
します。なので一度のタイピングで8枚同時に文
字が打てるわけです。そしてまた同じようにカー
ボン紙を挟んで次のページをタイプする。これ
で8部2ページ分が完成します。そうやって編ん
だコピーを友人たちに渡し、読み終わったらま
た別の知り合いに渡してあげてと頼んだのです。

　何か問題が起きたら困るので、イーディス・イー
ドはその雑誌の発行には本名は使いませんでし
た。そこで作ったペンネームは「Lisa Ben リー

ザ・ベン」。わかります？　L、I、S、A、B、E、N、
を並び替えると？　──L、E、S、B、I、A、N。

　《ヴァイス・ヴァーサ》は書評や映画評、詩歌
やニュース、投稿やエッセイが掲載されたご機
嫌な雑誌でした。時にはイードが自分の思う未
来に関しても書いています。1947年9月号では
『Here to stay（ここでずっと）』と題したエッセ
イで、いまと違う世界を想像しました。「思い切
って予言すれば、未来には、ゲイの人たちが社
会の普通の一員として受け入れられる時が来る
と思う」

　《ヴァイス・ヴァーサ》は1947年6月から
1948年2月まで9号だけ続きました。イードが
RKOを離れて別の仕事に就き、書き続けること
ができなくなったからです。それに加えて、の
ちに彼女が言っているように、「それについて
書くよりも、それを生きたかった」のです。

時代を拓くベストセラー

　戦争が終わって数年のうちに、アメリカ人の
同性愛観を変える本が2冊出版されました。1つ
は図表や一覧表でいっぱいの804ページのお
堅い研究書、もう一方は誰も聞いたことのない
誰かによるエッセイ集。驚いたことにどちらも
ぶっちぎりのベストセラーなのです──誰も
がこの本のことを話していました。アルフレッ
ド・キンゼイによる『人間男性の性行動 Sexual
Behavior in the Human Male』が出版された
のは1948年1月のことです。一般にはただ『キ
ンゼイ報告 Kinsey Report』とも呼ばれます。
【訳注】「キンゼイ」の本来の発音は「キンズィー」に近い。

　インディアナ大学の動物学者だったキンゼイ
とその調査チームは数年にわたって5,300人
の男性にインタビューし、彼らの私生活の最も
プライヴェートな詳細を聞き出しました。アメ
リカ社会で彼が見つけた最も衝撃的だったこと
は、彼によると、成人男性の37％が少なくとも
一度、同性との性体験をしている。男性の10％
はほぼ、あるいは完全にゲイ。10人に1人！

　1953年には、今度は5,940人の女性たち
に聞き取りした『人間女性の性行動 Sexual

イーディス・イード／リーザ・ベン（1987年撮影）。
Photo by Robert Giard, courtesy Estate of Robert Giard

Behavior in the Human Female』を出しました。キンゼイ報告は誰もが疑っていたよりもはるかに多いゲイやレズビアン、バイセクシュアルの存在を明るみに出しました。クローゼットでただ孤独の中に生きていた人たちにとって——つまり1950年代の全LGBTコミュニティのかなりの数の人間たちにとって、これは途轍もない希望でした。

キンゼイの発見を信じたくない人も、彼の研究には欠陥があると主張する人もたくさんいました。しかし「米国統計協会 American Statistical Association」は彼の研究を精査し、それを「記念碑的試み」として科学的にも適正であると宣言したのです。

もう一方のベストセラーはドナルド・ウェブスター・コーリー著の『The Homosexual in America（アメリカにおける同性愛）』（1951）です。コーリーというのはペンネームで、本名はエドワード・セイガリンといい、ニューヨークはブルックリンの人でした。彼は『キンゼイ報告』を読んでいて、ゲイ男性を研究する科学者ではなく、実際のゲイ男性の書いた本が必要だろうと思ったわけです。

アメリカでゲイであるということはどういうことなのかという正直な描写に加え、この本には社会一般の偽善と冷淡さに対する糾弾が書かれていました。「寛容という言葉は私たちの語彙の中でいちばん醜い言葉だ」とセイガリンは書きました。「どうしてみんな許してもらおうと頑張らなければならないのか。もしその人がダメなら、その人に対して寛容である必要などない。その人がよい人なら（寛容であるべきとかではなく）受け入れられる、それだけの話だ」

セイガリンはまた、ゲイ・リベレイション（解放）への道筋も提示しました。クローゼットから出て（カムアウトして）、他のみんなと同じく扱うよう要求すること。「正々堂々（フェアプレイ）と機会均等というアメリカの伝統に訴えることができたらアメリカ人の心は変わるだろうと、私は個人的に確信している」

やがてそれは実際に起こります。けれど、まだ少々先の話でした。

アルフレッド・キンゼイ（1953年撮影）。
Photofest

ラヴェンダー狩り

キンゼイやセイガリンらの働きにもかかわらず、1950年代はアメリカのLGBT市民にとって暗黒の日々といってよい時代でした。冷戦の始まりとともに、不吉な何かがアメリカ社会の基本部分を脅かす、そんな恐ろしさがやって来ました——過激派、共産主義者、"性的倒錯者"、そうした言葉がゲイやレズビアンたちに投げかけられました。

いまでは有名な「赤狩り Red Scare」は、政府や芸能界から「共産主義の同調者」たちを排除しようという活動でした。しかしその同じ時期に「ラヴェンダー狩り Lavender Scare」が行われたことを知る人はわずかしかいません。米国連邦政府の仕事からゲイやレズビアンを排除していこうという動きは、1940年代末に静かに始められました。この流れは1950年、上院議員ジョセフ・マッカーシーが「共産主義者と変態（queer）」たちへの攻撃を公然と始めたことで新たに勢いづきます。

上院調査小委員会がハンティングに乗り出しました。ゲイもしくはレズビアンの政府職員が

脅迫されている（共産主義のスパイになっている）という事例は一件も見つかりませんでしたが、上院はこうした排除は必要だと勧告しました。「同性愛者とその他の性的倒錯者は政府が雇用する人間として不適当であるという理由は2つある」と小委員会は報告しました。「第1に、一般的に言っても彼らは政府に不向きである。第2に、彼らは安全保障上のリスクとなる」。上院議員クライド・ホーイは加えてこう言いました。「政府の公職者は、この種の腐食的影響力を自らの監督下にある省庁から排除する責任を負っている。ただ1人のホモセクシュアルでも政府部局を汚染し得るのだ」

　連邦政府部局がゲイやレズビアンの職員探しを始めます。調査は噂話や告げ口を追い始めました。たとえちょっとでも同性愛の"ケ"があれば、その職員はクビになったり退職を迫られたりしました。1952年の大統領選挙でドワイト・アイゼンハワーは、選挙スローガンに「Let's Clean House（大掃除だ）」というフレーズを選び、たちまち人気になりました。大統領に就任して間もない1953年4月27日、アイゼンハワーは「大統領令10450」に署名します。この行政命令によって、連邦政府職員は次の嫌疑で解雇免職となりました。「あらゆる種類の犯罪、不名誉、不正、不道徳、または甚だ破廉恥な行為、酒類の常習的過剰摂取、麻薬中毒、または性的倒錯」

　これじゃあまだ足りないという向きには、アメリカのほぼ全州で、ゲイやレズビアンがプロフェッショナルの免許職から排除されたというのはどうでしょう。医者も、弁護士も、教師も、株のブローカーも、葬儀屋も、美容師も、みんな免許制でしたから、ダメです。アイゼンハワー政権は民間企業や国際機関（国連もそうです）、それから外国政府にさえ同じようにするよう圧力をかけました。同様のゲイ追放運動は同時期のイングランドでも吹き荒れました。

　大多数のアメリカ国民がこの政府主導の魔女狩りを支持しました。アメリカで最も有名な宗教指導者であった牧師ビリー・グレアムは「アメリカの鷲の翼の下に避難してきたピンクの、ラヴェンダーの、赤の連中を暴き出す」この試みを称賛しました。

　結果、5,000人以上のゲイとレズビアンが政府の職から追い出されました。国務省だけでも1,000人以上が追放されたのです。1950年代初め、解雇されたゲイとレズビアンの数は、共産主義を疑われて解雇された人たちの数の2倍でした。これら迫害された者たちは、自分の政府が自分を棄てたのだと感じたに違いありません。アメリカ合衆国憲法は、彼らにも同じよう

やってみよう ACTIVITY　パロディ・ソングを作ってみる

　《ヴァイス・ヴァーサ》の発行をやめた後のイーディス・イードは、今度はレズビアンやゲイの生き方についてのパロディ・ソングを書くようになりました（ペンネームはリーザ・ベンのままで）。有名な歌を選んでその歌詞を変えてしまうのです——『アニーよ銃をとれ』の「The Girl That I Marry（ぼくの結婚した娘）」の「ぼく」を「あたし」にしてしまうとか、「Frankie and Johnnie（フランキーとジョニー）」で歌われる女性名「フランキー」を男のフランキーにしてしまうとか——そしてそれらをレズビアンやゲイのショーで披露していたのです。

　あなたにもパロディ・ソングが作れますよ。何か面白いテーマはある？　学校での話とか？　自分や家族のことでもいいです、何か楽しいことはなかった？　元になる歌はよく知っている簡単なものがいいでしょう。例えば「ヤンキー・ドゥードル・ダンディ Yankee Doodle Dandy」とか、楽しい感じ、悲しい感じ、自分のテーマにフィットする曲を選んでください。そしてオンラインで原曲の歌詞を見つけてプリントして、そのオリジナルの歌詞の言葉を自分の言葉で置き換えちゃうのです。もしそれが満足のいくものだったら今度はYouTubeとかでその歌のカラオケ版を見つけてきて、それに合わせて自分で歌ってみて。楽しいよ！

に適用されないのでしょうか？

　数少ないながらも勇敢な活動家たちが、この疑問をすぐに突きつけました。アメリカでも1791年に制定された「権利章典 the Bill of Rights」に則って保障される自由、すなわち言論の自由、出版・報道の自由、そして平和的集会の権利を試行し始めたのです。

マタシン協会

　1950年11月11日、ハリー・ヘイが友人数人──ボブ・ハル、デイル・ジェニングズ、チャック・ロウランド、そしてルディ・ジャーンライク──をロサンゼルスの自宅に招きます。ゲイ男性のための組織をスタートさせようという話は、すでにみんなでしていました。あとは実行に移すだけでした。

　最初、彼らは自分たちのそのグループを「Society of Fools（道化師たちの集まり）」と呼んだのですが、のちに「マタシン協会 Mattachine Society」と改名しました（「マタシン」というのは中世の宮廷道化師たちの呼び名で、王様に対しても自由に発言することを許されていた存在でした）。彼らはまた自分たちの組織を「ホモセクシュアル」ではなく「ホモファイル homophile」だと言っていました。「セクシュアル（性）」ではなく「ファイル（愛）」、つまり、「同性と性的な関係を持つ存在＝同性 homo — 性愛 sexual」というよりも、「同性を愛する存在＝同性 homo — 愛 phile」と呼ぶほうがより正確だと考えたのです。「性」に対する忌避が強かった時代です。

　最初のうちのミーティングはただ集まって話すだけでした。その議論はキンゼイ報告のこと、家出少年／少女たちのシェルター開設の夢、あるいはより現実的な法律相談などについてでした。

　そうするうちに1952年2月、メンバーのデイル・ジェニングズがロサンゼルス市警の風紀取締班に逮捕されます。ジェニングズは罠にかかったのです。そこで彼はマタシン協会に裁判での支援を頼みます。ジェニングズのケースが

ほかと違ったのは、彼は自分がゲイだと認めていて、警察と法廷で争うことに大いに前向きだったことです。

　「いままで完全に一人ぼっちでこの仕打ちに甘んじなければならなかったすべての男たちのことを考えたら」とジェニングズは自分に言い聞かせます、「自分のためにも、そして彼らのためにも、私はここで立ち上がらなければならない」

　裁判では警察官たちの証言が食い違って、逮捕に際しての嘘と罠が明らかになりました。陪審員の評決は一致せず、判事はこの件の訴えを却下、つまり嫌疑なしとしたのです。新聞報道でマタシン協会が全米の注目を浴びました。協会の会員数は一気に増え、支部は遠くシカゴにまで広がりました。

　しかしこの成功は、問題もまたもたらしました。新会員の中には協会創設グループがあまりに急進的だと思う者もいたのです。こうしたことがすべて、1953年4月に初めて開かれた「設立会議 constitutional convention」で一気に吹き上がりました。会場はロサンゼルスの「第一万人救済教会 First Universalist Church」でした。アメリカ史上初、ゲイ男性たちの公的集会が150人の代表を集めて開かれました。ところがすぐに明らかになったことは、多くの者たちがハリー・ヘイとその口うるさく挑発的な友人たちに辞めてもらいたがっていたということでした。ヘイがロサンゼルス市議会議員候補たちにゲイの人権問題に関する質問状を送りつけたことに怒っている者もいました。そんなことをしたら問題が大きくなるだけだというわけです。

　半年もしないうちに、創設メンバーの全員が協会を離れることになりました。マタシン協会は、なんとかして社会的受容を得ようという組織になりました。「私たちはホモセクシュアルの文化やコミュニティを提唱したりしない。私たちはそういうものは存在しないと信じている」と新しい会長は宣言します。こういう声明は、ゲイ組織を作るというときに賢明な方法ではありませんでした。グループはゆっくりと死んでいきました。

1951年のマタシン協会のクリスマス・パーティー。メンバーは左からハリー・ヘイ（上）、
コンラッド・スティーヴンズ（左下）、デイル・ジェニングズ、ルディ・ジャーンライク、
スタン・ウィット、ボブ・ハル、チャック・ロウランド、ポール・ハーヴィー。

ONE, Inc.

　マタシン協会が空中分解する前にも、メンバーの中には何か違う方法を模索する人たちがいました。「話してばかりでは、もううんざりだ」とジョニー・バトンがある集まりで発言します。「何かしなけりゃ！ 雑誌でもやらないか？」。ジム・ケプナーら他のマタシンのメンバーも同じことを考えていました。1952年、彼らは『ワン ONE, Inc.』という会社を始めます。「One」という名前はトーマス・カーライルのエッセイにある「A mystic bond of brotherhood makes all men one.（兄弟愛の神秘の絆が男たちみんなを「1つ one」にする）」から取られています。

　マタシンと違って、こちらにはほんの少数ですが女性も加わっていました。「ONE」は誰でもウエルカムだったのです。この会社が最初の《ONE》マガジンを出したのは1953年1月。値段は？ 25セント。編集のマーティン・ブロッ

クが、この本の意図を説明しています。「私たちは外に出て行ってあなたもゲイでなければダメだなどとは言わない。そうではなく、『ゲイであることに誇りを持ったっていいんだ』と言う。鏡を見たときに『自分は自分。それってナイスじゃないか？』と言えること……それ自体がラディカルなことなのだ」

【訳注】「ラディカル radical」という形容詞は多く「急進的」と訳されますが、第1の意味は語源の「根 root」という意味から「根本／基礎からの」とか「全体を通した」「徹底した」という意味です。そこから「全部丸ごと徹底して」やることで「急進的」「過激な」という意味が出てきました。なのでここでの「ラディカル」は「全部に関係するようなスゴイこと」といったニュアンスです。

　このラディカルな考え方は実際、多くの人たちを手助けしました。1957年に読者の1人はこう書きました。「ここ数カ月、私は自分の問題を話す人もいなくて落ち込んでいました。しかしいまこの雑誌を見つけて、私は自分が置かれているこの状況に、以前よりすごく安心できるよ

うになりました」

　もっとも、みんながみんな《ONE》を評価したわけではありません。1954年の10月号が出たとき、ロサンゼルスの郵便局がこれを差し押さえました。《ONE》は「猥褻で、淫らで、挑発的で、汚らしい」ので、郵送できないというのが理由です。実際には、この号に"猥褻"なものは何もありませんでした。ある弁護士が、アメリカの言論の自由は完全に自由と言えるものではなく、特にゲイとレズビアンにとってはそうだ、という記事が載っていただけです。まさに郵便局自体が、この弁護士の言い分を証明した形です。

　《ONE》は裁判を起こすことを決めます。第1審で負けます。そして次の2回の控訴審でも負けます。けれど怯むことはありませんでした。1955年11月号で、デイヴィッド・L・フリーマンがゲイはどこにでも存在するという記事を書きました。「連邦捜査局（FBI）の……重要ポジションにも数人（それは事実だ！）」と。そのFBIの重要ポジション、すなわち長官J・エドガー・フーヴァーの命令で、2人のFBI捜査官が《ONE》の編集室に出向き、その筆者に関して「やるか、黙るか」どちらを選ぶかを要求しました。彼らに対応したのは編集のウィリアム・ランバートです。

　《ONE》ではごく少数しか働いていませんで

した。スタッフが複数のペンネームを使っていました。ぜんぶ偽名です。でもそうすることでチャチな会社ではなく、何人もが働いている立派な出版社のように見えるでしょ？　事実、「デイヴィッド・L・フリーマン」はマタシン創設メンバーのチャック・ロウランドの数あるペンネームの1つでした。FBIはもちろんそんなことを知りません。目の前に座っている編集者「ウィリアム・ランバート」が、本名ドーア・レッグであることも知らないんですから。

　「ランバート」は捜査官たちに当該記事は弁護士と相談して法的基準をクリアしたものであり（これは本当の話です）、したがって自分は「フリーマン」の記事を守ると告げました。FBIはそんなことには構いません。話は堂々巡りとなり、しまいに捜査官たちは根負けして去って行きました。2人が帰るのを見ながら、レッグは、あいつら大して頭が良くないなと思ったそうです。

　その後4カ月にわたってFBIはフリーマンとランバートに関する情報を探りました。やがてフリーマンがチャック・ロウランドのペンネームの1つだったとわかったころには、ロウランドはすでにこの雑誌を辞めていたのでした。あとは何ができるか？　捜査官たちは長官のフーヴァーに「これ以上は必要なし」と進言しました。

やってみよう ACTIVITY　クラブを作ってみる

　クラブ活動をするというのはすでにできているクラブに入るということが多いですが、アメリカでは友だちと一緒に自分たちで好きなクラブを作ることも少なくありません。同じ趣味や、同じスポーツや、同じ歌手やアーティストが好きだという「同好会」もクラブです。

　クラブを作るにはまず名前を考えましょう。賢そうな、気の利いた名前がいい？　神秘的な感じにする？　それともそのものズバリのわかりやすい名前？

　次にはどうやってそのクラブの活動を続けるかということを決めます。会長とか代表とかキャプテンを選びますか？　何かをするときにはみんなで話し合って決める？　投票で決めることも必要かもしれませ

ん。何かをすると決めたときには、みんながそれぞれの役割を決めて分担してやることも大切です。

　活動記録も付けておくのがいいかもしれません。ブログとして上げてもいいし、日誌をつけてもいいですね。写真も付けると充実しますよ。それに、そんな記録を見て新しいメンバーがやって来るかもしれません。だから、そのクラブがどんなふうに面白いかもぜひ書いてください！

　もっとかっこよくキメたいときは、この本の中に、例えばクラブのロゴ（p.87）やクラブのバッジ（p.62）、さらにクラブ旗（p.101）を作るためのアイディアや方法が載っているので、そのページも参考にしてください。

一方で《ONE》の検閲問題に関しては、ついに連邦最高裁にまでたどり着きます。判事たちは口頭弁論を行うまでもないと判断し、1958年1月13日、全員一致でそれまでの下級審での判決を破棄します。すなわち《ONE》は郵便を通じてそれを送るすべての権利を有する、という勝利でした。

ドン・スレイターは次の号でこう書きました。「この判決を勝ち取ったことにより、《ONE》は……歴史を作ったばかりでなく法律をもまた作り上げ、アメリカのホモセクシュアルたちにとっての未来を変えたのである。これ以前には一度たりとも、同性愛者たちが市民としての権利を主張したことがなかったのである」。この判決は定期購読者数にも驚きの結果をもたらしました。そもそもそんな雑誌があるとも知らなかった何千人ものLGBTの人々に、かつ、郵送でそれがなんの煩いもなく届けられるのだということを知らしめたのでした。

イヴリン・フッカー博士

話は1945年、終戦直後に戻ります。サム・フロムという男性が感謝祭（Thanksgiving Day）にあたって、心理学者のイヴリン・フッカー博士と彼女の夫君をサンフランシスコに訪れるよう招待します。ある夜、フロムはフッカー夫妻を「フィノッキオ Finocchio's」という女装ショーのナイトクラブに連れて行きます。そこで十分に楽しんだ後で、フロムはフッカー博士をここに連れてきたのは別の理由があるのだと告白します。「私たちのありのままを見ていただきたかったのです」と彼は言いました。「つまり、こんな私たちのことを、博士に研究していただくためです。それは科学者としての博士の使命だと」。この時代、心理学者のほとんどがLGBTの人々を精神的に病んでいるものとして扱っていました。フロムはそれが間違いであることを自覚していました。彼も、彼の友人たちもまさしく正常だ——幸せだし、健康だし、社会的責任も果たせている。彼はそのことをフッカーに証明してもらいたかったのでした。

フッカー博士は驚いて、最初はノーと言いました。自分はあなたを研究なんかできない、と——なぜなら、2人は友だち同士だったからです。「じゃあ100人の男たちを用意すると彼は言いました。私に必要な数だけの男性たちを。サミーはノーとは言わせてくれませんでした」。その提案は確かに彼女の心を捉えました。どうやって研究を行うのか？　何がわかるのか？

1953年までに、フッカー博士に1つの考えが浮かびます。彼女は30人の平均的なゲイ男性と、30人の平均的なヘテロセクシュアル男性とを選んで3種類の一般的な心理学テストを行いました。彼女はテスト結果を、どれがゲイ男性の答えでどれがヘテロ男性のものかを知らせずに他の心理学者たちに見せたのです。そのころ、大方の学者たちはその種の答えだけで簡単にゲイの被験者を選び分けられると信じていました。

フッカーが得た結果は？　一流の、尊敬を集める心理学者たちのグループは、同テストによって計測された「心理学的適応」を基にするだけでは、どれがゲイの被験者のものかを特定することはできなかったのです。そればかりか実際のところ、蓋を開けたら、ゲイ被験者のほうがストレートの被験者たちに比べて、わずかながら「精神機能が高い」という結論にも達したのです。

いったいどういうことだ？　フッカーには簡単に説明がつくと思われました。いまこの時点まで、心理学者たちが同性愛に関して知っていることといえばほぼ、彼らのもとに助けを求めてやって来た患者たちから得られたものでした。例えば同性愛の「治療」のために来たとか、裁判所の命令で来たとかの。概して彼らは不幸で問題を抱えた患者たちの集団でした。そしてもちろん学者たちも、同性愛に関する彼ら自身の考えは直感や固定観念以上の何物でもなかった。そこにフッカーが科学的な証拠を手にするのです。すなわち、ゲイもレズビアンも他のみんなとほとんどだいたいは同じようなものだという。

フッカーの先駆的なリサーチは結果的に精神分析学会がその考えを改めることにつながって

いきます。しかし悲しいことに、フッカー博士にこの研究の着手を納得させた当の本人は、その結末を見ることはできませんでした。サム・フロムは、博士の研究が出版される前に自動車事故で亡くなったのです。

クリスティーン・ジョーゲンセンは3度目の手術を終えてコペンハーゲン病院で休んでいるところでした。その部屋に見知らぬ人が電報を持って入ってきました。それは《ニューヨーク・デイリー・ニューズ》紙1952年12月1日付

やってみよう ACTIVITY インク染みテストをやってみよう

イヴリン・フッカー博士が行った3つの心理学テストのうちの1つはその考案者の名前からロールシャッハ・テスト、あるいはインクブロット（インクの染み）検査というものです。被験者は、大きなインクの染みのような模様が付いた10種類のカードを見せられて、そこに何が見えるか、何を連想するかを聞かれます。スイスの精神医学者ロールシャッハによれば、その答えが被験者の考え方を窺い知るヒントになるというのです。

用意するもの

● 工作用紙5枚
● 黒っぽい絵の具1瓶
● ペン
● ノートブック

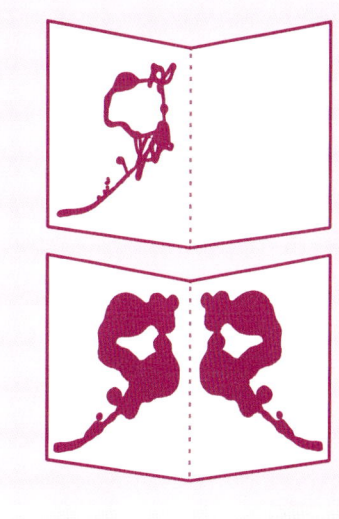

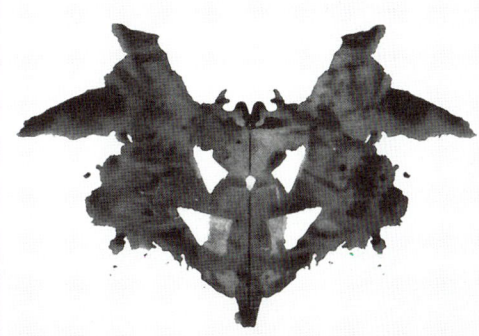

ロールシャッハ・テストの1番目のカード。
Wikimedia Commons

LGBTであるかどうかに関係なく、みんないろいろ違うふうに考えるのだということを知るために、家族や友だちにこのインク染みテストをやってみると面白いですよ。最初にインクの染みを作っていかなければなりません。工作用紙を横に持って真ん中で折ってください。それを開いて、片方の側に少しだけ絵の具をいろんなふうに垂らします。

それをもう一度折り目に沿って折ってやさしくくっつけ合います。すると内側で絵の具が押し広げられますね。これで左右対称の模様が出来上がります。真ん中の折り目に沿って、左右で鏡のような同じ形ができるわけです（ロールシャッハのインク染みというのはそんな感じの模様なのです）。紙を広げたらそうなっていますよ。そのまま乾かして、他の工作用紙にも同じように（違うパターンで）絵の具の模様を付けていってください。

絵の具が乾いたらその模様に、1から5までペンで番号を振ります。さてそこでその5枚をいろんな人に見せて、そこに何が見えるか聞いていってください。その答えを、ノートに順番に記録していきましょう。答えを比べてみると、本当にみんな見えるものが違うことがわかります。同じものが見えた人はいたかな？

け紙面からの見出しが打たれていました。

Bronx GI Becomes a Woman.
Dear Mom and Dad, Son Wrote,
I Have Now Become Your Daughter
ブロンクス出身のGI、女性に変身
愛するママ&パパへ、息子が手紙
ぼくはあなたの娘になった

　両親はなぜこんなことを新聞に？　というのがジョーゲンセンの思いでした。デンマークに行って性別適合手術を受けると告げたとき、ほとんど誰も聞いたことのないその施術に対しても両親はとても応援してくれました（この時代のアメリカでは基本的に違法な手術でした）。なのにいま、彼女の私的な両親への手紙が自分の地元の新聞の一面にデカデカと掲載されている！

　病院はすぐに、電報や電話や不意の訪問者であふれました。ニューヨークから電話をかけてきた記者が、彼女に話すように要求します。「アメリカのすべてがあなたからの言葉を、いまかいまかと待ってるんですよ！」と怒鳴るのです。けれどジョーゲンセンが望んだのは両親からの言葉でした。

　数日後に手紙が届きました。母親が、デイリー・ニューズの記者がどうやってジョーゲンセンの手術を知ったのか、それに対して彼女たちのコメントをどう求めてきたのかが書いてありました。コメントがなくても、関係なく書いてしまいますが、と記者は言ったそうです。手紙は続きます。

　いろいろと話した後で、何でもかんでも面白おかしく書かれてひどいことになるよりも……本当のことを話すのが一番いいだろうとみんなで決めたのです……。
　あなたの心がなるべく穏やかでいられることを願っています。私たちはみんな、強く勇気を持って事実と直面できる大人です。それはあなた自身がすでに見せてくれたこと。養生してください。私たちは大丈夫

だから、心配しないで……。

　　　Love, Mom

クリスティーンの父親も末尾にメモを書き足しています。

　胸を張って。すべてはうまくいく。いつだって私たちはおまえと一緒だ。

　　　Love, Dad

　デンマークでの回復の日々を、残りはほぼ平穏に終えた後で、ジョーゲンセンは1953年2月にニューヨークに戻りました。飛行機のタラップを降りるとそこには300人を超える報道記者やカメラマンが待ち構えていました。「一瞬、ダンテの地獄の門にでも入ってしまったのかと思いました。前から後ろからフラッシュが焚かれ、映画ニュースのカメラがブンブン唸（うな）っているのです」と彼女は回想します。

　ジョーゲンセンは注目を求めてはいませんでした。26歳のこのアメリカ人は、手術が終われば故国でカメラマンの仕事に戻ろうと計画していました。けれど突然こうして有名人になってしまってすべてが変わりました。誰もがもっと彼女のことを知りたがりました。「くしゃみをしてもしかるべく記事になって」と彼女はジョークを言います。けれどあながち嘘じゃありません――運転免許証の更新に自動車管理局に出向いたときには、彼女の後を記者たちがぞろぞろ付いて行ったのですから。

　ゲイやレズビアンに対する一般の人たちの態度を考えれば、アメリカ初の有名トランスジェンダー女性に対する取り扱いがかくも丁重だったことは勇気づけられることでした。彼女はテレビやラジオにも出演し、多くの慈善事業資金集めイヴェントにも名誉ゲストとして招かれもしました。

　ジョーゲンセンはやがてナイトクラブにも出るようになりました――ちょっとした歌やダンスを披露したり、他愛もないジョークで笑いをとったり。写真の仕事にも戻りました。そしてやがてメディアの狂騒も終わります。それら

すべてを通して、社会に見えてきたトランスジェンダー・コミュニティの表の顔になりたいという彼女の思いは、この問題への社会の理解を大いに高めたのでした。

ビリティスの娘たち

　サンフランシスコに住むフィリス・リオンとデル・マーティンのカップルに、1955年9月、ローズ・バンバーガーから電話がかかってきました。「私たち6人でレズビアンたちをまとめる秘密結社を作るんだけど、あなたたちも参加しない？」

　「すぐに『イエス！』と答えていました。だってレズビアンの知り合いが5人も一度に増えるんですから。それって……すごいこと」とリオンが当時を語ります。

　最初の計画ではただの懇親会のつもりでした。「(バンバーガーが) 誰かの家で開くようにしたいと言って、そうすればダンスもできるし、と……そうすれば警察の手入れで逮捕されることもないし、観光客にジロジロ見られることもないから」とリオンは言います。「バーじゃあのころダンスは違法だったけれど、彼女はダンスが大好きだったの」と。

　4組のカップル、ローズとローズマリー、メアリーとノニ、ジューンとマルシア、フィリスとデル —— 彼女たちが1955年10月19日、パーティーを開いて正式に「ビリティスの娘たち the Daughters of Bilitis」(DoB) を発足させました (「Bilitis」はアメリカ式に発音すると「ビリータス」が近いでしょう。「リー」の部分を一番強く発音します)。この「ビリティス」という聞き慣れない言葉は、ベルギー生まれのフランスの詩人ピエール・ルイスの散文詩集『ビリティスの歌 Les Chansons de Bilitis』から取られています。もし誰かにいったい何のための集まりだと質問されても、詩のクラブですと答えられたからです。「ラヴェンダー狩り」はまだ続いていました——気をつけなければならなかったのです。ですから、ダンスをする前に、彼女たちは部屋のカーテンを締め切りました。

クリスティーン・ジョーゲンセン (1953年撮影)。
Everett Collection, Inc./Alamy

　「DoB」はアメリカで初めてのレズビアン組織です。21歳以上の女性で「道徳的な人格のゲイの女子」なら誰でも入会することができました。クラブのシンボル・カラーはサファイアとゴールド、つまり瑠璃色と黄金色です。クラブのモットーは「Qui vive」——「そこにいるのは誰だ？」と聞くときのフランス語ですが、英

語では「常に警戒」という感じで使われます。社交、懇親のクラブとして始まったのですが、グループはまもなく政治に関係していきます。創設メンバーでもダンスやボウリング、乗馬のうに興味がある人たちもいましたが、彼女たちはのちにグループを離れます。

　全体としてみると、やめていく人よりも入ってくる人たちのほうが多く、その1人がフィラデルフィア出身のバーバラ・ギティングズでした。ずっとレズビアンのコミュニティを探していたところ、やっとこのDoBを見つけたのでした。ギティングズはさっそく次の休暇でカリフォルニア行きを予約しました。

　「サンフランシスコに着いて電話したらちょうど次の日の夜にミーティングがあるのでいらっしゃいと言ってくれたんです。そして翌日の夜、私は、ほかに12人のレズビアンがいる部屋にいました。そんなことは人生で初めてで、うわ、ドキドキする！　って思いました」と彼女は話します。「それは仕事のミーティングで、

自分たちの雑誌を出そうということを話していました。《ザ・ラダー The Ladder》です。私はそこに同席して、みんなの中ですごくウキウキしていました。みんなとてもいい人たちでした」

《ザ・ラダー》

　《ザ・ラダー》の創刊号は1956年10月に刊行されました。DoBがプリントしたのは175部、そして完売。「ラダー」というのは「はしご」のことです。数年前にラドクリフ・ホールが書いた『さびしさの泉／孤独の井戸』の、その暗い井戸の穴から逃れ出るのに使う「はしご」のことです。

　最初のうちは《ザ・ラダー》も政治的ではありませんでした。書評や、ニュースや、詩歌や、種々の調査報告や読者からの手紙や……そんな内容でした。しかも最初の数年は存続だけでも大変でした。「活動は、寄付するお金も全然ないような人たちだけで運営されていたのです……。憶えていますが、ある日は鉛筆の入った

ソーサレド（Sausalito）での「ビリティスの娘たち」の集まり。左端にデル・マーティン、右端がフィリス・リオン。
Courtesy Gay, Lesbian, Bisexual, Transgender Historical Society, Lyon Martin Papers

箱が届き、ある日は茶封筒の入った箱が届き、そんな日ばかりでした」とバーバラ・グライアーは話します。「《ザ・ラダー》みたいな出版物が生きてゆくには、大変な日々だったんです」

それでも読者の反応は上々でした。カリフォルニアの「L.L.」という人は書いています。「この雑誌を出してくれたあなた方に千回もの感謝を贈ります！……一人ぽっちで歩いて行くことがどんなに寂しいことか、書き始めることも難しい……私と、社会の外側で生きる私と同じような人たちと交流できることを、私は本当に待ち焦がれていました」

1958年9月、バーバラ・ギティングズがニューヨークにDoBの支部を立ち上げます。支部は1960年までに5つになります——サンフランシスコ、ニューヨーク、シカゴ、ロードアイランド、ロサンゼルス——会員数は総計110人。それでも会費を払うメンバーばかりではなく、DoBの活動をフォローする人たちはもっとたくさんいました。そしてそれはレズビアンだけでもなかった——。

DoBが4日間にわたる初めての総会をスタートさせた1960年5月27日、会場となったホテル・ウィットコム（Whitcomb）にサンフランシスコ市警の警官が現れました。デル・マーティンは予測していました——微笑みながら彼らを中へ通し、どうぞご覧くださいと促しました。会場には200人の女性たちと男性も少しいました。集まった人たちはみな「レズビアンへの眼差し A Look at the Lesbian」がテーマの各種発表を聴いていました。警察は、全員が「適切な（proper）」服装をしていることを確認したとして立ち去って行きました。

この種のハラスメントは続きます。「何がどうなるのか、まったく予想できなかった。特に最初期のゲイの大会のいくつかに関しては本当にそう」とギティングズは言います。「ホテルの人たちが私たちをどう扱うのか、ケンカ腰になるのかどうか、外部から邪魔が入るのかどうか、警察がやって来て私たちにバカみたいな容疑をデッチ上げるのかどうか？ そういうすべてが、実際に時と場所を変えて起きていた」

やられ過ぎると

1957年12月20日、天文学者のフランク・カムニーは米陸軍測量部（US Army Map Service）の職をクビになりました。カムニーのボスが、

やってみよう ACTIVITY 「マディソン」ラインダンスを知ってる？

何年にもわたって公共の場で男同士、女同士でダンスを踊ることは逮捕の対象でした。これを回避する1つの方法がラインダンスでした。これは「ノー・タッチ」とか、ソシアルダンス（social dancing）と呼ばれました（日本では「ソシアルダンス」はカップルが手を取り合ったり抱き合って踊る「社交ダンス」のことと思われていますが、日本語で言うその「社交ダンス」は、英語では「ballroom dancing」のことです）——この「ノー・タッチ」では数十人、時には数百人もが同じステップで同じダンスを同時に踊るのです。普通はみんな同じ方向を向いています。一番有名なのに「マディソン The Madison」というのがあります。オハイオ州コロンバスで始まったこのダンスは海を越えて海外でも有名なので、LGBTコミュニティだけに通じるというもので

はありません。

「マディソン」の基本ステップはYouTubeですぐにレッスン動画が見つかります。英語でも日本語でもYouTubeで「Madison Line Dance Demo」などと検索すればすぐに見られます。そうそう、ミュージカル映画『ヘアスプレー Hairspray』にも登場します。基本ステップをマスターしたら、そこに特別なステップを挿入してみましょう——ダブル・クロス（the Double Cross）とか、クリーヴランド・ボックス（the Cleveland Box）とか、トゥーアップ・トゥーバック（Two Up and Two Back）とかです。友だちや家族にもこの「マディソン」を教えてあげてみて—— 一緒にラインダンスを踊る人数が多ければ多いほど盛り上がること請け合いです。

カムニーがゲイであることを知ったのです。ボスは、カムニーが恥のあまりにスゴスゴと退職するだろうと予想していたのですが、どっこい、そうはなりませんでした。この解雇が、礼儀正しく温厚な科学者を、LGBT人権運動の最も偉大なヒーローの1人に変身させてしまうのです。

「この免職措置は、私に対する宣戦布告にも等しいと決心したわけです」と、第二次世界大戦を戦った元兵士は語ります。彼は弁護士を雇って復職を図ります。第1審の連邦地方裁判所で負けます。第2審の連邦控訴審でまた負けます。その間ずっとカムニーは無職です――アルバイトもなし。「1959年の約8カ月間、私は毎日、食費20セントで生きつないでいた……それが25セントでフランクフルトとポテトに、ぽってりマーガリンの塊を落とせたら最高の日だった」

この裁判に勝ち目はないと弁護士も辞めてしまいます。取り残された彼は、ひとり連邦最高裁への請願書を自分で書かねばなりませんでした。書き上げたのは1961年1月。彼は自分の事例を整理してこう書きました。

> 雇用主としての政府の唯一の適切な関心事は、就業時間内における被雇用者の勤務状態と行為だけである。被雇用者の私的な事情に入り込むことは雇用主たる政府のすることではない……我々の政府はすべての市民を保護し援助するために存在するのであって、ホモセクシュアルたちのケースのように、彼らを傷つけ、見せしめにし、破壊するためではない。

3月、彼はその回答を受け取ります。「本件の訴えを棄却する」。このひどい知らせを聞いて何を思ったか、数年後に彼は答えています。「私は正しく、彼らは間違っている。もし彼らがその過ちを変えないなら、私が彼らにそうさせなければならない」。この戦闘は負けたかもしれませんが、この戦争は終わってはいなかったのです。

ブラック・キャット

ここ数年にわたって日曜になるといつもそうなのですが、この日も「ブラック・キャット the Black Cat」のスタッフたちが混み合うクラブの中で4つのテーブルを1つにし、急場のステージを作りました。そこにカクテル・ウェイターのホゼー・サリアが跳び乗ります。客たちは囃し立てます。サリアは赤いハイヒールを履き、スパニッシュ・ジプシーのドレスを着ています。その肩に紫の蘭をピンで止めて。その近くでジェイムズ・マッギーニス（みんなは「ヘイゼルHazel」と呼んでいました）がピアノを弾き始めます。サリアがオペラ『カルメン Carmen』のナンバーから歌い始めると客たちは静まりかえるのです。

1958年以来、サリアはここブラック・キャットの客たちをオペラのパロディで楽しませてきました。パフォーマンスは毎回違います。歌詞を替えてその時々のニュースのコメントをしたり、混み合う客の中から1人を選んでイジったりして。でも演目は常に同じふうに終わりました。サリアがみんなに立つように言います。一番近くの別の客の手を取るように言います。そしてみんなに一緒に歌うように促すのです。彼女のヴァージョンの英国国歌『神よ女王を救い給え God Save the Queen』です。

> God save us nelly queens
> 神よ我らネリー・クイーンを救いたまえ
> God save us nelly queens
> 神よ我らネリー・クイーンを救いたまえ
> God save us queens.
> 神よ我らクイーンたちを救いたまえ
> From every mountainside,
> すべての山腹から
> Long may we live or die,
> 我らに長き命をもしくは死を
> God save us nelly queens
> 神よ我らネリー・クイーンを救いたまえ
> God save us queens!
> 神よ我らクイーンたちを救いたまえ！

「この歌は一種の、オカマ版の国歌みたいな
ものとして歌ったの。みんな一緒に頑張らなきゃ
ダメってことを言うために。自分たちの人生は
自分たちに責任がある。いつも隠れてばかりじゃ
なきゃ、世界だって変えられる。だから神様、あ
たしたちオカマのクイーンを救いたまえって、
そりゃあたしたちの歌よ。自分にプライドを持っ
て、そのケツ上げて自分で何かやらかしなさ
いよ、ってね。バカみたいな歌だけど、すごく真
面目な歌でもあるわけ」と彼はそのころのこと
を語っています。

サリアが当局に目を付けられなかったわけで
はありません。そんなことは不可能です。彼の
日曜オペラはサンフランシスコで最も人気の

ショーの1つでしたから。客たちが一緒に歌う
大合唱会にもなります。そんな中に私服警官が
紛れていることもしばしばでした。そんなとき
サリアは、時にバーの客を外に出し、そのまま
地区の警察分署まで引き連れて行って、みんな
でセレナーデを歌うのでした。手入れで逮捕さ
れて留置場にいる、バーの仲間たちに聞かせる
ために。

こういうものは警察や政治家の気に入ると
ころではありません。州当局は一度このブラッ
ク・キャットの閉鎖を画策したことがありまし
た。オーナーのソル・スタウメンは訴訟を起こ
して勝ちます。警察は別の戦術を試します。ハ
ロウィーンの夜に。けれどサリアのほうが一
枚上手でした。当時、男たちが女性の服を着る
のは法律で禁じられていました。それは法文上
「騙そうとする意図で」の変装を禁じた法律の
援用でした。それでもハロウィーンの夜には誰

LGBT Hero
LGBTヒーロー

ロレイン・ハンズベリー（1930〜65）
Lorraine Hansberry

《ザ・ラダー》への最も有名な寄稿者の1人が劇作
家のロレイン・ハンズベリーです。寄稿はLHNとい
う彼女の名前「Lorraine Hansberry Nemiroff」の頭
文字で行われました。彼女は《ONE》にも寄稿してい
て、同時に「ビリティスの娘たち」のニューヨーク支
部の最初期メンバーの1人でした。

ハンズベリーは、シドニー・ポワチエ主演で映画
にもなった『レーズン・イン・ザ・サン／黒い一粒の
プライド A Raisin in the Sun（日差しの中の干し葡
萄）』（1961）を書いたことで知られます。ある黒人
の一家が立ち入りを制限されている白人居住区に
引っ越そうとして、という演劇です。これはブロー
ドウェイで上演されたアフリカ系アメリカ人女性の
書いた初めての戯曲でした。この作品は、1959年の
ニューヨーク劇評家サークル賞で最優秀演劇賞を受
賞しています。

ハンズベリーは、しばしばリアルなゲイやレズビ
アンのキャラクターを自分の戯曲に登場させます。
ただ、悲しいことに彼女の脚本はわずかしかない。
すい臓がんのため34歳で亡くなったからです。

ハンズベリーの有名戯曲
『レーズン・イン・ザ・サン』の劇場プログラム。
Photofest

ブラック・キャットでいつもの日曜オペラ・ショーを披露するホゼー・サリア（1960年代初め撮影）。
Courtesy ONE National Gay & Lesbian Archives, Hal Call Papers

でもドレスで着飾れました。ただし、深夜0時を回って日付は変わります。ハロウィーンが終わっても女装している者を逮捕しようと、警官隊がブラック・キャットを急襲しました。そこらじゅう、女装だらけです。ところがサリアはその女物の服1つ1つに、「I am a boy（ボクは男の子）」と書いたフェルトのワッペンをピンで留めさせていたのです。これでは「騙そうとする意図で」の変装ではありません。つまり法律を破っている者は1人もいないということでした。

「そのワッペンを見て、警察は訴訟の可能性に気づいたのね」とサリアは言います。「それがハロウィーン恒例ガサ入れの終わりの始まり」

運動の音が鳴り響く

1950年代が終わりを迎え、アメリカでの生活はよりオープンなものになり始めます。これをビート族（Beat Generation）の詩人や作家たちのおかげだと言う人もいます——アレン・ギンズバーグやジャック・ケルアック、ピーター・オーロフスキー、グレゴリー・コルソーら。

彼らは1940年代にニューヨークで互いに出会っているのですが、実際に全米から注目されたのは50年代後半になってからでした。

アレン・ギンズバーグは、1956年10月に発表した本1冊分もの長篇自由詩『吠える Howl』とともに新聞の一面記事になりました。その詩は当時ほとんど議論には上がらないテーマに触れていました。ギンズバーグ自身のホモセクシュアリティに関しても。出版したのはロレンス・ファリングヘッティ、サンフランシスコのシティ・ライツ書店（City Lights Bookstore）のオーナーです。店長はシアトル生まれの日系アメリカ人、シゲヨシ・ムラオでした。その彼が、囮捜査の2人の私服警官に『吠える』を売ったカドで逮捕されてしまいます。ファリングヘッティも同様に逮捕です。罪状は猥褻罪。

ファリングヘッティとムラオの裁判は、全米の新聞・雑誌読者たちが追いかけました。有名な作家や詩人や評論家たちが詩というものの重要性について証言しました。そして判事は最終的にこれは猥褻ではなく、合衆国憲法修正第1条の「表現の自由」に保障される出版の自由の庇護下にあるとの判決を下します。ギンズバー

1959年の映画『Pull My Daisy（私のデイジーを引き抜いて）』の1シーン。左からピーター・オーロフスキー、グレゴリー・コルソー、アレン・ギンズバーグ（映画は「https://vimeo.com/92403607」でも視聴可）。
Photofest

グ（と他のビート族）にとって、これ以上のパブリシティ（広告効果）はありません。

　ビート派の多くがゲイかバイセクシュアルだったのですが、当時台頭してきたホモファイル運動に同調して動くことはあまりありませんでした。ビート派の詩人や作家たちにとって「マタシン協会」や「ビリティスの娘たち」は、おそらく、他の一般人たちと同じくらい「スクエアsquare」（堅苦しく常識的）に見えていたからでしょう。それでもLGBT運動はこのビート族の生き方を見ることで多くを学びました。例えば、自分の望む生き方をするために誰に許しを請う必要もないのだといったこととか。

　「アメリカのホモセクシュアルたちは、いつになったら、ただのんべんだらりと座ったまま自分を哀れんだり言い訳したり顔を隠したり不運を嘆いたりするのを止めるつもりなんだろうか？」と《ONE》1959年3月号が読者たちに問い掛けています。「いったいいつになったら袖をまくり上げ、世間のどんなグループでも自分たちの権利を守るためにはやらねばならぬ辛い努力や闘いの何らかを、自ら進んでやり始めるつもりなのか？」と。

　あるいは、アレン・ギンズバーグが言ったように「ぼくらのようなホモセクシュアルの者には、それは突然の啓示なんだ、『人生なんかまるで知らないゲス連中に、何でまたぼくらがビクビクさせられなきゃならないんだ？　キミらが感じてるのはこうだ、キミらはこうこう、こう振る舞うべきだなんて言ってくるあの連中はいったい何様なんだ？……そういうのはそっくりお返しして、なぜぼくらはぼくらで堂々と話し始めないんだ？』」

　そう、それが彼らがやり始めたことだったのです。

▲　▼　▲

フィラデルフィアにある独立記念館前での最初の「アニュアル・リマインダー」でプラカードを持つフランク・カムニー（先頭）。「同性愛のアメリカ市民たち——我々の国で最後の、抑圧されたマイノリティ」と書いてある（1965年7月4日撮影）。

1964年12月2日 ≫ ランディ・ウィッカーと友人たち数人が、クーパー・ユニオン・フォーラムでの講演に早くからやって来ていました。ニューヨーク医科大学（New York Medical College）の准教授、ポール・ディンス博士が講演する予定でした。題目は『ホモセクシュアリティという病い Homosexuality: A Disease』。

ウィッカーたちは「10分間の反論時間を要求する」というプラカードを掲げ、講演を聞きに来ていた人たち全員にチラシを配りました。講演の最後にディンス博士がウィッカーに反論の機会を与えました。

彼は持ち時間をフルに活用しました。精神医学の種々の研究が互いに矛盾している部分を指摘し、面白くないテーマ、触れたくない課題に関して、研究自体がそもそもどう行われるのかという点を問題視しました、そして誰それには「治療」が必要であると、そう決める人物の資格に関しても。結論として、精神科医たち自身が、有害で有効性も証明されない同性愛の矯正治療から、いかに利益を得ているか、その現状を説いたのでした。

「その反論者への拍手のほうが講演者への拍手よりも大きかった。講演者は聴衆のこの反応に一瞬、唖然としていたようだった」と《ザ・ラダー》は報じました。

1960年代

Out of the Closets

クローゼットから出て

「そのとき決心したことがある。自分はもう十分長いこと逃げてきた。誰でもみんな人生の中で妥協しなければならないこともある。でも決めた。もう二度と隠れることはしない、とね」

—— フランク・カムニー

たった一人の「連盟」

ランディ・ウィッカーの本名はチャールズ・ジャーヴィン・ヘイデン・ジュニアといいます。1958年、彼はニューヨークのマタシン協会に入会するために嘘をつきました。というのも、彼はまだ20歳で、入会年齢は21歳からだったのです。彼はLGBTコミュニティのために何かをしたくって、それは何でもよかった。そして彼は、21歳になるまで黙って待っているようなタイプではなかったということです。

「ぼくらの運動にとって彼は、いわば、厄介な新人さんだったね」とマタシン協会代表のアーサー・モールがのちに話しています。あるときは許可なくマタシン協会の会合開催チラシを配って300人もの人が集まり、2階の事務所にまったく入りきらずに大変なことになりました。怒った大家が結局、彼らを追い出すハメになったのです。

1962年初めにはマタシン協会の「ゆっくり穏健」方針に不満を募らせて、ウィッカー自身が別の団体を創りました。「ニューヨーク同性愛連盟 the Homosexual League of New York」という名前で、ウィッカーが代表で副代表で会計責任者で事務担当で……つまり、彼が唯一のメンバーでした。しかしそれらしい名前の組織の体裁さえあれば、新聞記者やラジオの司会者たちも相手にしてくれました。その年、彼はニューヨークのWBAI-FMラジオのインタビューを受け、それを皮切りにすぐに《ニューズウィーク》

《ハーパーズ》《ワシントン・ポスト》《ニューヨーク・ポスト》、そして《ニューヨーク・タイムズ》と立て続けにインタビューが掲載されました。友人たちはよく彼を「ゲイの十字軍戦士 Gay Crusader」と呼んでからかい、十字のケープはどこにあるのか聞いたものでした。

ウィッカーはまた、アメリカで最初とされるゲイの人権デモを組織しました。1962年、友人クレイグ・ロッドウェルとともに「ホワイトホール入隊センター Whitehall Induction Center」でニューヨーク市の徴兵委員会に抗議デモを行ったのです。アメリカの国防総省は当時、ゲイであるために入隊を拒否された人物の個人情報を企業や商店など雇用主向けに公表しており、2人はその即時中止を要求したのです。このデモにほとんど反応はありませんでした。

ウィッカーは1964年9月19日に再び抗議デモを行います。このときは10人が集まりました。

ホゼー・サリアの選挙

1950年代を通してずっとホゼー・サリア（あの「ブラック・キャット」のパフォーマーです）は、サンフランシスコの「市政執行委員会 Board of Supervisors」──だいたい市議会と同じです──に対して、警察がLGBTコミュニティに嫌がらせや虐待をやめないことへの抗議の陳情を行ってきました。1961年、その彼がとんでもないことを思いつきます。市政執行委員会の委員に自分が立候補すればいいと考えたのです。

「市役所まで行って、立候補するのに何が必要かを聞いたわけ。25人の推薦人の署名と登録料の25ドルだった」とサリアは言っています。委員会の空き議席は5つ。そこに出馬準備をしていたのは9人（サリアを含めて）しかいませんでした。候補者が少なければ当選の確率も高いものです。

サリアが立候補の届け出をしたのは締め切りのちょうど12時間前でした。それを知った政治家たちがパニックになります。そして大急ぎでほかに立候補できる者をかき集めてきたのです。届け出の締め切り時間までに、立候補者は34人に膨れ上がりました。「でもそんなことではあたしを止められない。選挙運動はもちろん続けた」とサリアは話します。

私の選挙公約は「法の前での平等 Equality Before the Law」だった。サンフランシスコ裁判所がちょうど建ったばかりで、そこにこの標語が（彫られて）あった。それで言った、「私のスローガンもこれで行こう」……私には法律は二面的で、都合に合わせて解釈されるものに見えた。その解釈によってゲイ・ピープルは第二級市民にされようと

やってみよう ACTIVITY バッジを作る人

政治活動資金を作るために（もちろん食べるためにも）ランディ・ウィッカーが1960年代にやったことはバッジ作りをビジネスにしたことです。60年代末には彼は東海岸で最大の政治バッジ製造業者になっていました。販売店の名前は「アンダーグラウンド・アップリフト・アンリミテッド Underground Uplift Unlimited」（意味としては「アングラの政治向上のための無制限組織（無限責任会社）」といった感じ）。例えばフランク・カムニーの『Gay is Good』のスローガンをバッジにしました（このスローガンに関しては「p.68ページ」を参照）。

用意するもの

- 何も書いていない紙
- 鉛筆
- 要らなくなったバッジ
- 裏面がノリでくっつくタイプのラベル
  （文房具店や事務用品店で封筒に貼る宛名用シールが売られています。バッジの大きさに合わせて選んでください）
- ハサミ

していた。私は一度だって第二級市民なんかじゃなかった。

「学校でも選挙運動をした。組織と名の付くものの前ではどこでも運動した。ラジオにも出た——スペイン語で話してスペイン語票を惹きつけた」。投開票日、彼は5,613票を得て9位になりました。悪くはない。けれど当選でもありませんでした。

サリアの挑戦はサンフランシスコで拡大する政治運動の一部でした。翌62年、サンフランシスコのゲイやゲイ・フレンドリーな飲食店・商店のいくつかが集まって「タヴァーン・ギルド the Tavern Guild（飲食店組合）」を設立しました。設立目的は警察の暴力と汚職に対抗することと、LGBTの住人たちに有権者登録を促すことでした。警察による手入れがあるたびに、有権者登録数は増えていったのです。【訳注】「戸籍」のない米国では、自ら有権者であると登録して初めて選挙人名簿に名前が載り投票できるようになる。

そのタヴァーン・ギルドも1年後に解散してしまいます。しかし1964年9月にその流れを汲む者たちがより強力な団体を組織します。「個人の権利のための協会 the Society for Individual Rights」（SIR）でした。単に有権者登録を増やそうというだけの組織ではありません。初めて、政治家たちを相手に話し合いを持ち、自分たち

City & County of SAN FRANCISCO City Election, Tuesday, Nov. 7th 1961

Elect

JOSÉ JULIO SARRIA

Supervisor

"Equality!"

ホゼー・サリアの1961年の選挙キャンペーンのチラシ。「Equality!（平等を！）」と書かれてある。
Courtesy Gay, Lesbian, Bisexual, Transgender Historical Society, José Sarria Papers

古いバッジを使って、その上に自分のデザインを貼り付ける形で新しいバッジを作ってみましょう。まずは何と書いたバッジにするか決めます。スローガン、かっこいい言葉、ロゴ、絵でもいいですよ。まず、紙に、土台にするバッジのサイズや形を考えながら、どんなデザインにするか試し書きしてみましょう。デザインが決まったらバッジを作る作業です。ノリでくっつくラベルに、土台になる古いバッジの形に合わせて外郭線を引いていきます（小さすぎたら2枚を継ぎはぎにしてもいいです）。そしてその線の内側に、先に考えた自分のバッジのデザインを書き（描き）写します。その線に沿ってハサミで切り抜いて、古いバッジの上に貼り付けたら、ほら、君のバッジの出来上がりです。

OUT AND PROUD

「OUT AND PROUD」はLGBTQの1人であることを「言って（アウト）いるし、堂々と（プラウド）している」という意味です。

の気に入った立候補者たちの選挙チラシを配る
などの実質的協力を始めた団体でした。彼らが
支援した最初の候補者はダイアン・ファインス
ティンでした。知ってのとおり、彼女は市政執
行委員から市長になった後、1992年に連邦上
院議員になりました。【訳注】2019年時点でも現役
上院議員。

　SIRが自分たちの利益だけを考える団体では
ないことを示すために、若者たちのための施
策、高齢者や聴覚障害者たちのための募金な
ど、彼らはその地域の課題のための資金集めを
行いました。さらに1966年4月、SIRはサンフ
ランシスコで初めてのゲイ・コミュニティ・セ
ンターを開設しました。タヴァーン・ギルドと
は違い、SIRは長期にわたって活動を続けまし
た──17年間です。

アンクル・サム（連邦政府）を標的に

　連邦最高裁に訴えを棄却されたときフラン
ク・カムニーは、政府の反ゲイ政策と闘うため
には、彼と同じ思いの人間たちを見つけて組織
化しなければ始まらないと考えました。友人の
ジャック・ニコルズとともに彼は1961年11月
15日、「ワシントン・マタシン協会 Mattachine

Society of Washington」（MSW）を立ち上げ
ました。この団体はオリジナルのマタシン協会
とは名前こそ同じでしたが、まったく別の団体
です。

　ワシントンDCにあるということと、フラン
ク・カムニーが仕切っていたということで、
MSWはその活動の精力を職場解雇の問題、軍
隊でのゲイやレズビアンの待遇事案、その他
LGBTコミュニティへの不当な扱いなど、連邦
政府に向ける事例に集中させることに決めまし
た。しかも、それに関しては大胆に行く、と。

　1962年、メンバー40人のこの団体は政策提
言を報道資料として、大統領以下、副大統領、
政権メンバー、上院議員、下院議員、最高裁判
事その他政府の要職者全員に送りつけました。
テキサス州選出の下院議員ジョン・ダウディは
これに怒り狂って、思わずこの資料について議
会で発言し、結果、「アメリカ連邦議会議事録
Congressional Record」に公式に記録させるこ
ととなりました。これは予想外の嬉しい宣伝に
なりました。

　しかし誰よりも一番に怒りを募らせたのが、
あのFBI長官 J・エドガー・フーヴァーでした。
フランク・カムニーはフーヴァーを自分たちの
会報《ガゼット The Gazette》の発送リストに

サリアの新しいグループ

　1965年、ホゼー・サリアはどん底にいました。「選
挙には落ち、母は死に、（ブラック）キャットは閉店し
て、これ以上あたしに何が起こるってえの？」と彼は
思っていました。けれどサリアはへたり込んで自分
を憐れむようなタイプではありません。チャリティ
のための組織を作り上げてしまうのです。その名は
なんと「インターナショナル・コート・システム the
International Court System」。あるいは「インペリ
アル・コート・システム the Imperial Court System」
とも。いずれにしても略称が「ICS」となるこの団体名
称は「国際 International 裁判所 Court 制度 System」
とか「帝国 Imperial 裁判所制度」とかがイメージさ
れそうですが、この「コート court」は「裁判所」とい
うよりはむしろクイーンたちのいる「宮廷」のことで

す。メンバーは意匠を凝らしてドラァグクイーン大
会で競い合い、さまざまな社会的大義名分のための
資金集めをするという趣向。いまではエイズ・チャリ
ティ、乳がん、ホームレス・シェルター、盲導犬、家
庭暴力被害者支援プログラム、食糧銀行（フードバ
ンク）、大学奨学金、災害救済など多岐にわたります。
サリアはそこで自分自身に初代サンフランシスコ支
部の「皇后 empress」の肩書きを冠しました。デル・
マーティンやフィリス・リオンもICS創設に力を貸
し、2人にも「公妃 Duchess」の称号を授けました。

　このICS、現在では世界最大のLGBT慈善団体で、
アメリカ、カナダ、メキシコで70支部を有していま
す。いくつかの支部は発足以来すでに100万ドル
（1億円）以上の寄付を集めています。

FBI長官だった」・エドガー・フーヴァーは
ホモファイル運動のファンではなかった。

入れていました。ワシントン界隈でささやかれている噂——フーヴァーはゲイだという噂を聞いていたからです。同じ噂は例の《ONE》誌の記者たちも以前から知っていました（現在わかっていることを総合すると、この噂はほぼ真実でしょう）。

ある日、カムニーはジョン・オバーンという捜査官にFBI本部に呼び出されました。そこで会うと、オバーンはなぜフーヴァーに《ガゼット》を送りつけるのかと聞いてきます。カムニーは、フーヴァー長官はMSWに関心があるはずだと判断したからだと答えました。なぜならMSWは公民権運動の団体であるし、FBIはほかにもいろいろと公民権団体を調査しているだろうから、と。

オバーン捜査官は納得していませんでした。「ミスター・フーヴァーはきみたちの発送リスト

から外されることを望んでおられる」と要求してきました。カムニーは、マタシンの理事会で他の委員と相談してみると答えました。約束はせずに。その後オフィスに戻ってから、カムニーはオバーンの話したことすべてを反芻していました。気づいたのは、彼がMSWについてあまりにも多くのことを知っていたということです。これまで会報に書いてきたことやプレス・リリースで記してきたこと以上に協会のことを知っていたのです。自分の組織はスパイされている、カムニーはそう気づきました。

そこでカムニーは、今度は自分のほうからオバーンに要求を出しました。FBIが彼らに関して集めてきたすべての資料を破棄すること。フーヴァーの署名でその作業が完了したという書簡を当方に送ること。そうすればその時は長官の名前を発送リストから外すことを検討する、「たぶん」と。

FBIにこんなハッタリをかました人間はまずいません。オバーン捜査官はフーヴァーにメモを送り、MSWとコンタクトすることはもうやめたほうがいいと進言しました。カムニーは二度と彼らから連絡を受けなくなりました。大喜びのカムニーは早速「いかにして連邦政府の捜査に対処するか」というタイトルのパンフレットを作りました。LGBT団体や政府職員、軍隊の兵士や職員に広く届けられたこのパンフレットには、読者たちに、憲法で保障された自分たちの権利がいかなるものであるか、それを順番に思い出させるリストが掲載されていました。このうちの9項目が彼の新たな決意をよく表しています。

9. 自分は、いかなる公務員によっても、すべてのレヴェルで、すべての場合で、どんな地位にあろうとも、すべてのアメリカ人が受けるべき全幅の敬意と威厳とをもって扱われるべきであると主張すること。もしそのように扱われない場合は、その場を立ち去って、過去の不適切な取り扱いへの謝罪と今後の適正な扱いの保障を書面で受け取るまで、そこに立ち戻らないこと。

カリフォルニア・ホール

1965年1月1日、サンフランシスコの「カリフォルニア・ホール California Hall」がハリウッド映画のプレミア会場並みにライトアップされました。エレガントにドレスアップしたカップルたちが、輝くスポットライトの中を歩いていきます。ある者は微笑み、ある者はカメラの前でポーズをとり、しかし内心では多くの人たちがおびえていました。カメラマンたちは新聞社のものではなく、サンフランシスコ市警から来た警官たちでした。照明も彼らが用意していました。そして護送車、暴動鎮圧用装備も。警察はこの「新年マルディグラ・ダンス大会 New Year's Day Mardi Gras Ball」——サンフランシスコの「宗教と同性愛者に関する協議会」（CRH）の資金集めイヴェント——をつぶしたかったのです。直ちに。

ホール内の受付テーブルでチケットのチェックとゲストたちの受け入れを担当していたのはフィリス・リオンとデル・マーティンです。そこにほとんど15分置きに「火災と衛生の査察」の名目で警官たちが押し入ってくるのです。出席者たちの多くにとって——地域の牧師とその夫人たちもかなりいたのですが——これは異常な出来事でした。ゲイやレズビアンたちはいつもこうした嫌がらせに耐えなければならなかったのか？

何度かそうした「査察」があって、CRHの弁護士たちは警察官を阻止することに決めました。「いい加減にしろ！」とハーブ・ドナルドソンとイヴァンダー・スミスが告げました。「入ってきたいなら、次からは捜索令状を持ってこい」と。警察は、令状の代わりにこの2人の弁護士を逮捕しました（その夜の逮捕者はほかに4人でした）。

ドナルドソンとスミスは警察署に連れて行かれ、調書を取られ、パーティーが終わる前に保釈金を払って釈放されました。カリフォルニア・ホールに戻ったとき、彼らが目撃したのは警官たちが撮影カメラを持ってダンスフロアを渡り歩き、全員の顔を撮影していたことでした。午後11時を回ったころ、警察は資金集めは終了だと宣言し、全員を出口に押し出しました。

翌朝、CRHはグライド記念合同メソジスト教会で記者会見を行いました。全員が一張羅の服で臨んだその会見で、7人の牧師が市警の行為を激しく非難しました。やがて彼らは「シチズン・アラート Citizen Alert（市民の警戒警報）」

宗教と同性愛に関する協議会

「同性愛」と「宗教」という2つの単語をその名前に持つアメリカで最初の団体がサンフランシスコの「宗教と同性愛者に関する協議会 Council on Religion and the Homosexual」（CRH）です。1964年に「ビリティスの娘たち」「マタシン協会」そして「グライド記念合同メソジスト教会 Glide Memorial United Methodist Church」が一緒になって発足しました。その年の春、レズビアン5人、ゲイ男性10人、そしてリベラルな教会であるグライドの聖職者15人が、近隣のマリン郡（Marin County）で3日間にわたって会合を持ちました。そのほとんどが長い時間をかけての真摯な初めての話し合いに費やされます。それぞれのコミュニティの違いについてわかり合うためです。グライドの牧師たちは多くアフリカ系アメリカ人の信者たちの指導者で、公民権を求める彼らの闘いに関与してきました。そのため、彼らの耳にするゲイやレズビアンの窮状は悲しくもすでに耳慣れた話ではありました。会合が終わった後で牧師たちは地域のバーへと案内されました。そこでゲイ・コミュニティという存在がこれまでいかに陰の中に隠れざるを得なかったのかを目の当たりにさせられたのです。

「カリフォルニア・ホール」での資金集めのほかにも、CRHはベイ・エリア（サンフランシスコ湾岸地区）での初の「公職選挙候補者会 the Candidates' Night」を開催しました。候補者たちのLGBT問題への立ち位置を知るためです。CRHはすでに解散していますが、グライド記念合同メソジスト教会はいまも貧困と社会的疎外の悪循環を断ち切り、苦しみを軽減するためにサンフランシスコ地域で活動を続けています。

という、警察の職権乱用を報告する24時間ホットラインを開設することになります。

弁護士逮捕の件で裁判になったとき、市警側が最初に証言台に立ちました。判事は不満顔でした。「こんなことを続けて最後まで審理することは誰にとっても時間の無駄だ」と彼は断言し、その場の陪審員たちに、CRHの弁護士たちは無罪であると宣言しなさいと命じたのです。弁護側には反対尋問の機会さえありませんでした。「本件は却下！」でした。

カリフォルニア・ホールでの出来事は新聞で全米ニュースとして報じられました。全米のゲイやレズビアンたちは考え始めます。「ねえ、サンフランシスコに引っ越そうか？」と。

毎年思い出すべきこと

東海岸でもLGBTコミュニティは負けずに大胆になってきました。フランク・カムニーはニューヨークの「ビリティスの娘たち」のバーバラ・ギティングズと1963年に同盟関係を築き、翌64年秋にワシントンDCでの「東海岸ホモファイル組織 the East Coast Homophile Organizations」（ECHO）の集会を主催しました。彼らはホワイトハウスへのデモを投票で決めました。カムニーはその場合のドレス・コードを主張しました。男性はビジネス・スーツとネクタイ、女性は派手ではない服装でヒールのついた靴、というものです。彼はその組織の意図を、《ザ・ラダー》の1965年3月号で書いています。

延々と続く話し合いから踏み出すべき時だ……確固たる、精力的な行動へ。我々は正しい。我々に反対する者たちは事実としてかつ道徳として間違っている……我々は我々の権利を要求しなくてはならない。大胆に、単に特別扱いを求めて媚びへつらうのではなく、ましてや我らに投げられるおこぼれで満足するのでもなく。

ホワイトハウス前の3回目のデモに参加したニューヨーク「ビリティスの娘たち」のアーネスティン・エクスティン（左）（1965年10月23日撮影）。
Photo by Kay Tobin.
© Manuscripts and Archives Division, The New York Public Library

4月17日土曜日、イースターの前日、10人のECHOメンバー（男性が7人、女性が3人）がホワイトハウスの北側のフェンス外に姿を現しました。始めもしないうちから追い返されるのを恐れて計画の詳細は明らかにしていませんでした――それはすなわち、メディアもまたそこに来ないということでした。彼らは2時間にわたってそこで円形に行進をしました。次のようなプラカードを持って。

Halt Government's War
Against Homosexuals
ホモセクシュアルたちに対する
政府の戦争をやめろ

Fifteen Million US Homosexuals
Protest Federal Treatment
全米1,500万人のホモセクシュアルたちが
連邦政府の扱いに抗議する

US Claims No Second-Class Citizens—
What About Homosexual Citizens?
アメリカに二級市民はいないと言う──
ホモセクシュアルの市民は違うのか？

「警察が何をしてくるか、どう反応するか、まったくわからなかった……しかし何も起きなかった。誰も石を投げてこなかった。とんでもない成功だった」とカムニーは言います。

ECHO は始まったばかりでした。翌日、29人のメンバーがニューヨークの国連本部前で行進しました。キューバでゲイを迫害している独裁者フィデル・カストロへの抗議活動でした。続く数週間にわたり、抗議の行進はワシントンの国務省（日本でいう外務省です）や国家公務員任用委員会、国防総省、（再度の）ホワイトハウスにまで及び、そして7月4日の独立記念日にはフィラデルフィアの独立記念館前で39人が行進しました。

アメリカが独立したその生誕地であるこの独立記念館前の抗議活動は、1965年を第1回として恒例のものとなりました。ECHO はこの独立記念日イヴェントを「アニュアル・リマインダー the Annual Reminder（毎年思い出すべきこと）」と名付けました。「ゾクゾクした」とギティングズが振り返っています。「何か画期的なことをやっているのだとわかってた。みんなが見ていた。だって、自分でホモセクシュアルだって言ってる人間がプラカードを持って行進してるのなんて、これまで誰も見たことがなかったろうからね」

もっとも、マーサ・シェリーのように、そうはゾクゾクしなかった人たちもいました。「ほかの人たちはみんな独立記念日の祝日の最中で、アイスクリームを食べながら突っ立ってこちらを見ている。そんな中で抗議のマーチをするのはイヤだった。まるで動物園の展示動物みたいだった」

それでもそんな休日の見物客の一人が、ギティングズのパートナー、ケイ・ラフセンにこう話してきたと、ラフセン本人が《ザ・ラダー》に書いています。「自分たちの権利のためにこうして立ち上がるなんて、すごくガッツのいることだ」

確かにそうでした。

「GAY IS GOOD」のプラカードを掲げる
フランク・カムニー（1970年撮影）。
Photo by Kay Tobin.
© Manuscripts and Archives Division, The New York Public Library

「Gay Is Good」

1968年7月、フランク・カムニーは初期 LGBT 公民権運動のキャッチフレーズとなる「ゲイはグッド Gay Is Good」を思いつきました。これは1960年代のアフリカ系アメリカ人コミュニティの人気スローガン「ブラックは美しい Black Is Beautiful」から着想したものです。GとG、BとBの頭韻ですね。「自分が人生でいちばん自慢できることとは何か、言えと言われたらそれだったから」とカムニーはのちに回顧しています。

彼のこのスローガンは運動の新しい性格を反映しています。「クローゼットのドアを開けて新鮮な空気と太陽の光を招き入れるときだった。頭を持ち上げて、ホモセクシュアルである自分たちのその目で、自分たちが平等であることに自信を持って、世界を真正面から見据えるときだった」と彼は書いています。「自分のホモセクシュアリティを精一杯に、社会的に、心理学的に、感情的に、そしてその他すべての意味でも生きるべきときだった。ゲイはグッド、そう、そのとおり」

最初の暴動

LGBTコミュニティのすべてが「カリフォルニア・ホール」や「アニュアル・リマインダー」での抗議の人たちのように、「非暴力」を旗印にしていたわけではありません。多くの人たちが、特にトランスジェンダーの人たちや10代の家出少年少女たちは、長きにわたって警察の嫌がらせや暴力の犠牲者でした。彼らが反撃に立ち上がるのは時間の問題だったのです。

LGBTの暴動で最初に記録されているのは1959年5月のものです——正確な日付を憶えている人はもういませんが——ロサンゼルスのダウンタウンにあった「クーパーズ・ドーナッツ Cooper's Donuts」で起きました。ある夜、ロサンゼルス市警（LAPD）の警官2人がこの深夜営業のコーヒーショップに現れ、客たちにID（身分証明書）を見せるように命じました。

LGBT Hero
LGBTヒーロー

ベイヤード・ラスティン（1912〜87）
Bayard Rustin

アメリカの公民権運動の長い苦闘の中で、ベイヤード・ラスティンの献身と業績に匹敵する人物はそうはいません。ベイヤード・ラスティンは米ペンシルヴェニア州のクエイカー教徒の一家に生まれました。社会運動を始めたのは1930年代のことです。彼は平和主義者で労働組合の組織勧誘者で、1955〜56年のモンゴメリー・バス・ボイコット事件の初期にはマーティン・ルーサー・キング・ジュニアに非暴力の闘い方をトレーニングした人物です。

ラスティンはまた、ゲイでもありました。彼はキングとともに南部クリスチャン指導者会議を組織した人物でしたが、ゲイを嫌う下院議員アダム・クレイトン・パウエル・ジュニアがキングを脅してラスティンを同指導者会議から外させる事態が起きました。1960年のことです。しかしその3年後、公民権運動のリーダー、A・フィリップ・ランドルフがラスティンに1963年のワシントン大行進の組織化を頼むべきだと復帰を要求します。仕事と自由を求めるこの大行進は、キングが「私には夢がある I Have a Dream」というあの有名な演説を行った政治集会です。その大行進が数日後に迫ったとき、今度は人種差別主義者の上院議員ストロム・サーモンドがその上院の場でラスティンをゲイだと誹謗する出来事が起きました。このとき、キングはラスティンの側に立ちます。メディアや公民権運動のリーダーたち何人かから、かなり厳しい突き上げがあったからです。大行進は予定どおり執り行われました。

ゲイの公民権運動のリーダーは、ラスティンだけではありませんでした。グラント・ギャラップは白人の公民権活動家でしたが、「60年代にキング博士とともに活動しようと南部に行った私たちの多くはゲイだった」と回想しています。「シカゴからやって来た飛行機があって、そこに乗っていた牧師6人のうちの私たち3人がゲイだった。自分たちの解放運動のためにはカムアウトできなかったゲイたちの多くが、代わりに同じエネルギーを黒人たちの解放運動に注ぎ込んでいたんだ」

ベイヤード・ラスティン（左）が
1963年のワシントン大行進を組織した。
Library of Congress (LC-USZ62-133369)

結局、客2人がパトカーで連行されることになりました。そのとき、周りの人たちが警官たちにドーナッツを投げつけ始めたのです。続いてコーヒーのカップも。警官は慌ててパトカーに逃げ込み、応援を呼びました。応援部隊はすぐに到着し、騒ぎに加わった数人が逮捕されました。

1965年4月25日、フィラデルフィアでは「デューイーズ・デリ Dewey's Deli」で騒動が起きているということで警察が呼ばれました。その店のマネジャーは日ごろから「非規範的な服装 nonconformist clothing」をしている者には商品を売らないと恫喝（どうかつ）していました。そこで、それに抗議する150人ほどが集まって座り込み抗議（sit-in）を行ったのです。警察は3人のティーンエイジャーと彼らを支援する弁護士とを逮捕しました。彼らは全員、治安紊乱罪（びんらん）で有罪になりました。そこでデューイーズはまた抗議デモを受けます。座り込みも再び行われました。最終的にデリは引き下がり、「差別的な営業の即時中止」を約束しました。抗議者たちの勝利です！

今度はその1年後のサンフランシスコ。「コンプトンズ・カフェテリア Compton's Cafeteria」での2日にわたる暴動でした。ここは24時間営業の店として、街のトランスジェンダー・コミュニティの溜まり場でもありました。マネジャーは彼女たちを愛する年配のゲイの紳士でした。ところがその彼が亡くなり、コンプトンズと顧客たちの関係がギクシャクしだします。そして警官がしばしば立ち寄るようになり、客たちに嫌がらせをするようになったのでした。

1966年8月のある夜のことです。言うことを聞かない客がいるということで警察が呼ばれます。警官たちが彼女を逮捕しようとしたとき、彼女はホットコーヒーを彼らに浴びせかけました。警官たちは逃げ惑い、そこから店内は大混乱。怒った客たちがテーブルをひっくり返す、砂糖入れを投げつけて店の窓を叩き割る、の大騒ぎです。もう1台パトカーがやって来たのですが、群衆はそのパトカーをボコボコにし、角のニューススタンドに火をつけました。

この「コンプトン・カフェテリア暴動 the Compton Cafeteria Riot」の結果、サンフランシスコ市警はトランスジェンダー・コミュニティ

メトロポリタン・コミュニティ教会

ロサンゼルス市警によるゲイバー「パッチ」の強制捜査は思わぬ副産物をもたらしました。いまでは世界最大となったLGBT教会の発足です。トロイ・ペリーはその夜にデート相手のトニー・ヴァルデズと一緒にパッチにいたのでした。そこでヴァルデズが逮捕されてしまった……。ヴァルデズはのちに、神様はゲイたちが苦しんでいるのに全然お構いなしだと嘆きました。ペリーはそれが間違っていると証明しなくてはなりませんでした。彼は「ペンテコステ派の説教師 Pentecostal preacher」だったからです。もっとも、信徒たちにゲイであることがわかってフロリダの教会を追放されていたのですが。

1968年10月6日、ペリーはのちに「メトロポリタン・コミュニティ教会 Metropolitan Community Church」（MCC）となるものの、最初の礼拝をロサンゼルスの彼の賃貸住宅の一室で執り行いました。コーヒーテーブルを祭壇に使って、12人の人たちが参集しました。うち9人は友人でした。誰も来なかったらペリーはショックだろうと心配してやって来たのです。

ペリーはMCCの第1の使命を社会正義に置きました。ロサンゼルスにおける初期のLGBTアクティヴィズムの多くはペリーとこの教会メンバーの業績です。抗議活動、パレード、電話相談ホットライン——そこにはいつもMCCがいました。ペリーと彼の教会はワシントンDCで最初のLGBTロビー活動も組織したのでした。

1970年6月12日、ペリーはニーヴァ・ジョイ・ヘックマンとジュディス・アン・ブリューの挙式を執り行いました。アメリカで最初のキリスト教による同性結婚式でした。MCCのようなキリスト教会が、ゲイとレズビアンの結婚に神の加護を与えることを妨げるものはありません（とはいえこれは法律的に結びついた結婚ではありませんでしたが）。そして

と良好な関係を築くために、初めて連絡調整役の担当官を設けることになります。初代はエリオット・ブラックストーン巡査部長でした。こうしてついにLGBTコミュニティの心配事に関心を払う者が現れ、トランスジェンダーの市民たちが仕事を見つけるためのIDカードを発行したりもして、サンフランシスコのテンダーロイン地区と呼ばれる歓楽街での反LGBT暴力は減少したのです。

もう1つの蜂起はそれから数カ月後のロサンゼルスで起きました。1967年1月1日、深夜0時を回ってすぐのころに「ブラック・キャット・タヴァーン Black Cat Tavern」（前出のサンフランシスコの有名バーとは関係ない別の店です）の客たちが、新年のキスを交わしているところでした。ロサンゼルス市警の私服警官たちが突然、キスした者は全員逮捕だと宣言しました。客たちは彼らに警察バッジを見せろと要求しました。すると警官たちは彼らを拳銃で殴り始め、「これがオレたちの身分証明書だ」と叫んだのです。みんな通りを挟んだ向かいのバー「ニュー・フェイセズ New Faces」に逃げ込み

ました。それを警官が追い、その夜は16人が逮捕連行されました。

怒った市民たちはすぐさま警察の虐待に抗議する団体を組織しました。「Personal Rights in Defense and Education（自己防衛と教育における個人の権利）」、頭文字をとって「PRIDE」です。2月11日、ブラック・キャット前の歩道に500人の人々が集まり、通りすがりの自動車や歩行者に抗議のパンフレットを配りました。警戒配備の警察の隊長は集まった人たちに向けて「ホモセクシュアル」という言葉を連呼するなと命令しました。もちろん、連呼の声はそれでなおさら高まったことはいうまでもありません。

1968年8月17日、ロス市警は「パッチ the Patch」というゲイバーに踏み込み、客数人を逮捕しました。理由は、互いに手をつないでいたから。ダンスしていたから。バーの店主リー・グレイズがステージに飛び乗ってマイクを鷲掴みにします。そして叫びました。「ホモセクシュアルであることは違法じゃない！ ゲイバーにいることも違法じゃない！」。そして、逮捕者全員の保釈金は自分が払うと告げたのです。それまで

そのとおりに、MCCは挙式を続けました。続く4年間で執り行った結婚式は150組に及びました。

MCCはだんだん参集者を増やし、1970年10月にはロサンゼルス市内に初めて建物を購入します。ところがその建物は1973年1月26日深夜から翌未明にかけ、放火によって破壊されます。1,000人以上の、破壊されない心を持った人々が次の日曜日に続々と集まり、焼け跡から通りを越えて野外礼拝を敢行したのでした。

放火犯や爆破犯たちは、これまでMCCの教会の建物を21回にわたって標的にしました。あろうことか4人もの牧師たちが殺されているのです。しかし聖職は続いています。今日では、MCCは世界37カ国、計222教会にまで拡大しています（2019年9月現在）。

ニューヨーク州の州都オールバニのゲイ・ライツ集会で話すトロイ・ペリー牧師（1971年撮影）。
Photo by Diana Davies. Manuscripts and Archives Division, The New York Public Library

に行われた数限りない警察の手入れの時とは違って、その時の客たちは店に踏みとどまりました。そしてダンスを続けたのです。警官隊は署に逃げ帰ります。グレイズはその警官たちを客25人とともに、ハーバー地区分署まで追いかけました。もちろん、逮捕された友人たちのために、途中の花屋で花束を買うのを忘れずに。

私たちはここにいる

1967年3月7日、CBSが放送したドキュメンタリー番組を、4,000万人のアメリカ人が見ることになりました。タイトルは『同性愛者たち The Homosexuals』——ゲイ・ライフをクローズアップした番組でした。それは、同性愛を扱うという意味では画期的なものでしたが、内容的にはステレオタイプや間違い、そしてあからさまな敵意や嫌悪でいっぱいでした。東海岸で最も活動的で弁の立つゲイの代弁者、あのフランク・カムニーも登場しましたが、映ったのはたったの16秒。一方でECHOによるホワイトハウス抗議行動を撮影中に、たまたま通りがかった観光客の男は、カムニーの3倍の長さでコメントしていました。「こういう人たちはメンタルヘルスの治療プログラムを受けるべきだと思う」と彼は話していましたが、一方で「ただ、おれはウェスト・ヴァージニアから来た田舎もんだからさ、こういうのはびっくりでね」とも認めていました。

LGBTコミュニティのことをはるかにきちんと扱ったのは昼のトーク番組の司会者で、オハイオ州デイトン出身のフィル・ドナヒューでした。ドナヒューが番組初のゲイのゲストを迎えたのは1968年のことです。視聴者が電話で質問する形式でした。フレンドリーで思いやりのある質問や意見もありましたが、冷たく決めつけた物言いをする人もいました。ただ、質問の多くは好奇心からでした。ドナヒューの番組はやがて全米放送となりました。テレビでLGBTのことが扱われる際に、この番組は数十年にわたって安全な窓口となってくれました。

ゲイもレズビアンも自分自身のことを知るた

オスカー・ワイルド記念書店で、
活動家マーサ・シェリー（1969年撮影）。
Photo by Diana Davies. Manuscripts and Archives Division,
The New York Public Library

めには多くのことを学ばねばなりませんでした。クレイグ・ロッドウェルが1967年の感謝祭の週末に、ニューヨークのグリニッチ・ヴィレッジにアメリカで初のLGBT書店を開いたのはそれが理由です。この「オスカー・ワイルド記念書店 The Oscar Wilde Memorial Bookshop」は、ニューヨークのゲイの住民たちの出会いの場にもなりました。まだLGBTコミュニティ・センターができていなかったころです。ロッドウェルは最初の1年半の間は店主であり唯一の店員でした。店の正面には大きな板ガラスの窓がありましたが、その窓は嫌がらせでしばしば割られることになりました。

ある者は暑さのせいだったと言い、ある者は満月のせいだったと言います。けれど1969年6月28日にニューヨークの「ストーンウォール・イン Stonewall Inn」の客たちが警官たちと闘った本当の理由はシンプルです――「彼らはうんざりしていた」。ニューヨーク市警（NYPD）の第6分署はそれまでの3週間にわたって、ほかに5軒のゲイ・バーを摘発していました。しかもストーンウォールはそのわずか3日前にも家宅捜索を受けたばかりでした。そしていま、警察が再びやって来たのです。

午前1時20分を回ったころ、セイモア・パイン警視と7人の警官がグリニッチ・ヴィレッジのこの人気のバーに入り、入口のドアをブロックして天井の照明を一斉に点灯しました（すでにほかの4人の私服警官が店内にいて中の状況を知らせていたのです）。ストーンウォールの店長やバーテンダーたちが無免許の酒類販売容疑の現行犯で逮捕され、外の護送車へと連行されます。そこで警官たちが200人いた客たち全員にIDを見せるよう命令します。1人ずつ身元を確認してから解放されます。ところがドラァグ姿の男性と男装の女性たちは違いました。

客たちはだいたい言われた指示に従いましたが、悪態で応じる者もいました。店を出ると通りを隔てたクリストファー公園（Christopher Park）に群衆が集まっていました。そこへ向け

LGBT Hero
LGBTヒーロー
モーリス・センダック（1928〜2012）
Maurice Sendak

世界中で2,000万部も売れた絵本『かいじゅうたちのいるところ Where the Wild Things Are』のことは知っている人も多いでしょう。1960年代に活躍した最も偉大なゲイの作家の1人は、この本の作者モーリス・センダックです。12歳のときにディズニー映画『ファンタジア Fantasia』を観て絵描きになろうと決めたそうです。1950年代から本の挿絵などのイラストを描き始めたのですが、彼を有名にしたのは1963年に出版した『かいじゅうた

ち〜』の絵本です。この本はコルデコット・メダル（Caldecott Medal）の年間最優秀絵本賞を受賞しています。同賞の受賞はそれきりでしたが、候補にはその後、7回ものぼりました。子ども向け本の作家でこんなに候補にのぼった人はほかにはいません。ときにセンダックの本は子どもには暗すぎるとか怖すぎると言って批判する人もいましたが、センダックは意に介しませんでした。「子どもたちに嘘をつくことはできない」と彼は言っていたのです。

『かいじゅうたちのいるところ』から。
Photofest

ACTIVITY テレイドスコープって知ってる?

自分で作ったマタシン協会を追い出されてから
ハリー・ヘイは、一時的にスポットライトから離れ
ました。1962年に彼は光学の専門家ジョン・バー
ンサイド3世に出会ってカップルになります。そし
て2人で発明したのが「望遠鏡式万華鏡 Telescopic
Kaleidoscope」。これは特許を取って、のちに「テレ
イドスコープ Teleidoscope」（テレスコープ＝望遠
鏡とカレイドスコープ＝万華鏡の合成語）と名付け
られます。2人はニューメキシコ州に製造工場も作
りました。

用意するもの

- トイレットペイパーの芯
- 紙1枚
- 消しゴム付きの鉛筆
- 定規
- プラスチック製の薄い鏡3枚
  （100円ショップなどで入手可能）
- ハサミ
- レンズ
  （透明なガラス球、虫メガネのレンズ、あるいは水を
  入れた透明なガラスのコップでも大丈夫）

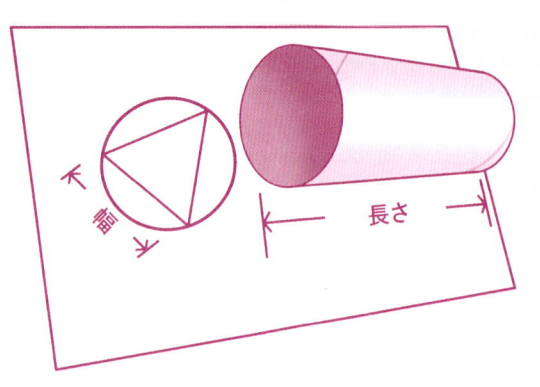

幅

長さ

3枚のプラスチックの鏡とトイレットペイパーの
芯、テープ、そして透明なガラス球を使うことで簡
単なテレイドスコープを作ることができます。

最初に、紙に鉛筆でトイレットペイパーの芯をな
ぞって円を描きます。それからその円の中に同じ長
さの線を3本引いてぴったりの正三角形を描きます。
イラストを参照してね。正三角形を描くのはなかな
か難しいから、消しゴム付きの鉛筆を使うと描き直
しが楽ですよ。この三角形の1辺の長さを測ってく
ださい。それが鏡の幅になります。次に、トイレット
ペイパーの芯の長さを測ります。これが鏡の長さに
なります。

次にプラスチックの鏡を、幅、長さ
を合わせて3つ、切り出します。つまり
3つの同じサイズの長い長方形の鏡に
なります。そして鏡面のほうを内側に
して、その3枚を三角柱の形に合わせ
てテープでくっつけてください。それ
からその三角柱の内鏡をトイレットペ
イパーの芯の中に通して固定します。

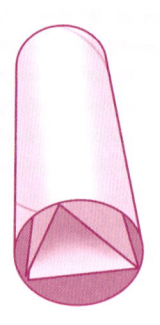

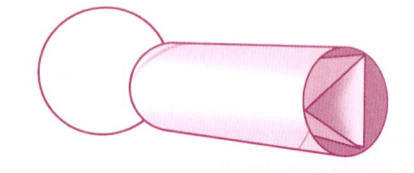

最後に必要なのはレンズです。透明なガラスの球
でも、虫眼鏡のレンズでも、あるいは水を入れた透
明なガラスのコップでもレンズ代わりに使えます。
ガラスのコップの場合はひっくり返さないように注
意して横から見るようにしてください。さて、三角
柱の鏡の入った筒の前にそのレンズ（の代わりのも
の）を持って、別の端からその三角柱の中をのぞい
てみてください。それがテレイドスコープです。

部屋の中を見回してみましょう。何が見えます？
うまくいったら家族や友だちにも見せてあげてね。

て腰を曲げてお辞儀をする客もいます。ジョークを叫ぶ客もいました。「誰かマクシーンを見なかった？　あたしの妻はどこ行っちゃったのかしら？……あれほど近くにいてって言ってたのに！」と笑わせた男性客もいました。

「ホモセクシュアルたちはその夜はこそこそ逃げ帰る代わりにその場に居残っていた。そのうちに彼らの友人たちもやって来た」とパインが回想しています。ざっと見たところ、群衆は10倍ほどに膨れ上がっていたとのこと。みんな電話で連絡し合っていたのでした。女装者、男装者たちが護送車に乗せられます。けれど警官が目を離した隙に彼ら彼女らは車から飛び降りて野次馬たちの中に紛れ隠れます。

10代のトランスジェンダーだったレイ・"シルヴィア"・リヴェラは言います。「みんな互いに顔を見合わせながら、『どうしてこういうのに我慢してなくちゃならないの？』って感じだった」

傍らで見ていた誰かが警官たちに小銭を投げつけて叫びます。「日当だよ、取っとけ！」と嘲（あざけ）るのです。ストーンウォール・インは当時のほかの多くのゲイ・バーと同様にマフィアが所有していました——"でぶっちょトニー"・ローリアが経営して警官たちにお目こぼしの賄賂（わいろ）も払っていました。

とうとう店内の最後の人間が外に出されます。ブッチ（男勝りの）レズビアンでした。警官は彼女を乱暴に扱ってパトカーに無理やり押し込もうとしました。彼女は2度にわたって後部シートから逃げ出し、警官たちがそれをまた鷲掴みにして投げ戻すという具合です。3度目のことです。彼女は今度は警官を蹴飛ばしながら群衆に向かって怒鳴りあげたのです、「Why don't you guys do something?!（何かしろよ、おまえら?!）」

「車をひっくり返せ！」と誰かが叫びます。小銭はビール瓶に変わります。ビール瓶は舗道の石やレンガに変わりました。あのレズビアン女性を閉じ込めたパトカーのタイヤが誰かによって切り裂かれました。

「あのときの警官たちの顔は絶対に忘れないね」とその場にいたＡ・ダミアン・マーティンがのちに語っています。「やつら、まるで信用していたペットにガブッてヤラれたみたいな顔してやがった。驚愕と恐怖がいっぺんに来たみたいな」

護送車は3台のパトカーとともに逃げ去っていきました——パトカーの1台はタイヤが4つともぺしゃんこでした。逃げ遅れて取り残された10人の警官がまたバーの中に逃げ戻り、テーブルを使って入口のドアにバリケードを築きます。暴動の群衆がパーキング・メーターを歩道から引っこ抜き、それを使ってドアをバンバンと叩き壊そうとします。誰かがゴミ箱に火をつけ、歩道に面したガラス窓からそれを店内に投げ入れようとしましたが、それは窓の内側からベニヤ板で防がれました。店内の警官たちは消火ホースを見つけます。それを使って穴から襲撃者たちに水を浴びせかけました。「自分は何度か戦闘状態も経験しているが、その時以上に怖い状況というのは一度もなかった」と取り残されていたパインが認めています。

緊張の45分間ののちに消防車2台が駆けつけ、続いて暴動鎮圧用のヘルメットをかぶり警棒を振り回す増援の警官隊がやって来ました。ストーンウォール・インの中の警官たちは救出されたのですが、それでも衝突は夜明けまでエスカレートしました。ニューヨーク市警の特殊警察部隊は暴れる群衆を近くの小道や別の通りにまで追いかけ回します。ただ、逮捕されたのはわずかでした。混沌と催涙ガスの立ち込める中、ハイヒールを履いたドラァグクイーンのグループがブロードウェイ・スタイルのラインダンスの列を作って突然歌い始めもしました。

We are the Village girls!
あたしたちゃヴィレッジ・ガールさ！
We wear our hair in curls!
あたしたちの髪はカールさ！
We wear our dungarees,
あたしたちの履くジーンズの長さは
Above our nelly knees!
このネリーちゃんの膝上までさ！

この未明の反乱の報は口伝いに広がって翌晩のヴィレッジには2,000人もの人たちが集まりました。ストーンウォールは店内がぐちゃぐちゃになっていましたが、店の前、割れたガラスの上に集まって立っている楽しげで晴れがましい常連客にはタダでソフトドリンクが提供されました。その後、警官隊が再び400人ほどで現れ、また新たな衝突が起こります。けれど反乱を鎮めるのは前夜同様、そう成功しはしませんでした。ほとんど警官がストーンウォール・インの周囲を遠巻きに取り囲む最中、家出のストリート少年少女たちはこっそりそこを抜け出し、人けの少ない警察分署にまで出向いていって、「ホモセクシュアルたちに平等を Equality for Homosexuals」というピンクとブルーのスティッカーを全部のパトカー、警察車両のバンパーに貼っていったのでした。

たまたまその夜、「ビリティスの娘たち」のマーサ・シェリーがボストンの女性たちのグループを引き連れてグリニッチ・ヴィレッジのさまざまな施設を見て回っていました。そしてこの闘いに遭遇したのです。グループの1人がシェリーに向き直って心配げに聞きました、「いったい何が起きてるの？」。シェリーは答えます、「ああ、暴動よ。こういうのはニューヨークじゃ日常茶飯事なの」

日曜日、3日目の夜になっても別の衝突が起きました。特筆すべきことに、この週末全体で逮捕者はわずか17人を数えただけだったので

す。そのうちの7人は最初に捕まって護送車で連れて行かれたストーンウォールの従業員でした。その一部始終を目撃していたマーティン・ボイスは最初思ったそうです。「大変だ（My God）、こんなことをして、これからどうされるかわからない」と。けれど実際は「父から電話がかかってきて、おめでとうって言われたんだ。もっと早くやってりゃよかったのにって」

この反乱に関する《ニューヨーク・デイリー・ニューズ》紙の見出しはひどいものでしたが、当たってもいました。「Homo Nest Raided, Queen Bees Are Stinging Mad（ホモの巣窟を急襲、女王バチたちが狂い刺す）」。「自分たちでも知らなかった力を、自分たちで発見したってことだ」と別の反乱者だったダニー・ガーヴィンが言います。「そして急にね、自分に兄弟姉妹ができた……それまでは一人っ子だったのにね」

しかしすべての人がそんな家族の感覚を共有したわけではありません。ペリー・ブラスはこの暴動のもようを遠くから眺めていました。一緒にいたのは彼の友人で、裕福なゲイ男性でした。その彼が激怒していたのです。「せっかく隠れて生きているのに！」と、アイヴィー・リーグの卒業生である彼は言ったそうです。「すべてうまくいってたじゃないか。自分たちのバーもあるし、自分たちのビーチも、自分たちのレストランもある。それをあのオンナども（girls）が全部ぶち壊した」と。

▲ ▼ ▲

反乱3夜目直後のストーンウォール・イン。2階の窓がまだ壊れたまま。
Photo by Diana Davies. Manuscripts and Archives Division, The New York Public Library

サンフランシスコ市政執行委員に立候補したハーヴィー・ミルクの1975年選挙運動で展開された「ハーヴィーの人間ビルボード Harvey's Human Billboard」。 Harvey Milk Archives—Scott Smith Collection, Gay & Lesbian Center, San Francisco Public Library

1970年6月28日 ≫ お昼ごろまでにシェリダン・スクエア（Sheridan Square）に人が集まり始めました。でも多く見ても25人ほど。クレイグ・ロッドウェルは心配げです。ストーンウォールの反乱からちょうど1年、この日を「クリストファー・ストリート解放の日 the Christopher Street Liberation Day」としてデモ行進を企画した人物です。予想されるデモ参加者が通りにはみ出ないように警察が公園の周囲を規制封鎖してはいたのですが、人数が少なくてどうもそんな必要もない感じでした。

しかし、そのうちさまざまなグループが到着し始めます──「ビリティスの娘たち」の東海岸各支部や「マタシン協会」の面々、「ゲイ活動家同盟 the Gay Activist Alliance」や「ラヴェンダー色の脅威 Lavender Menace」、そして複数の大学のクラブなども。興味津々の野次馬たちもたくさんやって来て、遠巻きにこちらを窺うようになっていました。その数、総勢数千人。

2時を10分ほど過ぎたころ、警察はロッドウェルにデモ行進をスタートさせるよう命令します──一日中待っているわけにはいきません。デモの先導者たちは経路途中で手渡すチラシを抱えていました。そこにはこうも書かれていました。「クリストファー・ストリート解放委員会（the Christopher Street Liberation Committee）はニューヨーク市警と緊密に連絡を取り合い、秩序ある行進の成功を確約する全面的な協力を得ました」。ロッドウェルはお

1970年代

Into the Streets

街へ出よう

> 「きみが、彼らに希望を与えなければならない。
> よりよき世界への希望を、よりよき明日への希望を……」
> —— ハーヴィー・ミルク

かしいと思いました。このパレードはストーンウォールの蜂起の1周年を記念して行われるものです。警察が敗退した暴動です。その警官たちが彼らに抵抗して闘った連中を守ってくれるだって？　変だろ (Crazy)！

最初の数ブロックを、周りの目が気になって参加者たちは早足で歩いていました——あれは行進 (a march) というより徒競走 (a run) だったねと、後でジョークを言って笑い合ったほどです。ポスターを掲げる人たちもいました。「Free Oscar Wilde (オスカー・ワイルドを解き放て)」とか「Gay Power (ゲイ・パワーだ)」とか、中には「Hi Mom! (やあ、ママ！)」というのもありました。そして、六番街を北へと上がっているときに、それは起きました。沿

道の見物者たちが歩道を出てパレードに加わってきたのです。「Out of the closets and into the streets! (クローゼットから出て、街へ出よう！)」——そう連呼するデモ行進者たちの声に促されて。歩く人たちは倍に膨れ上がりました。そしてさらに倍に、と。行進の先頭が50ブロック先のセントラル・パークに着くころには、その後ろに5,000人もの人たちが（中には15,000人だったという人もいます）15ブロックにわたって六番街を連なり歩いていたのです。

嬉しげな人たちがパーク南端に近い大草原地シープ・メドウ (Sheep Meadow) になだれ込みます。そこで隆起し露出した巨大な花崗岩の上によじ登って後ろを振り返ると、その目には、まだまだやって来る何百人ものデモ隊の

姿が映っていました。「何年もかけてゆっくり自分たちの自由に向かって登ってきたぼくらみんなにとって、ぼくらの親愛なる兄弟姉妹を見渡せたこの最後の丘は、いっぱいになった水がコップからあふれたその瞬間だった」とロバート・リキティが書いています。「それはちょうど……山頂へ向かうその途中で、やっと見晴らしの良い場所にたどり着いたような……もちろんまだまだ先は長いとは知っているけれど、自分たちは前進していると、それを知ったまさにその瞬間のようだった」

同じ週末、ほかの街でもパレードが行われていました。ロサンゼルス、シカゴ、そしてサンフランシスコ。忙しい年でした。1970年代は始まったばかりでした。

あの傷ついた面持ちは失われ

ストーンウォールの暴動から1週間もたたない1969年7月4日のこと、40人のニューヨークのゲイ活動家が貸し切りバスに乗り込んで、フィラデルフィアの独立記念館前で行われる「アニュアル・リマインダー」に向かいました。組織委員たちはメディアからの注目も期待していました――フィラデルフィアの副市長夫妻もデモに参加してくれる予定です。

デモはいつものように始まりました――男も女も一列になって円を作り、黙って、真面目な顔で、行儀よく、ぐるぐると回り歩くのです。そのとき2人の女性が手をつなぎました。この抗議行動を監督するフランク・カムニーが慌てて2人に駆け寄り、「それはダメだ！ 手はつなげない！」と叱りつけて彼女たちの手をぴしゃりと叩きました。

参加団体で最大のニューヨーク代表団は、もちろん2人は「手をつなげる」と感じました。彼らはちょっと離れて話し合ってから、ポスターに新しいスローガンを手書きしてデモ隊の列に戻ってきました。そこには「Equality for Homosexuals（同性愛者たちに平等を）」という元の文字がバッテンで消され、「Smash Sexual Fascism!（性のファシズムをブッつぶせ！）」と上書きされていたのです。ほかの者たちも手をつなぎ始めました。それは周囲で見つめていた困惑顔の旅行者らへの外向けのメッセージであると同時に、カムニーに対するメッセージでもありました。明らかにカムニーは、自分が手伝って始まったその規則を守らなければなりませんでした――それとも、そこから外れるか。

ストーンウォール後の数カ月間で、ゲイ・ライツ運動には重大な転換が起きました。アレン・ギンズバーグはあの蜂起の週末に、それを見て取っていました――「彼らから、あの傷ついた面持ちは失われていた（They've lost that wounded look）」、彼はそう友人に語っていました。

暴動直後にマタシン協会は、板を打ち付けたストーンウォール・インの正面の窓に、ペンキであるメッセージを書きつけました。

We homosexuals plead with our people to please help maintain peaceful and quiet conduct on the streets of the Village ― Mattachine.
我々同性愛者は、我らが友人たちに懇願する。ヴィレッジの街で平和で落ち着いた行いが維持されることにぜひ協力していただきたいと――マタシン

しかしながら、LGBTコミュニティにおいて、平和で落ち着いた行いに関心のある人間は、すでにごくわずかになっていました。

ゲイ解放戦線

7月9日、警察のハラスメントに抗議するための「ゲイ・パワーの眠らない夜 Gay Power Vigil」を計画するミーティングがニューヨークで持たれます。ワシントン広場（Washington Square Park）でストーンウォール暴動の1カ月後に行おうというのです。7月27日、マーティ・ロビンソンは、やって来た200人ほどの人たちに向かって演説しました。「きみらホモセク

ニューヨークのタイムズ・スクエアを行進する「ゲイ解放戦線」の面々（1969年秋撮影）。
Photo by Diana Davies. Manuscripts and Archives Division, The New York Public Library

シュアルたちに言いたい、我々は組織化しなくてはならない。我々は立ち上がらなければならない」。マーサ・シェリーもうなずいて付け加えました。「私たちが日射しの中を歩くべき時が来た。そうするのに誰の許可も必要ない。私たちはここにいる！」

　その夏しばらくして、平和活動家たちとマタシンの離脱者たちが一緒になって「ゲイ解放戦線 the Gay Liberation Front」（GLF）が設立されました。「それは急速に1つのコミュニティになっていった」と初期メンバー、ジェリー・ハオスが話しています。「なぜなら、我々はすごく怒っていたから」

　何人かが、モーティ・マンフォードも含めて、この動きに興奮しました。

「ママズ・チック・ン・リブ Mama's Chick 'n' Rib」で、グリニッチ・アヴェニューのゲイ御用

達のコーヒーショップだ、そこで友だちとサンドイッチを食べていたら通りをデモの連中がやって来た。抗議のプラカードを持った何百人もの人間がスローガンを連呼していた。見てすぐわかるゲイのデモだった。一緒の友人たちに言ってみた。「一緒に歩こう」。誰も歩きたがらなかった。だから言った。「じゃあ、あとでな」。もうパレードの見物客じゃいられなかったんだ。

「まるで火だった……みんな、準備できてたんだ」とジム・フォーラットは振り返ります。「ホモファイル運動は終わらせて、その連中も合わせてみんなでゲイ革命を起こしたかったんだ」。一方、10年以上もLGBTの権利運動に動いてきたバーバラ・ギティングズは呆気にとられました。若く新人の活動家リーダーの1人が、ゲイ解放戦線のミーティングにやって来た彼女や

フランク・カムニーにどういう資格でここにいるのかを聞いてきたからです。怒った彼女は答えます。「私はゲイよ。それが私の資格だ」と。「信じられる？ あのゲイ解放の連中は私たちを呼びつけてみんなの前で詰問してきたの。私たちが何者か、GLFで何をしたいのか説明しろって」。彼女たちのことを知っている出席者もいました。彼らは彼女たちを「恐竜」と呼びました。過去の遺物、という意味です。

ゲイ解放戦線の最初の活動の1つは「カミング・アウト・ダンス大会 Coming Out Dance」を主催することでした。チケットは1ドル50セント。LGBTの可視化が目的でした。翌年にかけてこのダンスパーティーは、全米の大学のキャンパスに広がりました。GLFの大学支部の発足は40を数えたのです。支部はカナダのモントリオールやヴァンクーヴァー、そしてロンドンにもできました。

1969年11月14日、GLFは新聞《カム・アウト！ Come Out!》の発行を始めます。有名な《ヴィレッジ・ヴォイス the Village Voice》紙が「ゲイ」という単語を含む広告や集会告知の掲載を拒んだからでした（同紙はのちにこのポリシーを転換します。GLFが編集室前でピケを張ったからです。編集室はストーンウォール・インからほんの数軒しか離れていませんでした）。

「毎日、何か新しいことが、やらなきゃと思うことが起きた」とGLFのネストル・ラトロニコは言います。「ミーティングに、デモに、意識向上グループ……全体的にウキウキしていた。世界はまるで、いま創造されたばかりみたいな新しいものに感じられた」

ゲイ活動家同盟

ゲイ解放運動に関わる全員が「ゲイ解放戦線」のファンというわけではありませんでした──混沌とした組織だったのです。どんな奇天烈な考えでも、あまり煮詰まっていないアイディアでも、提案されたものはほとんどすべて議論にかけられるので、ミーティングはいつも夜遅くまでかかりました。ゲイ解放戦線はわずか

9カ月しかもちませんでした。ただしそれは、LGBTコミュニティに、衝突を恐れぬ直接行動主義の道を教えることにもなりました。

1969年の12月末、ジム・アウルズ、マーティ・ロビンソン、アーサー・エヴァンスらが、新組織「ゲイ活動家同盟 the Gay Activist Alliance」（GAA）を立ち上げます。こちらの目的はもっと絞ったものでした。ミーティングも、アメリカ議会の議事進行規則に準じる一般向けの「ロバート議事規則 Robert's Rules of Order」に従って進められました。メンバーとして参加するには、それ以前にGAAのミーティングに3回出席していなければならないと決めていました。目的を絞ったと書きましたが、ゲイ活動家同盟はLGBTコミュニティに関連した活動に専念したのです。ゲイ解放戦線がやったような黒人解放運動のブラック・パンサー党（the Black Panther Party）やヴェトナム反戦運動との連携は求めませんでした。

コミュニティの構築を念頭に、ゲイ活動家同盟はマンハッタン南部ソーホー（SoHo）地区のウースター・ストリート99番（99 Wooster St.）に位置する元消防署（ファイアハウス）の建物を購入しました。コミュニティ・センター（公民館）として会合場所の提供や土曜の夜の「リベレーション・ダンスパーティー Liberation Dances」に活用したのです。元の建物の由来から、ここは単に「ファイアハウス」と呼ばれていました。

上の階ではヴィト・ルッソがヴォランティアで「ファイアハウス映画会 Firehouse Flicks」なる上映会を始めました。LGBTのキャラクターが登場する昔の珍しい映画をピックアップして上映したのです。観客はどんどん増えて、上映会の夜はダンスパーティーの夜に匹敵する人気となりました。しまいには金曜の夜に、ダンスパーティーのフロアを使ってやるようになったほどです。「観客はゲイばかりでね、それがそういう映画を観て、面白いことにみんな同じところで笑うんだな」とアーサー・エヴァンスが話しています。

「周りがみんなほぼゲイという中でその種の

ゲイ活動家同盟の「ファイアハウス」（1971年撮影）。
Photo by Diana Davies. Manuscripts and Archives Division, The New York Public Library

映画を観るのは、街の普通の映画館で観るのとはまったく違う経験なんだ」とルッソは指摘します。「それと、ゲイの観客というのはいつも弱い者を応援するような傾向があったね」。彼はハリウッド（アメリカ映画界）が、LGBTコミュニティをどう描いてきたかを解くエキスパートになりました。彼があの重要な著作『セルロイド・クローゼット The Celluloid Closet: Homosexuality in the Movies』を上梓したのは1981年のことです（改訂版は1987年。ドキュメンタリー映画になったのは1995年）。

STAR

シルヴィア・リヴェラとマーシャ・P・ジョンソンはストーンウォール・インの外にいました。あの反乱の最初の夜のことです。ジョンソンが最初の石ころを投げたのだと言う人もいます。もっとも、自分が最初だったと言う人はたくさんいるのですが。17歳だったリヴェラも暴動に加わりました。「1分だって見逃さないわ──これは革命よ！」と彼女は近くの仲間に言っていました。

『セルロイド・クローゼット』

ヴィト・ルッソは大の映画好きでした。もっとも、LGBTコミュニティのことはそれ以上に愛していました。そしてこの2つが、実はとても密接につながっていることにも彼は気づいていました。「我々ゲイの人間のことは教えられてるから十分知っているとみんなが言うが、はっきり言ってその知識はことごとく間違ってる」と彼は言います。「で、そういうウソはみんな、マスメディアから得た情報、映画で知った情報だった」。そればかりではないのです。映画は、LGBTの人間たちが考える自分たち自身の姿にも影響を及ぼしていました。なぜならつまり、映画で描かれてきたほとんどすべてのゲイやレズビアンは、犯罪者か精神異常者か孤独な人生に破滅するか、あるいは最後に自殺するかのどれかだったわけです。これでどんなゲイやレズビアン像を想像しろというのでしょう？

ルッソは人々への教育を自分の使命にしました。1970年代を通して、彼は全米の映画館で満場の観客に向け、自分が学び取ってきたことを示す映画のクリップを観せて回ったのでした。彼の本『セルロイド・クローゼット』はリサーチに7年、執筆に3年を費やしています。1981年に初版が刊行されるまでに、18の出版社に断られています。この本は大変な注目を集め、6年後にさらに書き足して新しくした改訂版が出ました。そしてこれを基にドキュメンタリー映画も作られたのです。

ヴィト・ルッソ（1981年ごろ撮影）。
HBO / Photofest, © HBO

リヴェラもジョンソンも共にトランスジェンダーで、かつLGBTのストリート文化の一員でした――つまり若いホームレスの家出人。だいたいは家から出て行けと放り出された子どもたちで、グリニッチ・ヴィレッジのようなアメリカのゲイ地区の通りで暮らしていました。そして彼ら彼女らもゲイ解放運動の立ち上げの一翼を担っていたのに、コミュニティはそんな彼ら彼女らをしばしば無視してきました。無視どころではなく、もっとひどい扱いも受けました。

ただし、リヴェラとジョンソンは無視されて黙っているようなタイプではありませんでした。ゲイやレズビアンの主流派のサポートが得られないならば、自分たちでやるだけです。1970年、彼女たちは「街の女装者たちの行動革命家たち the Street Transvestite Action Revolutionaries」という団体を作りました（「Transvestite（トランスヴェスタイト）＝異性装者」の部分はのちに「Transgender（トランスジェンダー）」に変更されました）。頭文字を取って「STAR（スター）」として有名なこの団体は、トランスジェンダーの権利を求めて闘うこと、ストリートで生きる若者たちを助けることを目的としました。ダウンタウンの2丁目にあった廃墟ビルディングを「STARハウス」と名付け、家出少年少女のためのシェルターに作り変えもしました。

「コミュニティに支援を求めても誰も助けてくれなかった。あたしたちは無だったの。ナッシング（nothing）だったの！」とリヴェラは当時を思い出します。「あたしもマーシャも若かったけど、あたしたちより若い子たちの面倒を見てやってたわけ」

STARはゲイ解放運動の最前線に立ち続けました。それを望まない者がいようがいまいが関係なく。「逃げたきゃ逃げなさい。でも私たちは逃げるのに飽きている」とSTARのパンフレットの1つには書いてありました。「私たちは自分の権利のために闘うつもり。それを手

ニューヨーク市役所前の抗議行動で傘を差すシルヴィア・リヴェラ（左）とマーシャ・P・ジョンソン。

Photo by Diana Davies. Manuscripts and Archives Division, The New York Public Library

に入れるまで」

ザップ！

　ゲイ活動家同盟（GAA）の最初の戦略の1つが、ホモフォビアに関する一般大衆への注意喚起です——ホモフォビアとは、同性愛（ホモ）を病的に嫌悪したり恐れたり（フォビア）する心理状態です。そのために彼らの用いた手法が「ザップ zap」でした。「zap」はもともとは「ザップ！」という擬音から生まれた英語で、「ザッと勢いよくやっつける」とか「動く」とかいう意味です。さてどうするのかというと、記者会見とか何かのイヴェントや集会、あるいはテレビの収録現場でもどこかの野外ステージでも、とにかく人の多く集まりそうなところに、GAAのメンバーが現れるわけです。そして誰もまず予想していない頃合いに、そのイヴェントを可能な限り長い時間、乗っ取ってしまうのです。

　「このアイディアはまあ、ちょっとした出張芝居みたいなところがあったね」とアーサー・エヴァンスは言います。「こういうのはTVには格好のネタになるって知っていたから、我々も勇んで出かけて行って逮捕されるわけだ。そういうのはすぐに釈放されるから、そこで家に帰ってそのTVを見るというわけ」（このザップの様子はヴィト・ルッソも何度もヴィデオ撮影していました。後からファイアハウス映画会で見せるのです）。ザップは行儀の良いものではありませんし、特に深く真面目に考えられたものでもありませんでした。ただ注目は浴びるし、それなりの結果も得られたのです。それに、楽しかった。

　このザップの最初の標的がニューヨーク市長のジョン・リンゼイでした。市長はゲイ・ライツのグループとの話し合いを約束していたのですが、いつまでたってもその約束を果たしません。1970年4月13日、メトロポリタン美術館

フィデルファクツ社のザップで、まさにアヒルに変身しているマーティ・ロビンソン。

Photo by Rich Wandel,
courtesy LGBT Community Center National History Archive

の創立100周年記念式典において、リンゼイは正面階段のところで演説をしていました。そこにマーティ・ロビンソンが歩み寄り、彼のマイクに向けて身を乗り出したのです。そしてこう聞きました、「市長さん、ホモセクシュアルたちの権利について話すのはいつになるんです？」。セキュリティの面々がロビンソンを引きずり離しましたが、すぐに次の人間が次から次へと聴衆の中から現れて、マイクを掴んで同じことを質問するのです――実際は「叫び上げる」と言ったほうがいいですが。

それ以後、リンゼイが公に顔を出すときにはいつもGAAがそこにいました。資金集めの集会でも彼らは彼をザップしました。テープカットの場でもザップしました。テレビ中継のラジオシティ・ミュージックホール（Radio City Music Hall）のショーでも、オープニング・ナイトのメトロポリタン・オペラ劇場

（Metropolitan Opera House）正面階段下でも彼をザップしたのです。とうとう観念したのでしょう、リンゼイは「ニューヨーク市人権委員会 the New York City Commission on Human Rights」の議長エレノア・ホルムズ・ノートンに、GAAやその他の関係者と一緒に会合に出て、同市の雇用差別の問題に取り組んでほしいと頼んだのでした。

どうすればメディアが飛びつくか、GAAはすぐにコツを掴みます。「フィデリファクツ Fidelifacts」という民間の雇用調査会社が（いまも）あります。そこの創設者ヴィンセント・ジレンが、ゲイだと疑われる被雇用者の情報をいかにして収集するか説明していたことがありました。「経験則（rule of thumb）でやって大丈夫ですよ。例えば誰かがアヒルみたいに見えて、アヒルみたいに歩いて、アヒルとしか付き合ってなくて、アヒルみたいに鳴いていたら、その彼はおそらくアヒルなんです」。というわけで、マーティ・ロビンソンは白いアヒルの着ぐるみを着てジレンのオフィスの前にやって来ました。他のGAAの抗議メンバーと一緒に。

新聞各紙は大喜びでした。ただし、メディアそのものがザップされたときは、それはほかほどには歓迎されませんでした。

メディアに迫る

1970年10月、《ハーパーズ・マガジン》がジョセフ・エプスティンのエッセイを掲載します。その中で彼は「ホモセクシュアリティがこの地球の上から消え去ることを望む」と書いたのです。その数週間後の早朝、GAAのメンバーがコーヒーの大きな金属タンク（coffee urn）と朝食スナックの大皿を持ってこの雑誌のオフィスに現れます。出社の人たち1人1人に「グッド・モーニング」と声を掛けながら、「私はホモセクシュアルです。ここにはエプスティンの記事の抗議にやって来ました」と言って持ち込んだビュッフェを指差すのです。「コーヒーはいかが？ クリームとシュガーは？ パンフレットもどうぞ。ドーナッツもありますよ」。終日こ

の座り込み（sit-in）と話し合いに費やして、《ハーパーズ》はゲイ・コミュニティと常に連絡できるチャンネルを開くことに同意しました。

　このザップに例外はありませんでした。「アメリカの良心」とまで呼ばれたジャーナリストでTVのニュースキャスター、ウォルター・クロンカイトもまた標的になりました。1973年12月11日、CBSの看板番組であり「アメリカのTVジャーナリズムの象徴」と言われたニュース番組『CBSイブニングニュース』が始まって14

分後、活動家マーク・アラン・シーガルがクロンカイトとカメラの間に飛び出して来ました。その手には「GAYS PROTEST CBS PREJUDICE（ゲイはCBSの偏見に抗議する）」という手書きの紙が掲げられていました。そしてクロンカイトのデスクに座ったのです。この生放送を見ていた6,000万人の視聴者は固唾を飲んで見守りましたが、画面は突然暗くなりました。

　スタジオでは技術者やプロデューサーたちがシーガルに飛びかかり、TVケーブルで彼を縛り

　ギリシャ文字で「ラムダ」というのは、小文字で「λ」と書きます。この文字が1970年代初めからゲイ・ライツのシンボルになってきました。これを提案したのはゲイ活動家同盟（GAA）のトム・ドアーです。このラムダ「λ」が化学的かつ物理学的な「エネルギーの完全交換」を意味するものだからというのが理由です。

　ジェンダーのシンボルである「♂」と「♀」は火星と金星の惑星記号からデザインされたものです。この2つの記号を一組にしたものが同性カップルのシンボルになりました。1993年にホリー・ボズウェルがここからさらにトランスジェンダー・コミュニティを表す新たなシンボルを作りました。

　米国最大のLGBT人権組織「ヒューマン・ライツ・キャンペーン the Human Rights Campaign」（HRC）のロゴ・シンボルはイコール・サイン「＝」です。

　さまざまなシンボルマークがあります。次のリストもそうです。それが表すものや意味も見てみましょう。

- **ギリシャ文字** ── α（アルファ＝最初の／始まり）
  - Δ（デルタ＝変化）
  - Ω（オメガ＝最後の／終わり）
- **惑星記号** ── ☉（太陽）
  - ⊕（地球）
  - ☽（月）
  - ♄（土星）
  - ♆（海王星）
- **数学記号** ── ＋, －, ×, ÷, ＝, ＜, ＞
- **その他の記号** ── ＄, ¢, &, ♪, ?, !
- **絵文字** ── :-), :-o, ^_^, (^o^)

（絵文字は、英語ではもとは「エモティコン Emoticons」と言いますが、日本語の「Emoji」も英語として使われるようになっています）

　さて次はあなたがロゴをデザインしてみましょう。いま説明したようなシンボルの中から、あなたの好きな意味を持つものを選んでそれを好きなようにデザインするのです。ここに紹介していないシンボルや文字をどこかから見つけてきてそれをデザイン化してもいいですよ。ほかにも世界にはヘブライ文字や古代エジプト文字のヒエログリフ（hieroglyphs）のように素敵な形をした文字がたくさんあります。それらに、フォント（書体）を変えたり色をつけたり、背景をつけたりしてみましょう。シンボルマークを組み合わせてロゴを作るのも面白いですね。紙に手描きでもいいし、パソコンを使ってもできますよ。

ました。彼らがシーガルを廊下に引きずり出して、放送は3分間の中断ののちに再開しました。「さて、なかなか興味深いことがスタジオで展開されました。このCBSニュース・スタジオのど真ん中で抗議の示威行動です」とクロンカイトは始めました。「あの若者はゲイ・レイダーズ（Gay Raiders）と呼ばれる何かのメンバーと判明しました。娯楽番組におけるホモセクシュアルたちへのいわゆる誹謗中傷とされるものに抗議する団体です」

シーガルは大学新聞の記者を装ってスタジオに入り込んだということで、第二級不法侵入の罪で翌春に裁判にかけられました。ウォルター・クロンカイトは証人として召喚されました。休廷の最中に彼はシーガルに近寄り、なぜやったのか質しました。

シーガルは怯みません。「あなたのニュース番組が検閲しているからです」と彼は主張しました。「もし私がそれを証明したら、それを変えるために何か行動してくれますか？」。クロンカイトは約束はしませんでしたが、シーガルの言うことは聞いていました。シーガルは最近起きた偏向報道の例を3つ挙げました。その1つはニューヨーク市議会がゲイの権利を認める条例を2度にわたって拒否したというものでした。それはクロンカイトが書いた原稿でした。シーガルは聞いたのです、「なぜ他の23都市では同じようなゲイ・ライツ法案が可決しているということを言わないんですか？」

クロンカイトはシーガルに礼を言い、自分の言ったことを考えてみると約束しました。シーガルは有罪となって450ドルの罰金刑となりました――なにせカメラに映っていたのですから議論の余地はありません。しかしその後、彼はクロンカイトから電話をもらい、LGBT問題に関してCBSネットワークはどのように対応すべきか、会って話をしてくれと頼まれたのです。1カ月もたたないうちにCBSは最近新たにゲイ・ライツ条例を可決した全米10都市のリポートを放送しました。いずれも重要かつ偉大な出来事として紹介されたのです。

クロンカイトは自分の放送でゲイ・レズビアン問題をレギュラーで取り上げるようになりました。シーガルはLGBT問題でCBSの非公式なアドヴァイザーとなり、クロンカイトとは生涯を通じて職業上の友人になりました。シーガル自身もメディア業界に加わり、1976年、《フィラデルフィア・ゲイ・ニューズ the Philadelphia Gay News》を発行するようになります。何年か後になって、あのザップのことを思い出しながら彼は、自分が払ったあの罰金の小切手は「書いてていちばん嬉しかった小切手だった」と回想しています。

米国「心の土地」でのゲイ結婚

アメリカ全土で、ゲイやレズビアンたちはLGBTの公民権を求める闘いに参戦していきました。同性婚が禁止されていることに対する最初の異議申し立ては、ミネソタ州ミネアポリスで起きました。ミネソタはアメリカの中部、保守的で伝統的な価値観が支配的なハートランド（Heartland＝心の土地）と呼ばれる地域にあります。1970年5月18日、ジャック・ベイカーと彼のパートナーのマイク・マコーネルが、ヘンネピン（Hennepin）郡裁判所に歩いていって結婚許可証の申請をしました。

「ふざけて言ってるんじゃなく」とベイカーは係の人に言いました。「ぼくらは本当に結婚したいんだ。ホモセクシュアルも平等な権利を持ってなくちゃならないし、恩恵も責任も同じであるべきだ」。係官は彼らを門前払いします。なぜなら郡の法務官がすでにこう言っているからでした。「2人の男性の結婚を認めることは、ひいては法律分野全般における、私たちの家族構造の法的概念を揺るがし、破壊することにつながるからである」

窓口での拒否などは、彼らが経験することになる大変さのほんの序の口でした。マコーネルはベイカーとの結婚許可証を申請する少し前に、ミネソタ大学図書館（the University of Minnesota Library）での仕事を提示されていました。ところが大学側はその約束を引っ込め、勤務初日から出勤には及ばずと言ってきた

のです。

　マコーネルは大学を訴え、第1審で勝訴します。「ホモセクシュアルの人も、つまりは人間であり、アメリカ合衆国の市民である」と判事フィリップ・ネヴィルは判決文に書いています。「彼は他の人々と同じく法の庇護と恩恵および正当な法の手続きに基づく公正な扱いを受ける資格がある」。この裁判でマコーネルの再雇用を命じられた大学側は上級審に控訴します。その控訴審が1審判決を破棄し、原告マコーネルは逆転敗訴となったのです。マコーネルは上訴しますが、最高裁はこれを却下して敗訴は確定しました。マコーネルが図書館の職を取り戻すことはありませんでした。

　マコーネルとベイカーがミネソタ州で結婚を拒否された2カ月後に、今度はケンタッキー州ルイヴィル（Louisville）で別のカップルが結婚許可証を申請しました。1970年7月7日、トレイシー・ナイトとマージョリー・ルース・ジョーンズは、ジェファーソン（Jefferson）郡の係官ジェイムズ・ハラハンに許可証発給を断られます。彼は、2人が一緒になることは「政府の神聖さを崩壊させることになる」し、「そんなことを認めたら世界中に広がってしまう！」と心配したのでした。

　カップルは提訴します。しかし裁判ではさらに軽くあしらわれることになります。判事のランドン・シュミッドは、トレイシー・ナイトがベージュのパンツスーツをドレスに着替えるまで裁判手続きを始めさえしなかったのです。「彼女は女性であり、この法廷では彼女は女性の服を着ることになる」というのが判事の説明でした。その後、この裁判官は、ケンタッキーのいかなる州法にも特に女性2人の結婚を妨げるものはないという事実に気づきます。すると彼はウェブスター新版国際辞書（Webster's New International Dictionary）から結婚の定義を引っ張り出してきて、自分の判決文のつっかえ棒にしたのです。

　こうした揺り戻しがありながらも、ゲイ・カップルはアメリカ中の郡の結婚窓口に並び始めます——フロリダ州タンパ、コネチカット州ハー

マイケル・マコーネル（左）とジャック・ベイカー（1970年撮影）。
Photo by Kay Tobin. © Manuscripts and Archives Division, The New York Public Library

トフォード、イリノイ州シカゴ、ウィスコンシン州ミルウォーキー、そしてニューヨーク市でも。そのすべては却下されました。

　そんなとき、あのミネソタ州ではマコーネルとベイカーの2人がまた結婚を試みます。そして今度はなんと、成功したのです！　ジャック・ベイカーはその際、自分の名前をパット・リン・マコーネルに合法的に改名していました。申請書を受け取ったマンケイト（Mankato）市の担当者は、パット・リンという名前からてっきり女性だと思ったのでした。発給された結婚許可証を持って、2人はメソジストの牧師であるロジャー・リン師のところに出向きます。1971年9月3日、師は2人を「夫と夫 husband and husband」と宣言しました。

　リン牧師は彼らの結婚証明書に署名し、それを州へ提出しました。また、メディアに向けて結婚式を撮影した短いフィルムが郵送され、式の様子は世界中で報道されました。さて、新婚

の2人は、あとは座って州が裁判に訴えるのを待つばかりでした。

　その1カ月後、ミネソタ州最高裁が彼らの最初の結婚拒否に対する異議申し立てを却下します。ところが2回目の結婚申請とその受理に関しては、ヘンネピン郡法務官が結婚許可証自体の無効を求めて裁判を起こそうとはしたのですが、結局、実際の提訴には至りませんでした。ミネソタ州は彼らの結婚をただただ完全に無視することに決めたのです。2011年、ベイカーとマコーネルはかくして結婚40周年を祝ったのでした。

レズビアンとゲイの親、家族、そして友だち

　自分の息子モーティがニューヨークのヒルトンホテルで襲われて病院に行ったと聞いて、ジーン・マンフォードは心配というより怒りにとらわれました。

　モーティはその夜、「ニューヨーク市懇親晩餐会 New York's Inner Circle Dinner」に出向いていました。市役所関連の記者と市の幹部が集まって行われる毎年恒例の行事です。そこにゲイ活動家同盟が、LGBTコミュニティに対するメディアの不当な扱いに抗議するために押し掛けたのです。モーティは抗議ビラを配っていました。そのときに殴られ、蹴られ、さらにはエスカレータから突き落とされたのです。襲った

最初のこと

　1972年3月7日、ミシガン州イースト・ランシング（East Lansing）はアメリカで最初にゲイとレズビアンの従業員を解雇から守る差別禁止条例を施行した市になりました。この法令はミシガン州立大学の学生組織「ゲイ解放運動 the Gay Liberation Movement」（GLM）が申し入れていたものでした。市議会が4対1でこの条例を可決したとき、GLMの創設者だったドン・ゴダールは記者たちにこう言い含めました。「すべてがサンフランシスコで起きるわけじゃない」

のはマイケル・メイ、市の消防組合の委員長でした。しかもその場の警察官はただ突っ立って見ているばかりだったのです。

　ジーン・マンフォードは《ニューヨーク・タイムズ》に電話をして、新聞記者たちの鼻先で発生したこの暴力事件を調査するよう要求しました。ところがタイムズは電話を切ります。そこで次に《ニューヨーク・ポスト》に投書しました。同紙はそれを1972年4月29日付で掲載しました。彼女はそこでこう宣言しています。「私は自分の息子モーティ・マンフォードを誇りに思っている。彼が、他のホモセクシュアルの人たちに自分自身を受け入れるようにと訴え、他の偏狭な人間や病んだ人間たちが彼らをいいように利用することを阻んできた、これまでの大変な頑張りを誇りに思う。そういう人間たちはこれまでも、そして黙っていればこれからも、同じことをするつもりなのだ」

　その6月、回復したモーティは、「クリストファー・ストリート解放の日パレード」を一緒に歩こうと母親を誘います。彼女は頷きます。ただし、私にプラカードを持たせて、と。そこに大書された彼女の手書きのメッセージは「PARENTS of Gays: UNITE in SUPPORT for our CHILDREN（ゲイの親たち：子どもたちへの支援に団結しよう）」でした。そこには最後に、ゲイ・ライツを象徴する「λ（ラムダ）」のマークが添えられていました。

　沿道の人々は大熱狂でした。パレードのルートの至るところでマンフォードはハグとキスと大歓声に包まれました——その反応に彼女自身が驚いたほどです。その後、彼女は他の親たちにも話をしてほしいという多くのリクエストを受けます。そこで1973年3月11日、夫のジュールズとともに立ち上げたのが新たな支援組織「マンハッタン・メトロポリタン-デュエイン合同メソジスト教会のゲイの親たち Parents of Gays at Manhattan's Metropolitan-Duane United Methodist Church」でした。当初の参加者は20人ほどでした（この合同メソジスト教会はいま、ヴィレッジ教会（Church of the Village）とも呼ばれてグリニッチ・ヴィレッジ

の七番街と 13 丁目の角に建っています）。

　その後、このマンフォードの活動は親だけでなく、家族や友人たちにも手を広げる形で急成長します。名前も「レズビアンとゲイたちの親と友人たち Parents and Friends of Lesbians and Gays」、さらには「レズビアンとゲイたちの親と家族と友人たち Parents, Families and Friends of Lesbians and Gays」と拡大していって、頭文字を取った「PFLAG（ピーフラッグ）」として知られるようになりました。今日、この組織は LGBT の子どもたちを持つ親や家族、友人たちがその子たちを理解し支援できるよう、アメリカと世界に計 350 以上の支部を持つまでになっています。

私たちは病気じゃない

　「アニュアル・リマインダー」が過去のものとなるにつれ、フランク・カムニーとバーバラ・ギティングズは、今度は精神医学界の改革にほとんどの精力を注ぎ込むことに決めます。そのためには「アメリカ精神医学会 American Psychiatric Association」（APA）による「精神疾患の診断と統計のマニュアル the Diagnostic and Statistical Manual of Mental Disorders」を変えなければなりませんでした。名前が長いので、この手引きは一般に「DSM」と呼ばれます。

　DSM の初版は 1952 年に出されていて、そのときからいまに至るまで、版を改めながら精神科医が患者を診断する際の主要なツールになっています。そして 1970 年当時、イヴリン・フッカー博士の研究にもかかわらず、DSM はまだ同性愛を精神疾患として掲載していました。そのため医者たちは、ゲイ、レズビアンは「治療」できるとして当たり前のように診療行為を続けていたのです。

　そこで 1970 年、カムニーとギティングズ、ゲイ活動家同盟、さらに数人の医師が、APA の年次総会に殴り込みをかけたのです。彼らは、ゲイの患者に電気ショックを使っていた精神科医を詰問し異議を唱え、閉会パーティーではダンスフロアで男同士、女同士でダンスを踊ってみせました。これが見解を発表すべき問題であることに気づいた APA は、ワシントン DC で開かれる翌年の総会で、「非患者の同性愛者たちの生活様式」と題したパネル・ディスカッションを設けることに同意しました。

　フランク・カムニーはゲイ・コミュニティの代表として、自分のような人間がどういう目に遭ってきたかを医師たちに伝える役割を志願しました。その日が来てカムニーは、他のパネリストたちとともにホテルの宴会場のステージ裏で待っていました。その中には首に金メダルを掛けた大先生たちも含まれていました。ちょうどそのころ、GAA のメンバーたちがステージの裏口に忍び込んできました。ザップするためです。何が起ころうとしているのかを察知した医師たちは、カムニーの言葉を借りれば、「我が同志たちを金メダルで殴ったりしてボコボコにしてね……ドアから外へ追い出したんだ」。

　「何かしなくてはと思った」カムニーは、「部屋を横切ってステージに上がった。すると担当の精神科医が言うんだ、『何をするつもりだ？』って。だから言ってやった、『スピーチするんだ』とね」。誰かがマイクのスイッチを切ったので、

カムニーは大声でこう言いました。「これは、あなたたちに対する我々の宣戦布告だと思ってもらって結構」と。APAはすぐに休会となりました。

　同じ総会でAPAは、ゲイの精神科医（かつ退役軍人でもありました）からも話を聞きました。「ドクターH」という匿名で「精神医学は同性愛者たちの友人か仇敵か？」というタイトルのパネルで証言したのです。彼の本名はジョン・フライヤー。カツラをかぶり、マスクをして、マイクロフォンにはディストーションをかけて声もわからないようにしていました。「あの当時、カミングアウトしていたゲイの精神科医は1人もいなかった、マル（period）」とカムニーが言い放ちます。フライヤーの私的な語りは多くのAPA会員たちの心を動かしました。旧来の診断は捨てなければならないと、多くの医師たちが信じ始めたのです。

　ハワイで開かれたAPAの1973年の総会では、出席者たちはさらに多くのゲイ、レズビアンからの発表を聴くことになりました。その後12月になって、APA評議会は投票を行い、DSMの疾患リストから同性愛を外すことを13対0の全会一致で決めました。フィラデルフィアの新聞の見出しは「2,000万人の同性愛者、治療するまでもなく治癒 Twenty Million Homosexuals Gain Instant Cure」でした。

　古い医者の中には反発する者も出てきます。

多くはゲイを「治す」ことに職業的人生を賭けてきた人たちでした。評議会の投票は不正操作されたと言い出す者までいて、この件に関しては1974年の総会で、会員全員の投票で決めるよう要求しました。投票は実施され、その結果は、58％がDSM疾患リストから外す決定に賛成し、再びリストに入れるべきだとしたのは38％にとどまりました。

ラヴェンダー色の脅威

　フェミニストのベティ・フリーダンが1969年11月に「第1回女性団結会議 the First Congress to Unite Women」を招集した際に、後援者リストに載っていなかった女性グループがありました。「ビリティスの娘たち」です。フリーダンは「NOW」という頭文字で知られる「全米女性機構 the National Organization for Women」の初代会長でした。そしてフェミニスト運動がレズビアンのメンバーたちによって乗っ取られるのではないかと危機感を持っていたのです ──「ラヴェンダー色の脅威 lavender menace」だと、彼女は《ニューヨーク・タイムズ・マガジン》に語りました。

　初期のゲイ解放運動グループは、レズビアンたちにあまり理解がありませんでした ── リーダーシップを手にしていたのはだいたい白人男性でしたし、取り組む課題や議題もほぼ白人男性たちが決めていました。ゲイ解放戦線（GLF）のダンスパーティーでも、「男が多くて……女たちはお互いに迷子になった気持ちだった。多くの女たちにとってそれは耐え難かったけれど、いつか変わるだろうと願いながら、それを我慢していたのだ」と写真家で作家のエレン・シャムスキーが言っています。

　「もういい加減にしてよ」とリタ・メイ・ブラウンが1970年1月、ゲイ解放戦線の会合でついに発言しました。「NOWじゃレズビアンであることも言えない。ゲイ解放戦線は男たちが牛耳ってる。じゃあ私たちはレズビアンでフェミニストの公民権運動をするしかない。水曜の夜にうちに来て」と彼女は呼びかけました。約30人

1970年5月、「ラヴェンダー色の脅威」抗議活動でのリタ・メイ・ブラウン（前方右端）。
Photo by Diana Davies. Manuscripts and Archives Division, The New York Public Library

の女性がやって来ました。彼女たちはそこで今後の計画を立てたのです。

1970年5月1日、「第2回女性団結会議」の開幕直後、誰かが大講堂の照明を消しました。再びライトがついたとき、ステージの上にはリタ・メイ・ブラウン、マーサ・シェリー、その他15人が紫色のTシャツを着て立っていました。Tシャツには「Lavender Menace（ラヴェンダー色の脅威）」と「Take a Lesbian to Lunch（レズビアンをランチに連れてって）」と書かれています。400人ほどの女性参加者たちは歓声を上げ、この活動家たちを会議に受け入れました。しかし全員がハッピーだったわけではありません——フリーダンはのちに《ニューヨーク・タイムズ》に対し、あの抗議者たちの中にはCIAに操られていた者たちもいたと思うと話しました。

この新たなグループは「ラディカレズビアンズ the Radicalesbians」（急進的レズビアンたち）と自称しました。この会議で彼女たちは「女性をアイデンティティとする女性 Woman-Identified Woman」という10段落から成るマニフェストを配布します。そこには、女性運動においてなぜレズビアンたちがそんなにも重要

なのかということが書かれていました。「レズビアンとは何か？」とそのマニフェストは書き出します。「レズビアンとは、爆発点まで凝縮されたすべての女性たちの憤怒のことである」

他のレズビアン・グループもすぐこの試みに参加し始めました。ワシントンDCからは「怒りの集団 the Furies Collective」、サンフランシスコからは「ゲイ女性の解放 Gay Women's Liberation」、ニューヨークのゲイ活動家同盟（GAA）からは、もともとは「女性分科会」として知られた「レズビアン・フェミニストの解放 Lesbian Feminist Liberation」（LFL）、その他たくさん。

1970年代の女性運動で、レズビアンたちは活動的な参加者として、女性のために限る新たな制度の創設に貢献しました。例えば、女性の健康のための団体の立ち上げや雑誌や本の出版、コンサートや音楽フェスティヴァルの開催などです。他のグループ、例えば1974年にボストンで組織された「コンバヒー川集団 Combahee River Collective」などは、アフリカ系アメリカ人のレズビアンのニーズや問題点、関心事などに向き合いました。

レズビアン・コミュニティの内部には分離主

義の運動もありました。これは分離主義フェミニズムからの流れなのですが、厳格に女性や女子の権利のみに焦点を絞り、男性支配社会に関係するものはすべて排除するという姿勢でした。

内部抗争

　LGBTの公民権運動の中で、レズビアンとトランスジェンダー・コミュニティ間の亀裂も拡大していきました。

　二者間の不和は、1973年の「西海岸レズビアン・フェミニスト会議 West Coast Lesbian Feminist Conference」で初めて公のものになりました。歌手ベス・エリオットの公演があると発表されたとき、これをプログラムから削除しようとする動きがありました（成功はしませんでしたが）。なぜなら彼女は男性から女性への（male-to-female）トランスジェンダーだったからです。出生時に決められた性別のせいで、彼女は完全に他の女性と同じというわけではないと考える人がいたのです。出席者の多くはそこにエリオットがいることに何の問題もなかったのですが、彼女がステージに立つや、それを怒号怒声で妨害、排除しようとする人たちが現れたのです。

　同じような諍（いさか）いは、1973年6月24日のニューヨークの「クリストファー・ストリート解放の日」でも起きました。パレードを終えた後のワシントン広場での集会で、予定されていないはずのシルヴィア・リヴェラが、人混みをかき分けて演壇に進み出てきました。リヴェラは集会の聴衆に、市の勾留施設に向けて抗議を行おうと呼びかけました。けれど彼女は、大変なブーイングを受けるのです。そのあと「レズビアン・フェミニストの解放」代表のジーン・オリーリーが演壇に立ち、直前に行われたドラグクイーンの"ショー"を批判しました。それは女性たちの尊厳を貶（おとし）めるものだと言ったのです。

　会場はざわめきます。司会のヴィト・ルッソは群衆を落ち着かせようとマイクを取って、「彼女の話を聴け！」と訴えました。「ほかの人間の話は聴いたじゃないか！　聴けよ！　それがみんなが、お互いのためにできる最低ラインだ！」と。オリーリーが話し終えると、次にまた予定外の人間がマイクを取りました。ドラグクイーン・コミュニティのリーダー、リー・ブリュースターです。ブロンドのカツラに女王の冠を着けた全身女装の彼女は、怒りに震えながら「あたしの仲間に対する侮辱は許せない」と口火を切ります。「何度も言い過ぎてるから怒られるんだけど、今日ここであんたらが祝ってるものは、ストーンウォールでドラグクイーンたちがやったことの結果なのよ。あんたらがバーに行けるのは、ドラグクイーンたちがあんたらのためにやってやったことのおかげなのよ。なのにこのビッチたちは――彼女はレズビアンたちを指差します――あたしたちに黙って引っ込んでろと言うんだ」。ヴィト・ルッソが彼女の横に行って耳元で何かささやきかけます。けれどそれを押しやってブリュースターは続けるのです。「ゲイ・リベレーション？　クソ食らえ、だ！　あたしは自分のクローゼットに戻ってやるわ！」、そう言って彼女は女王の冠を聴衆に向けて投げつけたのでした。すでにほとんど大混乱でした。

　ヴィト・ルッソは涙を拭いながら「やめてくれ」と懇願します。「お願いだから仲間同士でケンカをしないでくれ」と。そしてその場にいた友人のベット・ミドラーをステージに引っ張り上げて、彼女の手にマイクを握らせたのでした。「歌ってくれ！！」。誰もが知っていた歌を、彼女は歌い始めます。「フレンズ Friends」。コーラスのところに来るころには、その場の多くの人たちが声を合わせていました。

But you got to have friends!
でも友だちは持たなくちゃダメ！
The feeling's oh so strong.
その気持ちは、ええ、すごく強い。
You've got to have friends,
友だちは持たなくちゃダメ、
To make the day last long!
この日をずっと感じていられるためにも！

やっと落ち着きが戻ります。けれど全部というわけではありません——最も怒っていた人たちはすでに会場を離れていたのです。

ある意味、このLGBT公民権運動の紛糾は、成功に伴うあだ花でした。最初期には言い合いができるだけの十分な人間すらいなかったのです。いまやそれが、実に大勢の人間がカミングアウトしてこの闘いに合流しています。するとみんないろいろ違うのだということが初めてわかってくるわけです。みんな異なる考えと異なるゴールを持っているのは、至極当然の話でした。

ただし、この運動の外にいる多くの人々にとっては依然として、ゲイもレズビアンもトランスジェンダーの男女もみんな一緒でした。どれも好きになる理由がない。これっぽっちも。

新たな戦場

1970年代初めにLGBTコミュニティが大変な前進を果たしたことを考えれば、そこにバッ

クラッシュ（揺り戻し）が起こるのはおそらく避けられないことではあったのでしょう。運動が、あまりにも多くのことを求め過ぎたのでしょうか？　あるいはあまりに無礼だった？

本当のところは、たとえ誰がどんなに礼儀正しく頼んだとしても、LGBTの権利など誰がサポートしてやるもんかと思っていた人がまだまだたくさんいたということです。しかも無礼かどうかの話をしたら、どんなゲイだってレズビアンだって、アニタ・ブライアントの比ではありませんでした。

トラブルのきっかけは、フロリダ州マイアミ・デイド郡議会が1977年1月18日、公民権条例を可決したことでした。南部でゲイ・ライツを認めた法が採択されたのはこれが初めてで、住居の売買・賃貸や雇用、公的商業施設（レストラン、ホテル、商店など）使用において、性的指向に基づく差別を違法とした条例でした。アニタ・ブライアントは当時、歌手で、元ミス・オクラホマで、フロリダ柑橘類委員会（Florida

レナード・マトロヴィッチ（1943～88）
Leonard Matlovich

1975年9月8日、レナード・マトロヴィッチは《タイム》誌の表紙を飾った最初のオープンリー・ゲイの人物になりました。米空軍のパイロットとしてヴェトナム戦争に3回志願し、ブロンズ・スター（武勇勲章）をもらい、地雷を踏んで負傷してパープル・ハート（名誉負傷勲章）も受けた人物です。ところが1975年3月初め、彼が自分の上官にゲイである旨を伝えたところ、軍事委員会にかけられてしまいます。結果、汚点1つない軍務記録にも関わらず、彼は「兵役不適格」として除隊処分になりました。

マトロヴィッチはそれまでも、フランク・カムニーらとともに国防総省のゲイ・レズビアン排除に異議を唱えてきていました。除隊処分に裁判で対抗したのは言うまでもありません。1978年、連邦裁判所は彼の勝訴として、軍籍復帰と未払い給与の支給を命じました。しかし連邦政府は控訴します。2年後、被告だった米空軍は彼の除隊を「名誉除隊」に格上げし、さらに16万ドルを未払い給与として支払うこ

とで和解に合意しました。もっとも、彼が技術軍曹の軍務に復帰することはなかったのですが。

マトロヴィッチは1988年6月22日、エイズで亡くなりました。ワシントンの「議会墓地 Congressional Cemetery」にある彼の墓碑には次のような文字が刻まれています。

Never Again, Never Forget
繰り返すな、忘れるな
A Gay Vietnam Veteran
ゲイのヴェトナム退役軍人を
When I was in the military
私が軍にいたとき
they gave me a medal for killing two men
彼らは2人の男を殺したことで私に勲章を与え
and a discharge for loving one.
1人の男を愛したことで私を除隊した

1977年の「サンフランシスコ・ゲイ＆レズビアン・フリーダム・デイ・パレード」で、アニタ・ブライアント（中央）は、スターリン、ヒトラー、KKK、ウガンダ大統領イディ・アミンと並んで抗議のプラカードとなった。
Harvey Milk Archives—Scott Smith Collection, Gay & Lesbian Center, San Francisco Public Library

Citrus Commission）のスポークスパーソンという有名人。その彼女が新たな保守組織の顔として登場してきました。その組織とは「子どもたちを救おう Save Our Children」。

「母として、ホモセクシュアルたちは生物学的に子どもを作ることができないことを私は知っています。それゆえ、彼らは私たちの子どもをリクルートするしかないのです」と彼女は主張し、親たちを怖がらせて条例の撤回を支持するよう仕向けました。また、自分は「ノーマルな多数派」のために代弁しているのだとして、「もしゲイたちに権利を認めたら、次は売春婦やセントバーナードと寝る者たちや、日がな爪を噛んでいるような人たちにまで権利を与えなくちゃならなくなる」と喧伝（けんでん）したのです。

ブライアントの冷酷なキャンペーンは功を奏します。6月7日、この差別禁止条例は住民投票にかけられ、70％対30％で撤回が決まりました。投票日翌日、フロリダ州議会は早速別の法案を可決してゲイ、レズビアンが養子をもらうことを禁止したばかりか、その当時はどの州でもまだ違法だった同性結婚をわざわざ禁止する法案まで通したのでした。さらにその後、数週間のうちにマイアミ周辺では続々とLGBTの従業員が解雇される事態となりました。

この成功に後押しされて、ブライアントは他の都市にもこの十字軍の進攻を決心します。翌年にはミネソタ州セントポール、カンザス州ウィチタ、そしてオレゴン州ユージーン、そのすべてで「アニタ・ブライアント事務局 Anita Bryant Ministries」や彼女の「子どもたちを救おう」組織も加担したキャンペーンが展開され、存在していたゲイ・ライツ条例が撤廃されました。

アンチ・ゲイ勢力は勢いづきます。次に目をつけたのはアメリカで最も人口の多い州、カリフォルニアでした。州上院議員ジョン・ブリッグズは「提案6号 Proposition 6」として知られる住民投票を提起します。ゲイ、レズビアンの教職員はすべて解雇するという提案です。同時に、公立学校においてLGBT問題を「擁護したり、押し付けたり、奨励したり、促したり」した教職員は誰でも免職されることがある、というものでした。

「ホモセクシュアルたちはあなたの子どもが欲しいのだ」とブリッグズは訴えました。「子どもたちや若者たちをリクルートできなければ、連中はすぐに死に絶えてしまうからだ。連中には次の世代を補充する術がない。だから連中は教師になりたがるんだ」

当初の世論調査ではこの提案6号は簡単に可決されるだろうとの見通しでした。ブライアントも、ブリッグズに自分の支援者リストを渡し

シドニー・マルディグラの襲撃

1978年6月24日、オーストラリアのLGBTコミュニティはシドニー市内を行進することで「ストーンウォールの反乱」の記念行事にしたいと思っていました。政府に対し差別政策をやめるよう要求する政治集会の後で、約2,000人の人たちが市内の通りをパレードしました。

警察には別の計画がありました。その行進をブロックし、参加者たちを殴打して逮捕し始めたのです。「実にひどい殴る蹴るが続いて、もう何でもありの状態だった」と参加者の1人ダイアン・ミニスは言います。「大変な騒動だった」と。

逮捕者は53人。逮捕された仲間たちを取り戻そうと、デモの参加者たちはダーリングハースト（Darlinghurst）警察を取り囲み、さらに逮捕者が出ることになりました。抗議行動が収束するまでに計184人もが拘束されたのです。最初に逮捕された53人は全員が起訴を免れたものの、彼らの名前は地域の新聞に掲載されました。それで職を失った者もいました。

シドニーでは翌年もこの暴動を記念して「マルディグラ・パレード」が行われ、以来毎年それが続いています。今日では参加者35万人以上という大規模なものになっています。

てキャンペーンの資金を集めるために協力します。次の州知事の座も狙っていたブリッグズは、しかしサンフランシスコで新たに選出された市政執行委員の力を見誤っていました。この委員は名をハーヴィー・ミルクといいました。

カストロ・ストリートの市長

1974年4月1日、ミシガン州アンナーバー（Ann Arbor）の有権者たちは人権党（Human Rights Party）のキャシー・コザチェンコを市会議員に当選させました。それから1年もたたないうちにマサチューセッツの有権者はエレイン・ノーブルを州上院議員に選びます。この地方選挙のどちらもが全米ニュースになりました。なぜなら両女性議員ともオープンリー・レズビアンで、米国史上初めて公職に就いた「アウト（カミングアウト済み）」な候補者だったからです。

もしハーヴィー・ミルクが最初の立候補で市政執行委員に当選していたら彼が第1号だったのですが、1973年の選挙で彼は落選しました。1975年にも落ちました。1976年にはカリフォルニア州下院議員に立ってこれも落選。

けれど1977年までに、彼は政治について多くのことを学んだようです。サンフランシスコにある、街の大部分をゲイが占める「カストロ地区 Castro District」（ここは「ザ・カストロ」と呼ばれるようになっていました）で、彼はLGBTの有権者、労働組合員、アフリカ系住民、ラテン系住民、アジア系住民、高齢者、そして零細企業オーナーたちとの「協力関係」という布をせっせと縫い合わせていたのです。ミルクはまた、毎年恒例のストリート・フェアを組織していたことで「カストロ・ストリートの市長 Mayor of Castro Street」とも呼ばれていました。4回目の立候補に合わせて、彼はポニーテールを切り落とし、口髭もやめて、古着ながらスーツを着るようにもしました。選挙は準備万端でした。

選挙運動はミルクが経営していたカメラ店の奥の部屋から始まっていました。「いろんな背格好やサイズのヴォランティアがいてね、（11歳の）メドーラ・ペインから……何かやらせてと入ってきた70歳の女性たちもいた。選挙区を歩き回ることはできなくても、ハーヴィーのために何かしたかったんだろうね」とミルクの選対本部長だったアン・クローネンバーグは話します。「いろんな人がいて、いい感じのミックスだった」

立候補していたのはほかに16人。11月8日の投開票日、蓋を開けてみるとミルクは最高の30％の票を得ていました。ザ・カストロは狂喜し

ました。「単なる一候補者の当選というのではなかった」とクローネンバーグは言います。「自分にはまるで声を出す権利もないと感じていたサンフランシスコ中のレズビアンやゲイ男性たちの全員が、いまやっと自分たちを代表する人間を手にしたという事実だったの」

　委員就任の日に、ミルクはザ・カストロから支援者たちを引き連れ、市庁舎までを歩いて行きました。「（シティ・ホール＝市役所ならぬ）シリー・ホール（バカな役所）を取り囲んでレンガを投げつけることもできるが」と、市役所に到着した彼は言いました。「そうじゃなく、乗っ取ることもできるんだ。ほら、私たちはここにいる」と。彼はさまざまな問題に取り掛かります。投票機械の導入やダウンタウンの開発、家賃の値上げ規制、税金問題、そして飼い主は散歩の犬のフンを持ち帰るべしとする「プーパー・スクーパー pooper-scooper」条例。しかし彼が最も誇りに思ったものの1つは、長いこと店晒しになっていたゲイ・ライツ法案を可決させたことでした。住居、商業施設、職場での差別禁止条例です。この法案にただ1人反対した委員がいました。ダン・ホワイトでした。

提案6号にNo

　ハーヴィー・ミルクが公職に就いて数カ月のうちに、あの提案6号が発表されました。これを打ち負かすには自分がリーダーとなってやるしかないとミルクは思います。すでに30以上のさ

1978年1月9日、就任初日に支援者たちとともにザ・カストロから市庁舎へと歩くハーヴィー・ミルク（先頭で右手を上げる人物）。

Photo by Daniel Nicoletta

まざまな組織が反対運動を始めてはいたのですが、LGBTコミュニティのほとんどの者が初期の各種世論調査で悲観的になっていました。新聞によれば、提案6号への賛成は、反対者のほぼ倍もいると書かれていました。

ゲイ・コミュニティは「No On 6（6号にノー）」というキャンペーンを始めます。「私の名前はハーヴィー・ミルク。私はあなたをリクルートしたいんです」と1978年のゲイ・フリーダム・デイ・パレードで、「リクルート」という言葉を逆手に取って彼は群衆に向かって訴え掛けました。「ジョン・ブリッグズとアニタ・ブライアントからあなたのデモクラシーを守る戦いのために、私はあなたを招集したいんです。彼らは偏狭と偏見を合憲にしようとしてるんだ」

このキャンペーンは、ミュージカル映画『オズの魔法使 The Wizard of Oz』からスローガンを借りています。「Come Out! Come Out! Wherever You Are!（出てらっしゃい！ 出てらっしゃい！ どこにいようとも！）」—— 東の悪い魔女が死んだので、北の良い魔女グリンダが

ロサンゼルスのクリストファー・ストリート解放の日集会で群衆を熱狂させるハーヴィー・ミルク（1978年撮影）。

LGBT Hero
LGBTヒーロー

バーバラ・ジョーダン（1936～96）
Barbara Jordan

ハーヴィー・ミルクとは違ってほとんどのLGBT政治家たちは、1970年代にクローゼットから出ることはありませんでした。もっとも、人権問題に関してはそれでも熱心に提唱していたのですが。1972年に連邦下院議員に当選したテキサス州選出のバーバラ・ジョーダンは、南部出身の初めてのアフリカ系女性議員でした。彼女は1974年の大統領リチャード・ニクソン下院弾劾公聴会での活躍で有名です。1976年には民主党の全国総会で基調講演を行ったことでも知られます。

多くの支持者たちがジョーダンに上院議員への転身を期待していました。あるいは大統領にさえなれると。けれど彼女は1979年に公職を離れます。多発性硬化症と診断されたせいです。彼女はテキサス大学で教職に就き、残った歳月をパートナーのナンシー・アールとともに静かに暮らしました。1992年、全米有色人種地位向上協会（NAACP）は、彼女に最高功労賞の「スピンガーン章 Spingarn Medal」を、続いて1994年には当時の大統領ビル・クリントンが、米国での民間人最高章である「大統領自由勲章 the Presidential Medal of Freedom」を授与しました。

Library of Congress (LC-DIG-ppmsc-01268)

マンチキンランドのみんなに隠れなくていいよと呼びかける歌。キャンペーンはこのスローガンでLGBTの市民たちに、カムアウトして家族に、友人たちに、同僚たちに、この法律が通ったら個人的にどんな打撃を被るかを知ってもらうよう促したのです。もし提案6号に賛成票を投じるならば、それは自分の隣人たち、兄弟姉妹たち、そして子どもたちを否定する票なのだ、と。

「6号にノー」キャンペーンは数万人のヴォランティアを惹き寄せます。その彼ら彼女らがドアからドアへと戸別訪問を続け、自らの話をしたのです。「レズビアン分離主義者たちが男たちと一緒になって回っていた。路上生活者が証券ブローカーと一緒に行動した」と、ロサンゼルスの活動家ゲイル・ウィルソンは振り返ります。「普段は口もきかない連中が、お互い自分たちの目標は横に置いて（自分たちの怒りのタネも不問にして）一緒に動いたのです」

このキャンペーンは予想外の味方も得ました。保守派の前州知事ロナルド・レーガンが提案6号への反対を表明し、《ロサンゼルス・ヘラルド−エグザミナー Los Angeles Herald-Examiner》紙にこう寄稿したのです。「ほかの話はどうであろうと、ホモセクシュアリティはハシカのような伝染病ではない。一般的な科学的見地では、個人のセクシュアリティはごく幼年時に決定づけられるものであって、子どもの教師が本当にそれに影響を及ぼすとはいえないのである」

11月の中間選挙の日に合わせて住民投票も全米で行われます。その日までに潮目は変わっていました。提案6号は42％対58％で否決されました。カリフォルニアの各郡すべてで、提案6号には反対票が上回ったのです。さらなる朗報は同日、シアトルからも届きます。あちらでは「提案」ではなく「発議 Initiative」と呼びますが、そこの差別禁止条例を撤回せよという「発

LGBT Hero
LGBTヒーロー

トム・アミアーノ（1941〜）
Tom Ammiano

1975年、同僚に自分はゲイだとカムアウトしたとき、トム・アミアーノが負ったリスクは計り知れないものでした。アミアーノはサンフランシスコ統一学区の小学校教諭でした。そして、ゲイやレズビアンの教師たちにきちんとした雇用保障がないことに抗議したかった。そこで彼はカリフォルニアの先生として初めて公的にカムアウトし、他の教師たちと一緒に地区の教育委員会に対する抗議のピケを張ったのです。1975年6月17日、教育委員会はついに全会一致でLGBT教職員にも雇用保障規定を追加することに決めました。アミアーノはその3年後にハーヴィー・ミルクらに合流し、共に「6号にノー」キャンペーンを作り上げることになります。

長年にわたって教鞭を執り、コミュニティの活動も行ったのちに、アミアーノは1990年、サンフランシスコ教育委員会の委員に立候補し、当選します。その4年後には市教委の長になり、1994年には、かつてのミルクと同様に、市政執行委員の選挙で当選しました。教育委員長の4年間と重ねて、市政執行委員は14年間務めました。次に2008年、彼はカリフォルニア州下院議員に立ってこれまた当選します。サンフランシスコの東半分を占めるカリフォルニア州第17選挙区の選出でした。彼は2014年11月に、73歳で公職を引退しました。

【訳注】トム・アミアーノは1993年1月、「府中青年の家」裁判において東京地裁で証言台に立っている。

Photo courtesy California Assembly

議13号」も、住民投票の結果37％対63％の大差で否決されたのでした。

投票日のお祝いの中で、ミルクは歓喜の人々に向けて言いました、「この国中のすべてのゲイ・コミュニティにとって……とんでもない数の人々が私たちに合流して提案6号を拒絶してくれた。私たちはそんな人たちに借りができた。だからこれまでやってきた教育キャンペーンは続けなければならない。神話は、一度ではなく何度でもずっと壊していかねばならない——ぶっ壊すんだ！」。ミルクはその方法を話し始めました。

「最も重要なことは、すべてのゲイの人間がカムアウトしなければならないということだ（every gay person MUST come out）！ どんなに難しくとも、どんなに辛くとも、みんな自分の直近の家族に言わなければならない。あなたの親戚に言わなくてはならない。あなたの友人たちに、もしその人が本当にあなたの友人ならばだが、言わなくてはならない。あなたの隣人に言わなくてはならない。あなたが一緒に働いている人たちに言わなければならない。いつも買い物をするその店の人たちに言わなければ

ならない。そしてその人たちが、ひとたび私たちが本当に彼らの子どもたちであると気づいたならば、かつ、私たちが本当にどこにでもいるのだとわかったならば、すべての神話、すべての嘘、すべての揶揄や嫌みの言葉はたちどころに永遠に破壊されるのだ。そしてあなたがひとたびそうしたら、気分は最高に良くなるんだぞ」

市庁舎での悲劇

「提案6号」での勝利から3週間後に、ハーヴィー・ミルクは死にました。1978年11月27日、市政執行委員ダン・ホワイトが市庁舎に侵入し、市長ジョージ・モスコーニに4発発砲し、それから庁舎内のミルクのオフィスに向かい、彼を撃ちました。5回……。2人とも現場で死亡しました。

サンフランシスコはその夜、この悲劇に、静かで穏やかなキャンドルライトの通夜で応じました。数千人の追悼者たちの列が、ザ・カストロからマーケット・ストリートを下って市庁舎へと進みました。市庁舎では待ち受けた人たちと合流して、哀悼の人の群れはさらに大きくなり

やってみよう ACTIVITY 旗をデザインする

いまでは誰もが知っているレインボー・フラッグは、アーティストのギルバート・ベイカーが考案しました。最初のレインボー・フラッグは、1978年6月25日のサンフランシスコのゲイ・フリーダム・デイ・パレードで登場しました。

オリジナルのデザインは8色の縞模様です。それぞれの色がそれぞれの意味を持っていて、ピンクはセクシュアリティ、赤は命、オレンジは癒し、黄色は太陽の光、緑は自然、青緑は芸術、青は調和、すみれ色は精神です。でも気づいているように、いまのレインボー・フラッグは6色だけですよね。理由は、ピンクと青緑色の安い布を見つけ出すのが難しかったからなんです。

さて、自分で旗を作ってみましょう。

用意するもの

- 白い紙1枚
- 色鉛筆か色マーカー
- 色のついた工作用紙か布

自分の学校の旗をデザインしましょうか？ あるいは自分の住む町や都道府県のものはどうでしょう？ どんなデザインがいいと思いますか？ ただし実際に作るのは、複雑なデザインほど難しいです。それに色が多いとお金もかかったりしますからね。

まず白い紙に色鉛筆か色マーカーでデザインを描くことから始めましょう。旗のデザインが決まったら工作用紙を使って縮小版の旗を作ってみましょう。それとも大人の人の力を借りて、布を縫い合わせて本物の旗を作ってみましょうか？

「ホワイト・ナイトの暴動」で炎上する市庁舎近くのパトカーの車列（1979年5月21日撮影）。
Photo by Daniel Nicoletta

ました。「私たちはあの夜、直後の私たちの反応を通して、全米にメッセージを伝えたのだと思う。暴力ではなく、ハーヴィーへの確固たる敬意と、そしてこの悲劇への深い深い痛恨の思いを」。「6号にノー」キャンペーンでミルクとともに活動した大学教授サリー・ギアハートは、そう振り返ります。

夜が訪れる前、モスコーニ、ミルク殺害の数時間後に、ダン・ホワイトは妻に付き添われて近くの警察署に出頭しました。警察官の中には彼をヒーローのように迎えた者もいました。

なぜそんなことをしたのか？ ホワイトはハーヴィー・ミルクと同じ年に市政執行委員に当選しました。元警官、元消防士の彼は、自分の政治信念を「伝統的価値観」に置き、サンフランシスコの非ゲイ、非マイノリティ有権者の代表だと主張していました。しかし1978年11月10日、就任1年もたたないうちに、ホワイトは辞職してしまうのです。市政執行委員の報酬では家族を養うことができないからと言って。それから5日後、彼は今度は復職したいと言い出したのです。市長はその申し入れを拒否しました。

殺害の当日、ダン・ホワイトは金属探知機を避けるために市庁舎の側面の窓を這い上がって中に入りました。それから普通に市長室に行ってモスコーニとの面会を求めたのです。部屋に入るとすぐに口論になりました。そしてホワイトはモスコーニを撃ちます。彼は弾倉を入れ替えます。そして廊下を歩いて行って、ミルクが椅子から立ち上がる間もなく、彼も射殺しました。

一連の凶行は、計画的な2件の第一級殺人罪だと思われました。それでもサンフランシスコ市警の多くの者たちはホワイトを自分たちの仲間だと考えて、彼の支援に回ったのです。彼らが協力した「ダン・ホワイト弁護基金 Dan White Defense Fund」なるものには10万ドルが集まりました。その基金集めでは「FREE DAN WHITE（ダン・ホワイトを無罪放免に）」というTシャツを着ている者たちもいました。

ホワイトの裁判が始まります。陪審員選任にあたっては、ゲイ、レズビアン、人種的マイノリティの人たちは除外されました。ホワイトの弁護団は彼を、家族を大切にする男（family man）で、市長に虐待されて途轍もないストレスを抱えた人物として描き出しました。そしてジャンクフードばかり食べていたせいで頭が働かず、

はっきり考えることができなかったのだと主張したのです。弁護人のダグラス・シュミットは陪審席に語りかけます、「良い人間、きちんとした素性の立派な人間は、単に冷血に人を殺したりはしません。そんなことは起きないのです」——だから何か別の理由があったのだ、と。

いや、それは起きた。新聞記者は例の「ジャンクフードのせい」という弁護人の言を「トゥインキー弁護法 Twinkie defense」と名付けてからかいました。トゥインキーというのは、ホワイトの好物とされたクリーム入りのとても甘い一口スポンジケーキの商品名です。そんな弁護がうまくいくはずがない、と。しかし彼らは間違っていました。1979年5月21日、全員白人、全員ストレート（異性愛者）の陪審は、ダン・ホワイトを、死刑もあり得る第一級殺人罪ではなく、2件の「故殺罪 voluntary manslaughter」で有罪としたのみでした。故殺罪とは「理由のある一時的な激情による殺意で、計画的にではなく犯す殺人」のことで、はるかに軽いものです。有罪評決を受けた判事による量刑判決は禁錮7年8カ月、しかも模範囚なら5年ほどで出所できるというものでした。

ゲイ・コミュニティは爆発しました。殺害の後に指名されてミルクの議席を引き継いだ執行委員のハリー・ブリットがTVカメラの前に立って言います。「ハーヴィーは知っていたんです。人間存在の最も低劣な本性がいずれ姿を現し自分を捕まえるだろうと——けれどこんなことは想像できなかった。この街が、そんな行為を容認するなんて。これは不道徳とかそんなもんじゃない——これは醜悪だ！」

数時間のうちに市庁舎は暴徒たちに取り囲まれました。口々に叫ぶ言葉は「ハーヴィー・ミルクの仇討ちだ！ Avenge Harvey Milk!」。そして「正義を我らに！ We Want Justice!」。LGBTの指導者たちは腕をつないで、警官隊と抗議の者たちの間に割って入ろうとします。しかし警官たちは彼らを警棒で叩きのめし、引きずり剥がしました。暴徒化した人々は窓を破り、路上に並んで停車していたパトカー十数台に火をつけました。

夜がさらに更けると、サンフランシスコ市警は仕返しのためにカストロ地区に現れます。暴動鎮圧用装備で身を包み、警察バッジはそこにある自分の名を隠すために黒いテープを貼って、彼らは通りで誰彼となく人々を警棒で打ち据えました。そして逃げる群衆を追って「エレファント・ウォーク・バー Elephant Walk Bar」になだれ込んだのです。バーは警察によって破壊されました。太陽が昇るころには警官60人、抗議の人々100人が病院に運ばれました。この出来事は「ホワイト・ナイトの暴動 the White Night Riots」として知られることになります。「ダン・ホワイト」の名と、眠れない「白夜」とを掛けて。この襲撃で訴追された警察官は皆無でした。LGBTコミュニティが謝罪することもありませんでした。

ダン・ホワイトは5年で出所してきました。サンフランシスコの有権者の20〜25％を占めたLGBTコミュニティは、やがてその怒りを投票箱にぶつけます。ハリー・ブレットを除く市政執行委員の全員が、次の選挙でその議席を失ったのです。地方検事も落選させました。ホワイト訴追の失態の責任は、そもそも彼にあったとコミュニティの多数が信じていたからです。

ミルク暗殺に関する結論のある部分は、ハーヴィー自身の言葉で語らせましょう。彼は自分が狂った「ホモフォウブ homophobe」（同性愛嫌悪症の人物）の標的になるかもしれないことを知っていました。だから自分の遺言をテープに録音していたのです。「万一、私の脳髄を1発の弾丸が貫くことがあったなら」と彼は言いました。「その弾丸ですべてのクローゼットのドアを撃ち抜かせよう」と。

ミーティング、そして大行進

1960年代に遡ると、フランク・カムニーはホワイトハウスの外側にいて抗議活動を行っていました。1977年3月26日には、彼は招待客としてその内側に入っていました。その少し前、「レズビアン・フェミニストの解放」のジーン・オリーリーは、ジミー・カーターの大統領顧問で

ワシントン記念塔を背景に、第1回レズビアンとゲイの権利を求めるワシントン国民大行進（1979年10月14日撮影）。

あるミッジ・コスタンザに話をしていました。「ゲイの人たちがホワイトハウスの外でピケを張るのはもうそろそろ潮時だと思うんですよ」とオリーリーが言いました。「代わりにホワイトハウスの中でミーティングを持つことをお願いしてもいいころじゃないかと。どう思います？」

コンスタンザはイエス！ と答えました。新政権と14人からなる代表団とのミーティングは、ホワイトハウスの政権スタッフとLGBTコミュニティの間で持たれた史上初の顔合わせでした。開催されたのは土曜日、カーター大統領がワシントンに不在のときでした。オリーリー、カムニー、エレイン・ノーブル、トロイ・ペ

リー、PFLAGのシャーロット・スピッツァーらがホワイトハウス、ウエストウィングの会議室「ルーズベルト・ルーム Roosevelt Room」で政権スタッフと話をしました。LGBT差別について、税法について、軍役について、健康保険、移

民制度、等々……たっぷり3時間。

14人が複数の大統領顧問とミーティングを持つというのは確かに大きな成功でしたが、しかしワシントンでは数がモノを言います。それ以外は政治的な注目を浴びない。人間の数が力。そこでLGBTコミュニティは、アメリカの首都での大行進を計画し始めるのです。殺害される直前、ハーヴィー・ミルクがそのアイディアを話していました。1年後、それは実現しました。

1979年10月14日、約75,000人のアメリカ市民がワシントンDCに向かいました。第1回「レズビアンとゲイの権利を求めるワシントン国民大行進 National March on Washington for Lesbian and Gay Rights」でした。「私たちはどこにでもいる！ We Are Everywhere!」という大合唱がこだまする中、彼らはレズビアンとゲイの権利を保障する連邦法の制定を求めました。養子縁組の規制を変えること、軍務に就く権利を認めること、LGBTの若者たちを守ること、そして雇用における、住宅の分譲賃貸における、公共商業施設の利用における差別をなくすことが含まれていました。

「私たちにとって、この国の首都でみんなで一緒にいる感覚、デモ行進する感覚、それはすごいものでした──コミュニティなんだという感じ、連帯しているんだという感じ。それにあの数の人間たち！」とペネロピー・ツォウグロスは振り返ります。「その体験のすべてが大事件でした。私たち、人生で初めて、なんだか自分たちがマジョリティなんだと感じたんです」

それはLGBTコミュニティにとって特筆すべき10年でした。勝利に満ち、悲嘆にも満ちた70年代。けれどやがてすぐに、二度と昔には戻れない脅威が自分たちを試しにやって来るということを、そのときはまだ誰も知らなかったのです。

▲ ▼ ▲

1981年7月3日 ≫ その記事は《ニューヨーク・タイムズ》に掲載されました。「同性愛者41人に珍しいガン（RARE CANCER SEEN IN 41 HOMOSEXUALS）」

　ニューヨークとカリフォルニアの医師たちが、同性愛男性の中にしばしば早期に死に至る珍しいガンの症例41件を診断した。犠牲者のうち8人は診断がなされてから24カ月以内に死亡した……。

　カポジ肉腫と言われる、このガンの突然の流行に医学的研究が急がれている……。

　同問題に対する他の医師たちへの警告書簡の中で、このガンの研究者の1人、ニューヨーク大学医療センター（New York University Medical Center）のアルヴィン・E・フリードマン-キーン医師は今回の突然の症例発生を「かなり衝撃的なもの」と表現した……。

　フリードマン-キーン医師は患者9人を検査したところ、いずれも深刻な免疫システムの不全が見られたとしている。

1980年代

AIDS and a Conservative Backlash

エイズと保守の巻き返し

" ACT UP! FIGHT BACK! FIGHT AIDS!
暴れろ！ やり返せ！ AIDSと戦え！
——「ACT UP」の抗議の連呼 "

命を賭けた戦い

この記事は第20面に掲載されました。こんなに後ろのページだと読者が見逃しても無理はありません。しかしゲイ・コミュニティの多くは見逃しませんでした。彼らは一様にショックを受けます。しかし、この突然の流行がやがて数千人、いや世界規模で数百万人単位で広がり、死者を連ねる伝染病になると予想した者は、いたとしてもわずかでした。

ラリー・クレイマーは《ニューヨーク・タイムズ》の記事を、掲載されたその日に読んでいました。そのころ彼は活動家ではありませんでした。「他の多くの連中と同じで、ゲイ・プライドのマーチが6月の終わりに五番街を下り始めるときは、いつもファイア・アイランド（Fire Island）にいたんだ。ゲイの政治活動なんてとんでもないイメージでね、そんなことをする連中は決まって口汚くてだらしなくて、薄汚くて不潔で」とのちになって彼は語っています。ファイア・アイランドというのはマンハッタンから2〜3時間東へ行って船で渡るリゾート地で、ゲイやレズビアンたちの、夏の別荘がたくさん並

んでいます。「島で日曜の夜にテレビをつけると
ニュースで短く、あの、苦闘する、惨めなゲイの
マーチが映るんだ……笑ってたよ、みんなで」

　クレイマーはゲイ・コミュニティに友人も多
い作家、脚本家でした。そんな友人たちの中で、
まだ若い者たちが、最近、何人か、思いもかけず
死んでいました。それって、この新しい病気に
感染したってことか？　クレイマーは《タイム
ズ》の記事を読んで思いました。クレイマーは
ローレンス・マス医師に、次にフリードマン-キ
ーン医師にコンタクトを取りました。そしてす
ぐに何かしないとと気づいたのです。直ちに。

　クレイマーは友人数人と手分けして、記事掲
載のわずか6週間後の1981年8月11日に、彼
のアパートでの集会を招集しました。「80人が
座ってフリードマン-キーン医師の話を聞いた。
何が起きているのか、彼は正確に、ぼやかさず
にすべてを話してくれた」──なんらかの理由
で、ゲイ男性たちが珍しい皮膚ガンであるカポ
ジ肉腫、さらにニューモシスティス・カリニ肺
炎で死んでいる。実験室の検査では、本来なら
ばこうした疾患を打ち負かすはずの患者たち
の免疫システムが、著しくダメージを受けてい
る。その理由が誰にもわからない。

　この8月の集会は6,635ドルの基金を集め、
「ゲイ男性の健康の危機 the Gay Men's Health
Crisis」（GMHC）という名の団体の設立が決
まりました。エイズ危機に対応する初めての
組織の設立でした（「エイズ」というのは英語
の「Acquired Immune Deficiency Syndrome
後天性免疫不全症候群」の頭文字「AIDS」の
音読みです。フランス語などラテン語系では
語順が変わるため「SIDA シーダ」と呼ばれま
す）。まもなくカリフォルニアでも「サンフラ
ンシスコAIDS基金 the San Francisco AIDS
Foundation」や「ロサンゼルスAIDSプロジェ
クト the AIDS Project Los Angeles」が立ち
上がりました。これらの組織はやがて、「HIV」
に感染した人々に対する医療情報の提供やカ
ウンセリングの紹介、食料や法的相談の提供
から付き添いや犬の散歩、家の掃除、時には
葬儀の手配までも引き受けることになります

（「HIV」はエイズ発症の原因となる「Human
Immunodeficiency Virus ヒト型免疫不全ウイ
ルス」の頭字語です）。

　第1回集会の2週間後、クレイマーはゲイ新
聞《ニューヨーク・ネイティヴ the New York
Native》紙上で、ニューヨークのLGBTコミュ
ニティに訴えました。

　みなさん自身が小切手を切り、そしてみ
なさんの友人たちにも小切手を切るよう
言ってくれることを望みます。これは私た
ちの病気であり、私たちは互いにかつ自分
自身の面倒を見合わなければならない。過
去、私たちのコミュニティはしばしば分裂
してきました。私はこの緊急事態に際し、
みんなが共に手を取り、分断することなく
団結し、さまざまな形ですべての仲間たち
を結集させることを希望しています。

　この寄稿文は単刀直入ではありますが、まだ
礼儀正しかった。ええ、クレイマーの口調は、じ
きに変わることになります。

怠慢そして否認

　エイズ危機が始まって1年以上たっても、ロ
ナルド・レーガン政権が公式にそのことに触れ
ることはありませんでした。報道用ブリーフィ
ングの席で、記者が副報道官のラリー・スピー
クスを相手に次のようなやり取りをしたのは
1982年10月15日のことでした。

　Q：ラリー、レーガン大統領は何か言って
いますか、その、アトランタの疾病管理セン
ターの発表に関して、エイズがいまや集
団感染状態で、すでに600症例以上が報告
されていることについて？
スピークス（以下、ス）：何、エイズって？
　Q：すでに3分の1が死んでいるんです。別
名「ゲイの伝染病」（笑いが起きる）、いや、
本当に。実に深刻なことですよ、罹（かか）った3人
に1人が死んでるんだから。それで、大統領

ラリー・クレイマー、愛犬モリーとともに（1989年撮影）。
Photo by Robert Giard, courtesy Estate of Robert Giard

はこの重大性に気づいているのかと？
ス：私はエイズに罹ってない。きみは？（笑）
Ｑ：いえ、私も……。
ス：どうしてわかる？（笑）
Ｑ：つまり、ホワイトハウスは、これを大変なジョークだと見なしてるってことですか？
ス：いや、それについては何も知らないってことだよ、レスター。
Ｑ：大統領をはじめ、ホワイトハウスの誰もこの伝染病について知っている者はいないってことですか、ラリー？
ス：いないと思うな。誰もそういうのは──
Ｑ：誰も知らない？
ス：誰も個人的にそんな体験はしてないんだよ、ここじゃ、レスター。

　レーガン政権の高官たちは、エイズのことを知らないからといって言い訳もしませんでした。エイズ禍を担当する「米国疾病管理センター US Centers for Disease Control」（CDC）および「国立衛生研究所 National Institutes of Health」（NIH）は政権の管轄下にあります。つまり事実は、彼らは伝染病の存在を「知っていた」ということです。ただ、それは彼らにとっては「どうでもよかった」ということです。
　「私の中では疑いはなかったね。もし同じ病気が、例えばノルウェイ系のアメリカ人の間に、あるいはテニス・プレイヤーの間とかに発生していたら、ゲイ男性の間にではなくて、ね、そうしたら政府の対応も医学界のエライさん方の反応も違っていただろうな」と、カリフォルニア選出の下院議員ヘンリー・ワックスマンは話していました。彼は下院エネルギー・商業委員会の健康環境小委員会の委員長でした。彼の小委員会の最初の行動の1つは、NIHにエイズ調査研究費の予算200万ドルを与えることでした。ゲイ・コミュニティの中には「NIH」の頭文字は「Not Interested in Homosexuals（ホモセクシュアルたちには関心なし）」の意味だと言う者たちも現れました。
　同時に、もし政府が何もしないことで有罪ならば、LGBTコミュニティの中の多くの者もまた同罪だったのです。「誰もが、否認することから始まった……最初の反応というのは単純に、この病気と向き合うことを避けるというものだった」と《サンフランシスコ・クロニクル》でゲイの記者だったランディ・シルツは言っています。シルツはエイズ危機に関して率直に報道を続けることで、ゲイの指導者たちによって日々、批判にさらされていました。多くの人たちは悪いニュースは聞きたくない。自分たちの行いも変えたくない。エイズをもたらすHIVは、主に性的接触によって広がっていたのに。
　一方、ニューヨークではラリー・クレイマーが覚悟を決めていました。何かがもし変わるのだとしたら、それは最も危険にさらされている人々によって起こる。資金とヴォランティアを募るためには礼儀正しく振る舞うようにとか言っていられた日々など、もうとっくに過ぎてしまっているのだ、と。1983年3月14日、クレイマーはこの日、ゲイ・コミュニティに向けた有名な公開書簡を発表します。見出しは「1112、さらにまた」。それは《ニューヨーク・ネイティヴ》に掲載されました。

　もしこれを読んでもクソをちびらないなら、我々はもうやばいところに来ている。これを読んでも、怒り、憤怒、激怒、そし

て行動をきみらにもたらさなければ、ゲイの男連中にこの世での未来などないかもしれない。我々の存在が続くか否かは、ただ、きみらがどれだけ怒れるかに掛かっている……。

この伝染病の始まりからほぼ2年、いまもなお答えは返ってきていない。この伝染病の始まりからほぼ2年、エイズの原因はいまも不明のままだ。

彼のレーガン政権批判は続きます。その矛先はニューヨーク市長のエド・コッチ、医学界のお偉方、そして《ニューヨーク・タイムズ》にも向かいました。しかし、その怒りの大半は、ゲイ・コミュニティそのものに向けられていたのです。何もせずソファの上でふんぞり返って、誰かがこの問題を解決してくれるのを待っている、あるいはエイズが問題であるということ自体を否定する人々に。クレイマーはこの文章を、彼の知る、これまでにエイズで亡くなった20人の男たちの名前を列挙しつつ、次のように締めました。

そしてこれが印刷されるころまでには誰かもう1人の死者の名前が加わる。

いま直ちに行動しなければ、我々はやって来る破滅と直に対面することになる。

この公開書簡の後には2つの段落からなる告知が掲載されていました。「Volunteers Needed for Civil Disobedience（市民的不服従のためのヴォランティア募集）」。書き出しは「市民的不服従のデモに参加する準備のある人を少なくとも3,000人プールしておく必要がある」。そして結語は、参加可能な人間の「そのリストを、いますぐ、作り始めろ」でした。

自分たちだけで

エイズ危機がどんどん深刻化する中で、LGBTコミュニティは70年代に彼らを分断したさまざまな違いを横に置いて、集会を開くようになりました。それ以外に選択肢はほとんどな

かったのです。多くの場合、彼らは親や家族から捨てられ、隣人や同僚からも疎まれ、そして政府からも無視されて自分たちだけで命をつないでいました。

医学界でさえエイズを恐れていました。医者、看護師、病院職員の多くが患者を避けていました。病気の者と一緒の病室に入るのを拒む者もいました。けれど別の者たちが立ち上がりました。「ストレートの看護師たちがエイズ病棟で働くのを拒んだとき、レズビアンの看護師たちが手を挙げた」とロサンゼルスのオルガナイザー、トーリー・オズボーンは言います。「彼女たちが、それをやりたがったんです」。レズビアンたちには自分たち自身の医療問題で闘ってきた経験がありました、その彼女たちがこの闘いで声高な先導者になったのです。活動家のロビン・タイラーが言うには、レズビアンたちは「70年代には二度と男なんかと話はしないと言ってた。それがその男たちの車椅子を押し、病院に見舞う活動をし、男たちの下着を替えてやるようになった。そうやって歴史が私たちをもう一度、元の鞘に戻したのね。エイズというこの歴史的な出来事で」

1983年10月にはニューヨーク市で、「ゲイ男性の健康の危機」がエイズ患者の健康問題を引き受ける指導的役割を担うようになっていました。ラリー・クレイマーによれば、「訓練を受けた300人以上の医療ヴォランティアたちが毎日毎日、400人の患者たちの世話をしていた……毎週、相談ホットラインに1,500件以上の電話が掛かってきた……最新情報を提供する印刷物を200万部以上、世界中に配布していた」と。

アメリカ政府からの支援も承認もないまま、LGBTの医者やエイズ活動家たちは他の国々で開発使用される実験的な新薬を見つける作業を続け、それからそれらを米国に密輸入しては地下組織「バイヤーズ・クラブ buyers clubs」を通して（違法に）患者たちに頒布したのです。その種の新療法のほとんどは効果がなかったり、時には有害ですらありました。けれど、患者にはそれ以外にすがるものがなかった。何かを試さずにはいられなかったのです。

犠牲者への攻撃

LGBTコミュニティがエイズ危機と格闘している最中にも、それを奇貨として攻撃してくる批判者や敵たちがいました。「新たな偏見だとか新たなホモフォビアとかじゃないと思う」と話すのはヴィト・ルッソです。「同じホモフォビアなんだ、ただエイズが彼らに、それを大声で口にしてもよいという口実を与えた」と。

彼らはそうしました。「モラル・マジョリティ Moral Majority」（道徳的多数派）というキリスト教政治団体の創設者兼牧師ジェリー・フォルウェルは、「エイズは単にホモセクシュアルたちへの神の罰であるだけでなく、ホモセクシュアルたちに寛容な社会への神罰でもある」と宣言しました。「エイズに反対するダラスの医師たち Dallas Doctors Against AIDS」と自称するグループは、「この国の住民はその力のすべてを尽くしてこの国のホモセクシュアル運動を叩きつぶすべきである」と訴えました。保守派コラムニストのウィリアム・F・バックリーは《ニューヨーク・タイムズ》で、「エイズ保有者全員 all AIDS carriers」にタトゥーを入れるべきだという論説を書きました。

バックリーのこの常軌を逸した提案に、ユダヤ人や同性愛者らに印をつけた、ナチスによるホロコーストのことを思い出した読者も多くいました。1986年にカリフォルニアで億万長者リンドン・ラロウシュが推進した住民投票発議「提案64号」も同じです。「ラロウシュ発議」と呼ばれたこの住民投票は、彼の設立した「即刻エイズ予防発議委員会 Prevent AIDS Now Initiative Committee」が主導しました。頭文字を取ると「PANIC（パニック）」になります。これが可決されれば、HIV検査が強制化され、HIV陽性者は食品サーヴィスの仕事や子ども相手の仕事を禁止され、隔離施設に強制収容されることも可能になります。この「提案64号」は71%対29%の大差で否決されました。しかし、この提案を葬り去るための「No On 64（64号にノー）」運動に、数百万ドルものお金が注ぎ込まれたのです。その大金が、エイズ研究と医療サー

「モラル・マジョリティ」への抗議デモに使われたプラカード。

Courtesy Gay, Lesbian, Bisexual, Transgender Historical Society

ヴィスのために使われていたら――。

LGBTコミュニティを攻撃したのはリンドン・ラロウシュのような頭のイカれた連中（crackpots）ばかりではありませんでした。普通に素晴らしいと思われている、主流の政治家や宗教的指導者までもがこのバッシングに加わりました。1986年10月1日、ローマ・カトリック教会の教皇庁教理省長官ヨーゼフ・ラッツィンガー枢機卿（この人は2005年に教皇ベネディクト16世となります）が「ホモセクシュアルの人々への心のケアに関するカトリック教会司教への書簡 Letter to the Bishops of the Catholic Church on the Pastoral Care of Homosexual Persons」を発布しました。その中で、彼は、ゲイの人々は「内在的な道徳的邪悪に向かう傾向」があると書きました。そして「ホモセクシュアルな習性を保護しようという民事法制が導入されるとき……不道徳で暴力的な反応が増加したとしても……教会も社会全般もそれは驚くに値しません」と。

LGBTのアライ（味方）であった者たちも腰が引けていました。「この伝染病から学んだ最も悲しい教訓の1つは、真のヘテロセクシュアル

のリベラル連中が、どういうわけか、必ずしもゲイの人間にとっては友人ではないとわかったことだ」と、常に辛辣なラリー・クレイマーが書いています。「彼もしくは彼女は、黒人たちのため、女性たちのため、ヒスパニックたちのため、中絶権のため、核軍縮のため、ジェファーソン図書館週末開館のためには喜んで闘うが、それがホモセクシュアルの話になると急に胸焼けしたみたいな顔になる」

悪いニュースばかりでもなく

1980年代は、LGBTコミュニティの関心事があまりにもエイズのことで占められていたので、ゲイの公民権に関する小さいながらも重要な勝利があったことは、時に簡単に見過ごされがちでした。それでも1982年にはウィスコンシン州がゲイ・レズビアン差別禁止法を可決した最初の州になりましたし、1980年代初めまでに、性的指向に基づくものも含む反差別ポリシーを採用した企業は、AT&TやIBMなど120社を数えました。1984年12月5日にはカリフォルニア州バークリー（Berkeley）市が、既婚職員の配偶者に対するのと同じ福利厚生の諸手当を同性ドメスティック・パートナーにも支給する最初の市になります。

ワシントンでは1976年に組織された「ゲイ・ライツ・ナショナル・ロビー the Gay Rights National Lobby」が、1980年10月をもって「ヒューマン・ライツ・キャンペーン基金 the Human Rights Campaign Fund」に変わりました。のちにそこから「基金」という言葉が落ちますが、この「HRC」は現在、アメリカ最大のLGBTの公民権および政治ロビー団体になっています。

それから1982年の夏の終わりには、1,300人以上のスポーツ選手がサンフランシスコに結集して、第1回「ゲイ・ゲームズ Gay Games」も行われたのです（最初は実は「ゲイ・オリンピックス Gay Olympics」という名称だったのですが、国際オリンピック委員会からクレームがついて変更しました）。このスポーツ・イヴェントはオリンピック選手だったトム・ワデル博士が組織

したもので、バレーボールや水泳、ボクシング、自転車、そして陸上競技など17種目が行われました。このゲイ・ゲームズはいまも4年ごとに開催され、1994年以降は冬季五輪よりも多くの参加者を数えています。2018年はパリで行われ、2022年には香港でアジア初の開催が予定されています。

ゲイ・ゲームズに登場するアマチュア選手だけが、ロッカールームのクローゼットからカムアウトしたスポーツ選手ではありません。1970年代からプロ・スポーツの選手たちもまたカミングアウトをし始めました。1975年にはNFL（ナショナル・フットボール・リーグ）の選手だった（72年に引退）デイヴィッド・コペイが、プロのスポーツ選手（だった者）として初めて自分はゲイだと公表しました。1982年にはMBL（大リーグ野球）の外野手だったグレン・バークもカムアウトしました。

最初期にオープンなLGBTスポーツ選手が多かったのはテニス界でした。ルネー・リチャーズは1975年に性別適合手術を受けましたが、USオープンで女性選手としてトーナメントに出場するために裁判を起こしました。彼女は「法廷 court」で勝って出場権を得ましたが、テニスの「コート court」では1回戦で敗退してしまいました。テニス界のスーパースター、ビリー・ジーン・キングは1981年、別れ話をめぐるつらい裁判中にレズビアンであることを公表せざるを得なくなりました。同じ1981年にマルチナ・ナブラチロワもカムアウトしましたが、彼女は自らそれを選択したのでした。

新しい家族の姿

カムアウトすることなど絶対に望んでもいなかったのに、エイズのせいでクローゼットから出ざるを得なくなったという人たちがゲイ・コミュニティにはたくさん現れました。ウイルスに感染していると明かすことが同時に、自分はゲイだと、友人たちに、家族に、あるいは同僚たちに伝えることでもあった人たちもいました。そしてウイルスに感染していない人たちであっ

マーチをめぐる論争

1983年、マーティン・ルーサー・キングが有名な「私には夢がある I Have a Dream」の演説を行ったあの「ワシントン大行進 the March on Washington for Jobs and Freedom」から20年、その記念式典の開催をめぐって大論争が起きていました。「全米黒人ゲイ連合 the National Coalition of Black Gays」が式典集会での演説を要請していたのですが、集会を主催する「良心の連合 the Coalition of Conscience」のメンバーで、DC選出の下院議員ウォルター・フォーントロイがそれを阻止したのです。「もし誰かゲイの権利に関してスピーチする者がいたら」と彼は発言しました。「次にはペンギンの権利について演説する者も認めなくてはならなくなる」。アニタ・ブライアントの「セントバーナード」のたとえ話（p.96参照）の時とそっくり同じ論理――。

怒ったLGBT活動家たちが主催委員会に詰め寄り、最初の1963年の大行進がオープンリー・ゲイのベイヤード・ラスティン（p.69参照）によって組織されたという事実を突きつけました。しかし委員会は態度を変えません。すると連合組織の中に、「全米女性機構（NOW）」や「米国フレンズ奉仕団 the American Friends Service Committee」など、抗議の不参加をチラつかせる団体が現れます。活動家たちは同時に

フォーントロイの事務所前で座り込みも行いました。

結局、レズビアン・フェミニストの詩人オードリー・ロードが、プログラム内に演説の枠を与えられました。モンゴメリー・バス・ボイコット事件でキングとともに動いた牧師ジョセフ・ロウリーも言挙げしました。「20年前に私たちはマーチを行いました。1年後に、1964年公民権法が可決されました。そしていま、その法律を修正してレズビアンやゲイ男性にまで法的保護を拡大すべき時なのです」。マーティン・ルーサー・キングの妻コレッタ・スコット・キングもまた、1964年公民権法の法的保護はレズビアンとゲイにも拡大されるべきだと信じていると明らかにしました。

20周年記念式典でのロードのスピーチは今回の論争に関するものでした。「一緒に何かをするために、お互いがお互いのコピーでなければならないわけじゃないことを私たちは知っています。互いの差異のテーブルを越えて手をつなぐとき、多様性こそが私たちに力を与えてくれることを、私たちは知っています。私たちが、私たちの多様なコミュニティからもたらされる強さと洞察力とで自らを武装できたときにこそ、私たちは真の意味で、みんながみんな――ついに自由になれるのです！」

ても、友人や恋人、愛する人たちが直面させられる差別を、見て見ないふりをすることはできなかった。だんだんと多くの人たちが、カミングアウトの重要さを実感していきました。そして、それを実践したのです。

カムアウトすると、あるいは強制的にカムアウトさせられると、多くの人たちが仕事を辞めさせられたり家族から勘当されたりしました。もっとひどいことに、そんな彼らを支えるLGBTの家族たちはしばしば、あなたは赤の他人でしょうとばかりに排除されたのです。夫婦同然の恋人、パートナー、友人たちは病院で追い返され、大切な人との面会もままなりませんでした。もしその人が死ねば、彼、彼女の貯金や所有物は彼らの生物学的遺族に引き渡されます。たとえ彼らが、もう長いこと話さえしてい

なかったとしても。一方で遺（のこ）された彼、彼女らの同性パートナーたちは何も手にできないばかりか、時には2人で築いた家から追い出されることにもなりました。

レスリー・ブランチャードがエイズで亡くなったのは1986年9月14日でした。彼の10年来のパートナーだったミゲル・ブラスキは、ニューヨークの2人のアパートからの立ち退きを命じられました。賃貸契約にはブランチャードの名前しか記載されていませんでした――ブラスキに出会う前から借りていたアパートだったのです。ブランチャードが亡くなったとき、2人は、法律上はともかく、結婚しているも同然でした。さらに遺言状で彼は、その財産のほとんどをブラスキに相続するとしていました。しかしながら、アパートのオーナー、スタンリー・ス

タールは意に介しませんでした。とにかくブラスキに出て行ってほしかった。

おとなしく退去する代わりに、ブラスキはスタールを訴えます。3年に及ぶ法廷闘争の末にニューヨーク控訴裁判所は、カップルの関係を「家族」と裁定しました。つまり彼らは、州法の下では結婚できなくとも本質的には結婚しているカップル、つまり家族だとしたのです。この判決はLGBTの公民権運動において大きな前進でした。

その一方で、80年代を通して静かな革命が起こっていました。レズビアンのカップルが赤ちゃんを持ち始めていたのです。家族を始めたいと願う女性たちにとって、新しい医学が多くの選択肢を与えるようになったのです。

そこにこれまでは考えたこともない新たな法的問題が生じました。子どもを得ることで、2人の女性たちは、出生証明書に共に母親として登録され得るのか？　普通はダメです。では2人がのちに別れることになったとき（異性カップルも半分が離婚する時代です）、子どもの親権はどうなるのか？　生物学的な母親が優先的に親権を持つことになるのか？　普通はそうです（ゲイ男性のカップルにとっては養子縁組や代理母の規制で法的ハードルはさらにもっと高いものになりました）。

LGBTの若い子たちを助ける

1983年11月、ニューヨーク市内に、「ゲイ＆レズビアン・ユース保護協会 the Institute for the Protection of Gay and Lesbian Youth」が、クローゼットのゲイ男性からの5万ドルの寄付を基に開設されました。悩める10代の子たちに、自分のセクシュアリティを理解する手助けをすることが目的でした。ゲイであること、レズビアンであること、トランスジェンダーであることで家出したり家族から放り出された子どもたちもいました。家族と一緒に暮らしてはいるけれど、誰も自分のような人を知らず、相談できる相手がいない子たちもいました。

「ブロンクスの12歳の男の子のことを覚えている。週に1度電話してきてね、ゲイであることについて話をしたり質問したりしてきた」とソーシャルワーカーのジョイス・ハンターが話します。「誰かゲイの人と話がしたかったんだね。なんでもかんでも話してきた。学校の勉強のことや行事のことや」。それにしてもまだ、この子には家がありました。「ここに接触してくるそういう子たちはかなりのパーセンテージで親から放り出されたストリート・キッズだった」とハンターは続けます。「ボストン出身の若者が

やってみよう
ACTIVITY　ハイ・ファイヴ

日本語では「ハイタッチ」と言いますが、それは和製英語。英語では「ハイ・ファイヴ High Five」と言います。高い (High) 位置で、指5本 (Five) を広げ、同じようにする相手とパチンと手を叩き合って喜びを分かち合う仕草のことをいいます。これを最初にやったのがロサンゼルス・ドジャーズのグレン・バークとダスティ・ベイカーでした。1977年10月2日のドジャーズ最終戦のことです。ベイカーがそのシーズン30本目のホームランを打ち、チームメイトのバークがホームプレートで右手を大きく頭上に掲げてベイカーを迎えました。ベイカーとバークがそこで互いの手をパチンと叩き合わせて「ハイ・ファイヴ」が誕生しました。そしてバークもまたまた同じくホームランを放ったのです。

グレン・バークはチームメイトたちには自分がゲイであることを話していましたが、公に明らかにしたのは1979年の彼の引退後のことでした。それでも彼がプロ野球選手で最初にカムアウトした人物であることに変わりはありません。バークはその後サンフランシスコのカストロ地区に引っ越してくるのですが、彼はそこでも友人たちとの挨拶にハイ・ファイヴを使いました。やがてその住民たちを中心に、ハイ・ファイヴはゲイ・プライドを表す挨拶として使われるようになったのです。

自分のスポーツチームとかクラスメイトとか友だち同士とか、自分たちのグループだけで通じる握手や挨拶のやり方を考えてみましょうか？　秘密の握手の仕方とか、いろんな手順を入れて手の込んだ儀式っぽいものにしても面白いですよ。

いてね、イタリア系の家族だから家族の絆が強くて、ゲイであっても家族だから大丈夫だと思ってたらしい……それが捨てられた。家から追い出された。彼は、二度と家に戻らなかった。でも、その子には私たちがいた」

1985年4月、保護協会はLGBTの若者たちのために「ハーヴィー・ミルク高校 Harvey Milk High School」を開設しました。小さな学校でした。協会オフィスの裏に用意した教室スペースに15人の生徒がいるだけでした。本来の自分の学校で、だいたいは自分の性的指向が理由で嫌がらせやいじめに遭って困っている生徒なら誰でも受け入れてくれました。ハーヴィー・ミルク高校では、暴力や脅しを受けることなく生徒たちは自分自身をよりオープンに表現することができるのです。

予期せぬ味方

エイズ危機が燃え上がってから4年がたっていたのに、この問題は一般のアメリカ国民の心に刺さることがありませんでした。俳優ロック・ハドソンがこの病気だと明らかにするまでは。ハドソンは1950年代にロマンティックな恋愛映画で主役を演じ、一躍人気になった男性です。なので、彼がゲイで、しかもHIV陽性であるという事実は、多くのアメリカ人にとって衝撃でした。

ハドソンがカムアウトしたのは1985年の夏、そしてその秋、10月2日には訃報が届きました。大統領のレーガンが、公の場で初めてエイズという単語を口にしたのはそれからちょうど2週間後でした。レーガンはハドソンと友人でした。その時までに、すでに15,000人の人たちがこの病気で死んでいました。レーガンは記者会見でこの病気について質問されたのです。彼は、自分の政府がこれまでに5億ドル以上のエイズ研究費を要請してきたと答えました。それは事実ではありません。その半額すら要求してはいませんでした。エイズ対策費を予算に組み込んできたのはアメリカの連邦議会です。レーガンが要請した以上のエイズ予算を承認してき

LGBT Hero
LGBTヒーロー

サリー・ライド（1951〜2012）
Sally Ride

米東部時間1983年6月18日午前7時33分、フロリダ州ケープ・カナヴェラル（Cape Canaveral）空軍基地からスペースシャトル「チャレンジャー」が軌道に向けて打ち上げられました。乗り組んだ5人の宇宙飛行士の中に搭乗運用技術者（mission specialist）のサリー・ライドがいました。6日間のミッションで、ライドはシャトルのロボットアームを使って衛星を送出したほか、数多くの実験を行いました。彼女はアメリカ人女性として初めて宇宙に行った人物であり、かつ最も若い宇宙飛行士です（この記録はいまも続いています）。

ライドは1984年10月に再びチャレンジャーに乗って2度目の軌道飛行を行いました。NASA（米国航空宇宙局）を辞めた後は「サリー・ライド・サイエンス Sally Ride Science」という会社を設立して、小学校高学年から中学校の子どもたち、特に女の子たちのための楽しい科学教材や本を開発・提供しました。彼女は2012年6月23日にすい臓ガンで亡くな

りますが、生前、彼女とともに6冊の本を出版したタム・オショーネシーが彼女の27年にわたる同性パートナーであったことは公には知られていませんでした。死から1年後、オバマ大統領はライドに大統領自由勲章を授与しました。彼女の代理として、それを受け取ったのはオショーネシーでした。

NASA

ました。その功績を自分の手柄だと言っていたのです。

1986年10月まで、政府の誰も、この危機を真剣に考えてはいないようでした。それが突然、公衆衛生局の医務総監C・エヴェレット・クープが、資金増額と、何よりも公的教育を求める辛辣な報告書を提出したのです。まさにその時まで、セーフセックスの教育キャンペーンに尽力していたのは唯一、必死にもがくLGBTコミュニティだけだったのです。クープの報告書は言います。

多くの人間たちが、特に我々の若者たちが、自分の将来の健康と快適な人生にとって不可欠な情報を得られていない。なぜなら我々が性や性行為や同性愛に関する話題をきちんと扱えていないからだ。この寡黙は終わりにしなくてはならない。我々にはもはや、性行為に関する率直で正直な議論を避けて通られるような余裕はない──同性愛でも異性愛でも。エイズに関する教育は若年期から始めるべきである。そうすれば子どもたちはエイズ・ウイルスに曝されない行為、自分を守る行為を知って育つことができるのである。

クープがレーガンによって医務総監の座に就いたのは1981年のことです。しかしそれまでの5年の間、彼はこの伝染病に関して公に話すことはできないと言われてきたのでした。何度か個人的に大統領や大統領顧問たちに話そうと試みたことがありましたが、彼らは聞きませんでした。ところがこれは、国家の公衆衛生教育責任者としての医務総監のまさに第一の仕事でした。クープはまた、これを個人的な責務だとも感じていたのです。「エイズに関する私の立場は、科学的誠実さとクリスチャンとしての慈悲心に決定づけられていた」と彼は話していました。

不満を募らせたクープは無理にでも大統領を動かそうとしたのです。「政府に恥をかかせることで、私たちは力ずくでもこの伝染病対策に

医務総監C・エヴェレット・クープ（1982年ごろ撮影）。
United States Public Health Service

必要な資源を拠出させなければならなかった」。けれどレーガンはそれを大して恥ずかしいこととは思わなかったようです。「何かやっているふり」をするくらいしか動かなかったから。1987年の11月末、感謝祭のころでした。すでに25,644人の死者が出ていました。レーガンは自分の政府が「エイズ・ウイルスがどの範囲で私たちの社会に入り込んでいるかをできるだけ早く見極める」つもりだと発表しました。

レーガン政権の「HIV蔓延に関する大統領諮問委員会 Presidential Commission on the HIV Epidemic」が最初の会合を持ったのは1987年末でした。この伝染病について知識のある委員はいましたが、しかし多くは無知だったり、中にはLGBTコミュニティに敵意を抱いている委員もいました。ある委員はトイレの便座に座るだけでも感染の恐れがあると思っていました。別の委員はゲイの人たちを「血液のテロリスト blood terrorists」とも呼びました。カリフォルニア選出の下院議員ヘンリー・ワックスマンは、委員会メンバーが選ばれた理由を、多くの場合「エイズのことを知らない人物であるから、もしくはこの病気と闘う公衆衛生上の課題に真摯であるというよりも、右翼の行動計画に則ってすでに態度を決めている人物であったからだ」と批判しました。

この伝染病が広まって6年、そしてこれが政府のできる最善の対策？　エイズに苦しむ人たち、そしてLGBTコミュニティは他のアプローチが必要であることに気づきます。もっと、大声の。

バワーズ対ハードウィック

　エイズ危機の最悪の暗黒期にアメリカの連邦最高裁判所は、LGBTコミュニティの心臓部に強烈なパンチを食らわせました。1986年6月30日、最高裁は「バワーズ対ハードウィック Bowers v. Hardwick」裁判の判決で、アメリカ憲法は、ゲイやレズビアンのアメリカ市民が親密な個人生活を持つ権利を保障していないと断じたのです。つまり、彼らは二級市民でした。

　このバワーズ対ハードウィック裁判は、1982年に始まりました。マイケル・ハードウィックが、アパートに踏み込んできたアトランタ市警の警官によって逮捕されたのが発端です。その警官が、ハードウィックがベッドでもう1人の男性と一緒にいるのを見つけたからです。ジョージア州法では、男性間の性的行為は最高で禁錮20年の犯罪でした。検察はしかし、その警官がハードウィックの家に違法に入り込んだ（彼は捜索令状を持っていませんでした）と知るや起訴を取り止めました。それにもかかわらず、ハードウィックは憲法の保障するプライヴァシー権に基づき、同性間性行為を禁じた同州刑法の違憲性を主張して裁判に打って出ました。バワーズとは、当時のジョージア州法務長官マイケル・バワーズのことで、アメリカの裁判はこのように「原告または上訴人 v.(対) 被告(人)または被上訴人」という具合に、当事者同士の名前で示されます。この裁判はほぼ3年かかって連邦最高裁で審議されていました。

　5対4で決まったこの判決で、最高裁長官のウォレン・バーガーは法廷意見として、同性間で性行為を行う人々にジョージア州法が対立するのは、「ユダヤ-キリスト教的道徳および倫理的規範に堅く根付いて」いて、それを覆すことは「道徳指導の千年を放棄することになる」か

らだと書きました。したがって「プライヴァシー権として守られるべき基本的権利は、伝統に深く根ざす家族の価値観を体現するものに限られる」という論理。ハードウィックとそのパートナーが自分自身の家というプライヴァシー空間にいた事実はどうでもよかったのです ―― どうであっても彼らは法律を破った、というわけでした。

　判事ハリー・ブラックマンはこれに強く反対しました。「この裁判は『諸権利中最も広範囲に及ぶ権利、文明社会の人間にとって最も価値のある権利』に関するものである。すなわち『放っておかれる権利 the right to be left alone』についてなのだ」と反対意見で書きました。また、いつの日か裁判所がこの判決を自ら覆すことを望む、とも。

　LGBTコミュニティはこの「いつの日か」を待っているわけにはいきませんでした。バワーズ判決からわずか数時間後には、サンフランシスコで600人のデモが行われました。翌日はニューヨークのストーンウォール・イン近く、シェリダン・スクエアで1,000人が集まる抗議集会が開かれました。彼らは隣接する七番街にはみ出して3時間にわたって交通を遮断し、口々に「1-2-3-4, civil rights or civil war!（公民権か内戦か！）」と連呼して『勝利を我らに We Shall Overcome』を歌い上げました。そしてワシントンの最高裁判所前の抗議集会では「全米ゲイ＆レズビアン・タスクフォース the National Gay and Lesbian Task Force」のジェフ・レヴィが叫んでいました。「司法省だろうと最高裁だろうと70年代のアニタ・ブライアントだろうと何でもいい、ヤツらがオレたちを叩きのめすたびに、オレたちは前より強くなって戻ってくるんだ！」

　シンシナティ、オハイオ、ダラス……他の都市でも抗議集会が行われました。7月4日、アメリカ独立記念日に行われた「自由の女神」100周年記念の「リバティー・ウィークエンド Liberty Weekend」式典のためにニューヨークを訪れたレーガン大統領とバーガー最高裁長官とを、バッテリー・パーク（Battery Park）の

6,000人の抗議者たちが怒声で迎えました。「バーガーに話がある。フォルウェルに話がある。レーガンに話がある」と主催者のダレル・イーストが声を荒げました。「話ってのはこうだ、『もう十分だ、そしてオレたちは、もうこんなことに甘んじるつもりはない』」

ACT UP!

　バワーズ判決とエイズ危機における政府の対応への怒りがLGBTコミュニティのアクティヴィズムに新たな波を惹き起こすことになります。「ラヴェンダーの丘の暴徒たち the Lavender Hill Mob」と自称するグループは、ゲイ活動家同盟（GAA）の代表だったマーティ・ロビンソンとその仲間たちで作ったものですが、バーガー最高裁長官の功績を称える式典に昔ながらのザップを仕掛けました。疾病管理センター（CDC）のエイズ会議では、LGBT組織の開いた記者会見を「おまえたちはゲイ・コミュニティを売った！」と大声で叫んで邪魔しました。

　けれど、真に状況を変えたのは1987年3月10日のラリー・クレイマーでした。その日、ニューヨークのレズビアン＆ゲイ・コミュニティ・サーヴィス・センターで集会が行われていました。クレイマーは「ゲイ男性の健康の危機」（GMHC）とのつながりをとうに断ち切っていました。

彼は、GMHCに無為無策な政治家たちを攻撃させたかったのですが、GMHCのほうはむしろ、すでにHIVに感染している者たちを援助する活動に焦点を絞りたがった。波風を立てたくなかったのです。

　「明かりをつけてくれ。話したいことがある」とクレイマーは口火を切りました。そして状況が悪化している具体例を挙げていったのです。「4年前、全米のエイズ症例は1,112件だった。それがいまは公式に —— 連中がどう公式数字を出しているか知ってるだろうが、公式に32,000件となって、うち10,000件はニューヨークだ」。彼は集会場の大きな区画を示し、そこに座る人たちに立ち上がるよう頼みました。「このままの割合で進むと、きみたちはみんな5年以内に死んでいる。この部屋の3分の2の人間が5年もたたないうちに死んでしまうんだ」

　その調子でどんどん話は進みました。それは容赦ない事実でした。クレイマーは「食品医薬品局 the Food and Drug Administration」（FDA）を槍玉に挙げて糾弾します。新しい治験薬と治験療法を承認するのに時間がかかりすぎていました。行動を呼びかけることで彼は話を締めくくりました。「ここにいる1人1人誰もが何かをすることができる。何か強烈なことをすることが。我々はFDAを追い詰めなければならない —— すぐに。これはつまり抗議とピケと逮

やってみよう
ACTIVITY　リボン探しを続けて

　1991年、エイズ啓発を訴えたり患者感染者への共感と支援を表明するために、小さな赤いリボンを襟や胸元につける動きが始まりました。「ヴィジュアル・エイズ Visual AIDS」という団体が着想したこのレッドリボンは、「赤」を「血と激情のシンボル —— 怒りだけではなく、愛情のサインとして」選びました。ちょうど「ヴァレンタインのシンボルカラーのように」。以来、いろんな社会的目的のためのさまざまな色のリボンが使われ始めます。使われ過ぎ、と言った人もいるくらいです。

　さて、そこでリボン探し（Ribbon Hunt）をやってみましょうか？　目的別に何種類の色リボンを知っ

ていますか？　見たことがありますか？　家族の誰かがつけたことがありますか？　リボンが車のスティッカーにもなっているのを見たことがありますか？　TVコマーシャルや雑誌広告にも、チャリティのイヴェントやいろんな啓発キャンペーンでもリボンがシンボルとして使われますね。さて、どんな色のリボンを知っています？　その色は何の意味を表しているか調べてみましょう。そう、例えばピンクリボンは何のため？　各種の色リボンをリストにして、それぞれの意味や目的も書いていきましょうか。いったんリボン探しのクセがついたら、社会には結構な種類のリボンがあふれていることにも気づくはずです。

捕込みの1セットの行動計画だ。逮捕は恥ずかしいか？」

そんなはずはありません。彼が話を終えるや、250人の参加者は2日後にもう一度集まることを決めました。次は300人が姿を見せました。その夜が終わる前に、彼らは「AIDS Coalition to Unleash Power（力を解き放つエイズ連合）」という団体を作り上げていました。頭文字を取って「ACT UP（アクト・アップ）」──「やらかしちゃえ」といったニュアンスの、直接行動主義団体の誕生です。アメリカ中にすぐに支部が立ち上がりました。クレイマー、マーティ・ロビンソン、ヴィト・ルッソらもその初期のリーダーたちでしたが、ほかにも、ジャーナリストで人権活動家のアン・ノースロップらも指導的役割を担いました。「ACT UP で素晴らしいデモクラシーが生きていると感じた。誰にとってもとてもポジティヴで支えになるデモクラシーだ」と彼女は回想しています。

ACT UPは時間を無駄にしませんでした。結成直後の3月24日にはすでにウォール街にあるFDA（食品医薬品局）とバローズ・ウェルカム（Burroughs Wellcome）に抗議デモをかけました。後者は世界初の抗HIV薬「AZT」を製品化した会社（現グラクソ・スミスクライン）で、患者はこれを購入するのに年間1万ドル（現在の日本での数百万円の感覚）もの代金を支払わなければなりませんでした。最も高額な医薬品療法の1つです。約250人の男女が「ダイ・イン die-in」を行いました。通りで突然崩れ倒れて死んだように動かない、そうやって犠牲者たちの「死」を具体的に提示する抗議行動です。17人が逮捕されました。メンバーたちは近隣のトリニティ教会（Trinity Church）の前でも食品医薬品局長のフランク・ヤング博士の等身大人形を吊り下げ、1万枚以上の抗議のチラシを配り、マンハッタン南部の交通を数時間にわたって渋滞させました。彼らの活動はメディアの注目を集めることにも成功し、夜のニュース番組では毎夜毎夜取り上げられました。全米の新聞でも記事になりました。

ACT UPのチラシの1枚はピーター・ステイリー

ACT UP の抗議の面々は単に逮捕を覚悟していたばかりではなく、逮捕されたことを自慢する準備もできていた（バッジには「エイズと闘うことで逮捕された」のフレーズ）。
Author's collection

の手の中に収まりました。職場に行く途中でたまたまその抗議行動の場所を通りかかったのです。ステイリーはクローゼットのゲイで、ウォール街の債券トレーダーで、HIVに感染していました。彼は怖かったのです。「まるで戦争の中を生きてるみたいだった。ぼくの周り全部で友だちが急にバタバタ死んで、それだけじゃない、みんな自分自身の命のことも心配でビクついているんだ」。けれどこの抗議活動が彼を勇気づけました。重大な選択の時でした。「自分でね、『もういいや、いまの仕事を続けてたら死んじゃう』って。だから障害者手当をもらうことにして、フルタイムのエイズ活動家になるって決めたんだ」

アイリス・ロングも、初期のACT UPの抗議活動に惹かれた1人でした。彼女は引退した研究化学者で、マンハッタンから川を隔てたクイーンズ区に夫とともに暮らしていました。彼女はACT UPが誠心誠意頑張っていることには感銘を受けましたが、その一方で、このグループが、政府の医療畑の官僚制度がどういうふうに動いているのかを理解していないことにすぐに気づきました。クレイマーが言うには、ロングはミーティングでACT UPにこう突きつけたそうです。「あんたたち、これがどういうことかちっともわかってないでしょ。この制度について知りたい人は誰？　どう動いてるか、補助金がどうやって決まるか、科学がどう影響するか、みんなひっくるめて何がどうなってるか、NIH（国立衛生研究所）が何をどうしてるか、FDA（食品

ACT UPはエイズ危機におけるロナルド・レーガン大統領の怠慢を世界に知らせたかった。「AIDSGATE」とは、エイズをめぐる政治的不正を指す造語で、レーガン時代のエイズ対策の故意の無為無策を「事件」と称した。

医薬品局）がどうなってるか、この膨大な資料をどうやって扱えばいいのか、私が教えてあげる」。そして彼女はそうしました。

ACT UPはヴォランティアを1人残らず有効活用しました。アーティストや広告関連の専門家の一団は、ポスターやスティッカーやチラシを作りました。ACT UPの有名な、あの簡潔なロゴが多用されています。ホロコーストから借用したピンクの三角形。そしてその下には「SILENCE = DEATH」（沈黙は死だ）の1行コピー。

デモ行進、NAMES、そしてカミングアウト

1985年11月27日、ハーヴィー・ミルク殺害の1978年以来、その日にサンフランシスコでずっと続いているキャンドルライト追悼イヴェントが行われました。マーチの前に活動家のクリーヴ・ジョーンズが演壇に立ち、全員に向かって、自分の知る、エイズで死んだ者たちの名前を白い厚紙に書いてほしいと頼みました。ジョーンズは恐れていたのです。誰も、消えてしまった者たち（ある意味でまさに「消えたようにいなくなってしまった vanished」人たち）のことを記録していないことを。サンフランシ

スコではすでに1,000人以上が亡くなっていました。紙に書かれた名前はマーチの後、米国保健福祉省のオフィスが入ったサンフランシスコ連邦政府庁舎の壁に抗議としてテープでベタベタ貼り付けられました。

おびただしい数の名前の紙のパッチワークを見つめながら、その夜、ジョーンズはインディアナ州にいる祖母の作ったキルトのことを思い出していました。それがジョーンズとその友人たちに、この病気で失われた者たちを永遠に忘れないでいるためのある計画を思い付かせたのです。1987年2月、最初の90cm×180cmのキルトが（人間のお墓の大きさとほぼ同じサイズにしたのでした）、友人マーヴィン・フェルドマンを偲んで作られました。その6月、「NAMESプロジェクト基金 the NAMES Project Foundation」が発足します。「NAMES」というのはキルトに記される亡くなった人々の「名前 names」のことですが、「National AIDS Memorial Education and Support（全米エイズ追悼教育・支援）」の頭字語としての意味も掛けています。この運動で作られたNAMESキルトはやがて、世界最大のコミュニティ・アート・プロジェクトに育つことになります。

全米のエイズ・グループも、それぞれに愛した者たちのキルトを作っては送ってくるようになりました。それらはサンフランシスコの「NAMESプロジェクト」のオフィスで保管されました。目的は、それを1987年10月の第2回「レズビアンとゲイの権利を求めるワシントン国民大行進」に持ち込むことでした。

ただ「大行進 the Great March」と呼ぶ人もいますが、このとき、政府や同胞アメリカ人たちにさらなる要求を行うために、首都に集結した人間は65万人を数えました。1987年10月10日、行進前日、2,000組のカップルが国税局（IRS）の外で執り行われた結婚式に参加しました。そして翌10月11日の冷たい秋の朝、NAMESのキルトがナショナル・モールの芝生の上に広げられたのです。その数1,920枚。アメリカン・フットボールのフィールド2面分よりも大きな面積になりました。アメリカの都市

区画のほぼ2ブロック分に当たります。「それはまるで……花咲くハスの花、ハスの花、ハスの花、そしてその花びらの1つ1つが人間だった」とサンフランシスコから参加した花屋のガイ・クラークは話します。「すごくきれいだった。何も言わなくてよかった――涙がただ流れた」

「実際に敷地の上を歩いてこの目で見るまでは、これが何なのか理解していなかった。歩き始めて、キルトを見ている人たちの反応を見てわかった」とバーバラ・ギティングズも言います。「これは20世紀で最も啓示的なアイディアの1つだと思う」

その日の終わりにマーチも終了し、そこにいた全員で誓いが立てられました――「カムアウトすること」、家族に、隣人に、同僚たちに。翌年の10月11日、「大行進」から1年、この日は「全米カミングアウトの日 National Coming Out Day」と定められました。マーチに参加した者はそれでは終わりませんでした。2日後、連邦最高裁前の抗議では571人が逮捕されます。その際、首都警察はエイズを恐れてゴム手袋を装着して彼らを連行したのでした。その中にはコミュニティを激怒させた、前年のバワーズ対ハードウィック裁判の、あのマイケル・ハードウィック

やってみよう ACTIVITY　愛した人を忘れないためのキルト

誰か大切な人、大好きな人を亡くしたことはありますか？ いえ、たとえ亡くなっていなくとも、大切な家族や友だちをいつも思い出すために「キルト quilt」を作ってみるのもいいでしょう。キルトというのは、表地と裏地の布の間に薄く綿を入れて刺し縫い（キルティング）した保温布のことで、アメリカではベッドカヴァーやひざ掛けに使われたりします。でもここでは布を縫う作業を省いて、紙にキルトのデザインを描くだけでもいいですね。

用意するもの

- 画用紙
- 物差し
- 色鉛筆か色マーカー
- （もし本物を作るなら）布、布地用の絵の具

本当の「NAMESキルト」は90cm×180cmの大きさですが、初めは縮尺を小さくして作ってみましょう。基本的には縦と横の長さの比は1：2です。横が縦の倍の長さ。横が30cmなら縦は15cmの長方形です。

どんなものを見せたいですか？ ルールは1つ。大切な人、大好きな人の名前が書かれている、描かれている、ということです。あとはあなた次第。その人の大切なものや好きなものを一緒に描いてもいいですし、その人を思い出すときに一緒に思い出す何かを描いてもいいですね。色鉛筆やマーカーを使って、その人にふさわしい色の組み合わせでデザインしていっ

てもいいでしょう。どんな飾りをつけましょうか？

もし本物の布と本当のサイズで作りたいなら、どうやって作り上げるかを考えなくてはなりません。台となるパネルにモザイク模様のように布切れを縫い付けるのか、糊で貼り付けるのか？ あるいは布用の絵の具で描いていくか？ NAMESのキルトは個人的な持ち物をデザインの一部に使ったりしています。例えば好きなTシャツだったり、他にも写真を貼り付けたり。本物の布のキルトを完成させるには大人の助けが必要かもしれませんね。好きな人、大切な人と一緒にその人の名前のキルトを作るのも素晴らしい経験になります。

もしあなたが、NAMESキルト運動に参加したいなら活動は現在もまだ続いています。「www.aidsquilt.org/make-a-panel」にアクセスしてみてください。作り方、送り方などの指示書を見つけることができます。キルトではなくとも、あなたが忘れたくない人について書いた手紙も受け付けています。

© SomSak Kham Kula

も含まれていました。

1987年の大行進と同様に重要なことは、アメリカの三大誌 ——《タイム》《ニューズウィーク》《USニューズ＆ワールド・リポート》が、これが行われたことをまったく記事にしなかったということです。

記事にならずともそれは事実でしたし、重要なことでした。1985年から1994年の間に、アメリカ人の中でゲイの友人がいる、もしくは近しいゲイの知人がいると答えた人は22％から43％にも増えました——ほぼ倍増です。人々はカミングアウトを続けました。その数は増え続けました。

大行進の1年後、1988年10月に再びNAMESキルトはワシントンに戻ってきました。このときは8,288枚が「エクリプス the Eclipse」と呼ばれるホワイトハウスすぐ南の楕円形公園の芝生の上に広げられました。大統領のレーガンもその執務室から簡単に見える場所でした。

反撃だ！

4年の間、エイズ活動家たちは政府が行うべき各種サーヴィスを基本的に肩代わりしてきました。政府が何もしなかったからです。彼らは介護者であり、研究者であり、時に世界中から

新しい実験薬をかき集める密輸係ですらありました。ACT UPに入ったアイリス・ロングは、ついに堪忍袋の尾が切れました。「これはあなた方の政府だ。あなた方は納税者だ。あなた方はアメリカ市民だ。彼らを好きにさせるな。FDA（食品医薬品局）に、CDC（疾病管理センター）に、NIH（国立衛生研究所）に、あなた方のための仕事をさせろ」

ということで1988年10月11日、1,200人以上のACT UPのデモ隊がメリーランド州ロックヴィル（Rockville）のFDA敷地で大声の抗議活動を行います。9時間に及ぶその抗議で彼らは、実験的な新薬の承認プロセスをもっと迅速化しろと要求しました。正面玄関上に突き出た屋根に這い上って「Silence = Death」の旗を広げる一方、敷地に出入りする複数の道路でダイ・インを決行したのです。終了するまでに185人が逮捕されました。

こうした抗議活動に効果はあったのか？ 国立衛生研究所のアンソニー・ファウチ博士はのちに、NBCニュース《デイトライン Dateline》でこう認めています。「少したってから、デモの面々の芝居じみた話しぶりや振る舞いや発煙弾の向こう側に、彼らが言っていることが何なのか、その中身がはっきりと聞こえてきたんですね。そしてすぐにわかった。彼らの言っているほとんどのことが、まったく正しく、とても論理的で、かつ注意を払われなくてはならないことだということが」

ACT UP側からの見方は少し違いました。「なんだかオズの魔法使いの正体を見てしまった感覚だった」とグループの科学エキスパート、マーク・ハリントンが言います。「全体システムの中心に着いたら、カーテンの向こうにはとんでもないウスノロ（schmuck）しかいなかった、みたいな。行動指針もない、リーダーシップもない、エイズにどう対処するかの世界戦略もなかったんだ」

エイズと闘う！

HIV蔓延に関するレーガンの大統領諮問委

メリーランド州ロックヴィルのFDA前で抗議する
ACT UPの面々（1988年10月11日撮影）。
ONE National Gay & Lesbian Archives, ACT UP/Los Angeles Papers

員会の最重要メンバーは、ニューヨークのカトリック大司教ジョン・オコナー枢機卿でした。ACT UPから見ると彼こそが最悪メンバーの1人でした。

ニューヨークのLGBTコミュニティはもう何年もの間、市議会を通して性的指向に基づく差別を違法とする人権法案を成立させようとしていました。その努力を何年にもわたって阻んでいたのがオコナーと彼の教区だったのです。議会がやっとその条例案を通したのは1986年のことでした。カトリック系の病院はそれでも、ニューヨークではエイズと闘う最大の医療サーヴィス機関でした。なのに彼らは、この病気と闘うためのコンドーム奨励のいかなる試みにも反対していました。決着の時が来ました。

1989年12月10日の日曜日、ACT UPから4,500人の抗議の面々が米国カトリックの総本山であるマンハッタンのセントパトリック大聖堂（St. Patrick's Cathedral）を襲いました。100人ほどが中に入り込みます。そこでは枢機卿オコナーが日曜のミサを行っていました。その聖堂の中央通路で大勢が横たわると、警官が彼らを引きずり出します。中には自分を信者席に手錠でつなげて排除を阻止する者もいました。活動家のマイケル・ペトレリスは立ち上がって叫びました、「おれたちを殺すのはやめろ、オコナー枢機卿！」。ミサの参列者たちはうろたえました。逮捕者は100人以上。うち43人は大聖堂内部での逮捕でした。

この「教会を止めろ」抗議運動で、ACT UPもやり過ぎだ、これで活動も下火になると思った人は多かったようです。ところがこのグループは悪びれるところがありませんでした。「この伝染病が猛威を振るう限り、そして教会が、責任ある医師や科学者や公衆衛生の当局者が推奨する施策と正反対の方向で闘おうとする限り、ACT UPが沈黙することは決してない──通りでも、首都でも、そして当の教会内でさえも」と、プレス・リリースで表明したのでした。

無礼無作法だろうがどうだろうが、ACT UPの成功例のリストを見れば批判は難しいでしょう。けたたましく、恥を突きつけるような何百もの抗議行動を通して、このグループは政府や医薬品会社に重い腰を上げさせてきたのでした。エイズの薬は安くなりましたし、新しい薬の承認プロセスは迅速化しました。そして政府はもはやこの危機を無視しなくなったのです。「ACT UPは確かに、いい子、いい坊や、いいお嬢ちゃんでいるだけでは何も得られないということをみんなに教えたんだ」とラリー・クレイマーは言います。「もっと手に入れるには、蜂蜜よりも酢が必要なんだ」

ACT UPのほかにも、エイズ危機は別のものももたらしました。「ゲイの運動史においてエイズ禍ほどゲイ男性を結集させたものはない、というだけでなく」と歴史家のジェフリー・エスコーフィアは説明します、「ゲイの権利の重要性というものに気づいた人が著しく増加したのです」。エイズ治療を求めるときにLGBTコミュニティが被る不正義に、より多くのアメリカ人が気づき始めました──病院での面会制限、健康保険、葬儀の手配、そして相続権。同性婚のことや憎悪犯罪、さらにはLGBTであることをオープンにして軍務に就ける権利に関してはまだ多くは話されませんでしたが、しかしそれもまたやがて変わることになるのです。

▲　▼　▲

ロサンゼルスでの州知事ピート・ウィルソンの資金集めイヴェントで
「sit-in（座り込み）」ならぬ「lie-in（倒れ込み）」で抗議するACT UPのメンバーたち（1990年撮影）。
ONE National Gay & Lesbian Archives, ACT UP/Los Angeles Papers

1991年9月30日 ≫ 「Come out and face the people!（出てこい、我々と向き合え！）」。ロサンゼルス・カウンティ美術館を取り囲む一団が叫びます。中ではカリフォルニア州知事ピート・ウィルソンが資金集めイヴェントに出席していました。その前日、彼は州内のゲイ、レズビアン、バイセクシュアルたちへの雇用差別を違法化する法案「AB101」に拒否権を発動したのです。前年の選挙ではウィルソンはその法案を署名成立させると言っていました。その彼に説明を求めて集まっていた人たちでした。

その人たちに話すこともなくウィルソンは車列を率いてプラザ・ホテルのスイートに向かいました。抗議の一群も後を追いました。そしてホテルを警護する警察隊と衝突したのです。その夜が終わる前に12人が逮捕されました。翌日、ウィルソンはスタンフォード大学創設100周年記念イヴェントで演説しました。300人の活動家がステージ近くに陣取って「家族の価値」を唱える彼のスピーチを「Shame! Shame! Shame!（恥だ！ 恥だ！ 恥を知れ！）」という連呼でかき消そうとしました。

1990年代

Setbacks and Victories

揺り戻し、そして勝利

> 「ここだ、クイアだ、諦めろ！
> （We're here, we're queer, get used to it!)」
> ── クイア・ネイションの連呼

カリフォルニア中で集会やデモがさらに発生しました。サンフランシスコの州庁舎では7,000人のデモ行進が行われました。窓ガラスを割る者も現れます。ロサンゼルスのロナルド・レーガン州庁舎前でも衝突が起きました。サクラメントでも、サンディエゴでも、ガーデン・グローヴでも──抗議は至るところで連続しました。ロサンゼルス国際空港では、滑走路に横たわって離着陸を阻止する抗議者もいました。

この騒動は17日間続きます。ACT UPの矛先はエイズ問題を超えて拡大しました。

クイア・ネイション

1980年代後半になると、ゲイ・バッシング事件が嫌な感じで増えてきました──LGBTの人たちへの見知らぬ人からの、時には近所の人からの攻撃です。1988年の襲撃事件の届け出件数は、直近1985年、86年、87年の3年間の数を合計したものより多かった。比較的大きな都市にはLGBTコミュニティができていたので、そういうところでは自分たちの安全を守るための自警団を作ることもできました。アフリカ系コミュニティの政治闘争組織ブラックパンサーにならって、彼らは「ピンクパンサーズ Pink Panthers」（ピンクの豹）と自称しました。しかし問題はそうした少数の人間たちで防げるよう

なレヴェルをはるかに超えていたのです。

エイズ禍がLGBTコミュニティ及びそのアライ（随伴者、味方）たちの最善の部分を引き出してくれた一方で、それはまた批判者や敵対者たちの最凶の部分も呼び出しました。1988年、当時の人気バンド、ガンズ・アンド・ローゼズ（Guns N' Roses）が『One in a Million』をリリースしました。この曲はゲイやアフリカ系アメリカ人、そして移民たちを攻撃したものでした。ラップ・アーティストたちもまた、決まり事のようにゲイやレズビアンをリリック（lyrics）の中で嘲り罵っていました。

そこで1990年3月20日、約60人の活動家がニューヨークに集まって、拡大するホモフォビアに対抗するグループを立ち上げました。多くはACT UPのメンバーだったのですが、最終的には彼らは「クイア・ネイション Queer Nation」と自称するようになります。それにしても「クイア」だなんて、これは当時もいまも、当事者以外が使うと「ヘンタイ」とか「オカマ」とか以上のニュアンスの、大変な侮蔑の単語です。そして「クイア・ネイション」とは、自分たちを「クイアな国民／種族」と誇らしげに宣言する意味でもありましたし、さらにアメリカ自体が「クイアな国」「クイアたちの国」たるべきというような意図も読み取れる命名でした。この実に挑発的な命名は、自分たちを蔑むために使われる言葉を、逆に自分たちが使うことでプラスの意味に転化させる、自分たちに引き寄せてその言葉自体を「取り戻す reclaim」、意図的なものでした。「ああ、オレ／アタシはクイアだ」と彼ら彼女らは言ったものです。「それがどうした？」と。

彼らは「クイア・ナイツ・アウト Queer Nights Out」（クイアな夜が出現する）と呼んだ行動で活動を開始しました。マンハッタン南端にあったヘテロセクシュアルたちの人気バーに出向いて、一斉にキス（kiss-in）をして見せたのです。呆気にとられる異性愛客に向かってそこで「We're here! We're queer! Get used to it!（オレたちゃここにいる！ アタシらはクイアだ！ いい加減にその事実に慣れろ！）」と連呼する——「目に見えること visibility」を通し

て、クイアな夜を出現させることを通して、あるいは異性愛者たちにとっては普通の行為をゲイ男性があえてやって見せることでパロディにして、異性愛者たちに自分自身の同性愛嫌悪（homophobia）と向き合わせるという手法でした。ほかにも教会前で同性カップルの結婚式のパフォーマンスをして見せたり、郊外のショッピングモールでセーフセックスのチラシを配ったり、LGBTコミュニティを悪魔のように言う政治家たちと直接対決をしたりもしました。

クイア・ネイションの支部はすぐに全米50都市に拡大しました。英国でも同じ年に同様のグループが「アウトレイジ！ OutRage!」という名前でできました。1992年には、今度は「レズビアン・アヴェンジャーズ Lesbian Avengers」（レズビアンの復讐者たち）という、女性問題と同性愛嫌悪に特化したグループが組織されました。

「新・南北戦争」

アメリカの大統領選挙（4で割り切れる年の11月第1月曜の翌日火曜が投票日）までの1年間にはよくあることなのですが、有権者を分断するような問題が社会をにぎわせます。立候補する政治家（大統領選挙と一緒にいろいろな議会選挙なども行われます）は対立候補との違いを示すために、しばしばこれらの問題を利用して票にしようとします。1992年の選挙では「家族の価値 family values」というのが国を二分する争点の1つでした。

「家族の価値」という言葉は保守派が用いる言葉です。その多くは共和党支持者たちですが、彼らはLGBTの公民権運動がどんどん可視化してくること（そしてそれが成功していること）に危機感を抱き、このままでは伝統的な家族の素晴らしさが破壊されてしまうとして、それに対抗する「家族の価値」を持ち出してきたのです。ゲイ・ライツに反対する闘いを、彼らは「新・南北戦争 The New Civil War」とまで表現したのでした。

たとえ共和党の政治家でも、少しでも穏健派であれば安全ではありませんでした。そのときの大統領はジョージ・H・W・ブッシュでした。レーガンの跡を継いだ現職大統領ですから、次

の選挙でも当然共和党からの大統領候補になることは誰も疑っていませんでした。けれど共和党内にはブッシュへの不満が溜まっていました。彼が税金を上げたことも、「小さな政府」を目指す党内右派の怒りを買っていました。さらに彼らにとって、ゲイ・ライツへの反対など、文化的問題でのブッシュの態度が十分に明確ではなかったのです。そんなとき、保守派コラムニストのパット・ブキャナンが、現職大統領を差し置いて自分が共和党の大統領候補になろうと立候補を表明したのでした。

アメリカは二大政党制なので、大統領選挙はまずその二大政党（共和党と民主党）がそれぞれに何カ月もかけて統一候補を選ぶところから始まります。その予備選挙を経てやっと、選ばれた「共和党の候補」対「民主党の候補」の、全米の有権者が投票する本選挙が行われるわけです。

ブキャナンは予備選挙の過程でブッシュに敗れたのですが、十分な支持票を得たので8月の共和党全国大会（正式に候補決定を宣言する年次総会）のオープニングナイトに、自分に開幕スピーチをさせろと要求しました。「我々の国ではいま、アメリカの魂のための宗教的な戦争が進行している」と彼は開幕式でぶち上げました。「これは文化的な戦争だ。我々がいつの日かそうなりたいと願う国家にとって、これはあの冷戦そのものと同じくらい死活問題なのだ」。会場にいっぱいの全米からの代議員たちは一斉に囃(はや)し立てプラカードを振り回しました。そこには「Family Rights Forever, Gay Rights Never（家族の権利は永久に存在し、ゲイの権利は絶対に存在させない）」と書いてありました。その同じ夜、その大会会場の外では騎馬警官たちが、エイズ活動家たちやクイア・ネイションからの抗議者たちに突撃していたのです。たぶんブキャナンは正しかったのでしょう——それは一種、確かに内戦状態のようでしたから。

副大統領のダン・クエイルも演台に立ちました。「アメリカ人は自分の子どもたちを正しいことと間違ったこととがわかるように育てようと努めている。なのにそれが、いわゆる『ライフスタイル』と称するすべてのことは道徳的に等しいと教えられることになる。それは間違っている」

現職大統領のブッシュは大会最終夜のスピーチでそのメッセージを和らげようとしましたが、選挙戦では「家族の価値」をテーマにすることに同意していました。このフレーズはつまり、共和党の政治姿勢に同意しない者たちは「家族」にも「価値観」にも欠ける、ということを含意していました。大会会場の浮かれ具合の外で、しかしこのメッセージは、よく言っても時代遅れの、最悪の場合は冷酷非情な多くのアメリカ人の心を打ったのでした。

大統領選挙でブッシュに対抗する民主党側の統一候補はビル・クリントンでした。彼もまたLGBTコミュニティにとっては完璧な候補者というわけではありませんでした。アーカンソー州知事として、クリントンがゲイ・ライツについて積極的に発言したことは皆無でしたし、そもそもLGBTグループとは会おうともしなかったのです。しかし選挙戦において、彼はゲイやレズビアンをオープンにしている者を軍務に就かせないという禁止規則を撤廃すること、さらにエイズ・リサーチにもっと資金を割くことを公約にしました。

選挙の1カ月前、これまでのすべてのNAMESキルトがワシントン記念塔を取り囲んで、ナショナル・モールに広げられました。それは、LGBTコミュニティの支援者を選出することがいかに重要なことかを、多くの者たちに思い出させる行動でした。

1992年11月3日、大統領に当選したのはビル・クリントンのほうでした。ゲイとレズビアンの4人に3人までが彼に投票しました。けれど、そんな彼らのお祝い気分もすぐに終わります——同じ日、コロラド州の有権者たちが、LGBTコミュニティに次の難題を与えたのでした。

修正2号

1992年、「家族の価値のためのコロラド Colorado for Family Values」（CFV）と称するコロラド州の保守派団体が、ゲイの権利に関する住民投票を働きかけます。「修正2号 Amendment 2」として知られるこの住民投票

は、州内の既存のゲイ・ライツ法や条例を無効にするものでした。その時点でそのような条例を持っているのはデンヴァー、ボールダー、アスペンの3都市しかありませんでした。ところがこの修正2号は、州内のいかなる地方自治体においても、将来のゲイ・ライツ条例の成立発効を禁止するものでした。

CFVの主張は、ゲイやレズビアンを差別から守る法律は、どういうわけか、彼らに「特別な権利」を与えることになる、というものでした。現実には、例えばデンヴァーの有権者たちがほんの2年前に承認したゲイ・ライツ法は、誰にも「特権」を与えたわけではありません。単に、ゲイやレズビアンだからといってその人を解雇はできない、あるいは住んでいるアパートを追い出すことはできない、あるいはレストランでの就業を拒むことはできない、というものです。それはちょうど当時、車のバンパー用の人気スティッカーが言っていたように「Equal Rights Are Not Special Rights（平等な権利は特別な権利じゃない）」でした。

にもかかわらず投開票日の夜、コロラドの有権者たちの審判はこの「修正2号」を53％対47％で承認するというものだったのです。すぐに非難運動が起きました。同州は風光明媚な避暑地として全米規模の会議などが数多く開かれてきました。それが、俳優ウーピー・ゴールドバーグや歌手のマドンナらゲイ・フレンドリーな有名人も加わって大ボイコット運動に広がったのです。イヴェントは次々にキャンセルされ観光客やスキー客も激減し、同州は巨額の経済損失を被りました。いやそれ以上の打撃は、コロラドは「ヘイト・ステート Hate State」（憎しみの州）だ、という致命的な烙印が押されたことでした。

住民投票で可決されてから法律として発効するまでの間に、法廷闘争も始まりました。州知事スタッフの1人リチャード・エヴァンスや、テニス界のスーパースター、マルチナ・ナブラチロワたちが発効の差し止めを求めて州を訴えます。下級審での裁判を経て連邦最高裁にまで行った裁判は、1996年5月20日、6対3でこの「修正2号」を合衆国憲法違反だと宣言しました。こ

れはLGBTコミュニティを永久に政治的プロセスから排除する法であり、すべてのアメリカ国民に平等な保護を保障する憲法修正第14条に違反している、というのが理由でした――「修正2号」は、「修正2号」自体を撤廃する新法の制定をすら阻んでいたからです。

この裁判は「ローマー対エヴァンス Romer v. Evans」と呼ばれます。判決はまた、LGBTへの「特別な権利」云々の議論にも終止符を打ちます。投票キャンペーンではそういう主張も口にできますが、法廷でそれを維持することは困難なのです。「修正2号が（LGBTコミュニティに）与え惜しむ法的保護に、我々はなんら特別なものを見いださない。これらの保護は、ほとんどの人々にとっては、すでに保有しているものか、あるいは必要もないものであるが故に、当たり前の権利である」と判決の多数意見は述べています。「（修正2号は）人間をただ1つの形質でひとくくりにし、それを基に彼らの保護を全般にわたって否定している」が故に、明らかに違憲でした。

この判決が言い渡されるころには、多くのコロラド州民は、この間のすべての恥ずかしい出来事が早く終わってくれるよう心待ちするようになっていたのでした。

聞かない、言わない

大統領就任の宣誓をして間もなく、ビル・クリントンは、オープンなゲイやレズビアンの米軍勤務を禁止している現状を、大統領令ですぐ

にでも解除するつもりだと発表しました。彼は「（大統領令署名の）ペンをさっと走らせることで with the stroke of a pen」簡単に解禁できると思ったのです。LGBT コミュニティの多くの者たちもそれを信じました。彼らはしかし、ワシントンが実際にどういうふうに動くか（あるいはどう動かないか）を計算に入れていませんでした。

直後、議会共和党の大半から、民主党のかなりの議員からも、さらに軍上層部からも当然、大変な反対の渦が巻き起こりました。海兵隊の総司令官は「『自分はゲイだ』と言うことは『自分はKKKだ、ナチだ、レイピストだ』と言うのと同じこと」とも発言しました。あまりの反発の多さに、クリントンはすぐに自分の決定を6カ月間遅らせると前言を翻したのです。

1993年4月25日、80万人のLGBTとアライたちが「レズビアンとゲイとバイの平等の権利と解放を求めるワシントン大行進 the March on Washington for Lesbian, Gay, and Bi Equal Rights & Liberation」のために首都に結集しました。このマーチは何年も前から計画されていたものなので、特にその時の「軍におけるゲイ問題 gays-in-the-military issue」に対応したものではありませんでした。しかし当然この問題は舞台の中央に上がります。

クリントン大統領は大行進10日前の4月16日、大統領執務室（the Oval Office）でLGBTコミュニティのリーダーたちと会っていました。けれど大行進当日には首都を離れたのです。パレードはLGBTの退役軍人たちに先導され、正午から始まって7時間も続きました。ワシントンDCでこれまでに行われた、史上最大の記録的抗議活動でした。

しかし、この大行進も、上院議員サム・ナン、同じくジョン・ワーナー、そして米軍人トップである統合参謀本部議長の将軍コリン・パウエルの3人が行った「実情調査ツアー fact-finding tour」以上の影響はありませんでした。

やってみよう ACTIVITY ボイコット

何世紀にもわたって市民たちは、変化を強いるためにボイコットという手段を使ってきました。アメリカに入植した人たちは、不公平な税金に抗議して英国からの紅茶輸入をボイコットしました。この運動は1773年12月16日の「ボストン茶会事件 the Boston Tea Party」につながりました。1955〜56年の「モンゴメリー・バス・ボイコット事件 Montgomery Bus Boycott」は、市営バスの黒人座席を廃止させました。そして1960年代から1980年代まで続いた南アフリカ共和国へのボイコットは、個人や団体・法人ばかりか諸外国政府も参加してアパルトヘイト（人種隔離政策）に終止符を打ったのです。

みなさんは知らないかもしれませんが、あなたの周りの大人たちはきっと、これまでにどこかで何かのボイコットに関わったことがあるかもしれません。あるいはいまも何かをボイコットしているかも──。聞いてみましょう！ 何人かの大人にインタビューして次のような質問をしてみましょう。

1. これまでに何かの商品を買わないと決めて、ボイコットしたことがありますか？ あるとしたらその理由は何でしたか？

2. 商店やレストランで、あなたが買わない、そこでは食べないと決めたところはありますか？ それは自分一人でのボイコットですか、それとも多くの人に呼びかけられたボイコット運動でしたか？

3. みんなで一緒に行う組織的ボイコット運動に参加したことがありますか？ 例えば抗議の手紙を書いて送るとか、抗議デモに参加するとかしたことがありますか？

4. そのボイコットはどうなりましたか？ 相手は変わりましたか？

もし大人たちのボイコットが組織的な運動の一部だとしたら、オンラインでそのボイコット運動のことをリサーチしてみましょう。ボイコット運動はうまくいったのでしょうか？ それとも失敗？ あるいはいまもそのボイコットは続いているのでしょうか？

3人は1993年5月、「米海軍潜水艦バトン・ルージュ USS Baton Rouge submarine」の水兵たちに、「ゲイであることをオープンにしている男女は軍務に就けない」とする禁止規定の変更についてどう考えるか、聞き取りを行いました。

保守派の共和党指導者バリー・ゴールドウォーターの口からこの禁止規定への批判が出たときには、多くの人たちが驚きました。彼はこう言ったのです。「自分の国のために戦って死のうという者が"ストレート（異性愛者）"である必要はない。必要なのは"ストレート（真っ直ぐ）"に銃が撃てるかどうかということだけだ」。けれどその意見はあまりにもか弱く、あまりにも遅かった。ホワイトハウスへの電話は10対1で解禁反対の声が圧倒していました。ナン、パウエル、そして国防長官レス・アスピンは、いわゆる「ドント・アスク、ドント・テル Don't Ask, Don't Tell」という妥協策を探り始めます。米軍従事者にその人の性的指向を質問してはならない（Don't Ask）、しかも米軍従事者は自らの性的指向を話してもいけない（Don't Tell）、という「聞くな、言うな」原則です。それでもなお、ゲイやレズビアンだとわかった場合は、軍から追放されてしまう点は変わっていませんでした。

この新方針はほとんど誰をも喜ばせませんでした。特にLGBTコミュニティにとっては、これは自分について嘘をつくことを、あるいは少なくとも本当のことを言わないことを奨励されているのと同じでした。おまけにクリントン大統領には、自分が事態をもっと悪くしたかもしれないという自覚もなかったようでした。「大統領がタフな問題に、タフな立場を取って、民主主義の中で何かを成し遂げようと取り組むとき、100％の賛成は得られないかもしれない。私が85％を得ようとしたのは間違っていたのか？」とクリントンは言っていました。

たぶん彼は間違っていました。この問題で決着を見るために連邦議会は、新方針を軍が従うべきガイドラインとするのではなく、法律として成立させてしまいました。つまり将来の大統領がこれを大統領令で撤廃することはできず、変えるため

「レズビアン、ゲイ、バイの平等権と解放のためのワシントン大行進」で先導役を務めるLGBTの退役軍人たち（1993年4月25日撮影）。
Photo by author

には下院と上院の採決が必要になったのです。言い方を換えれば、「ドント・アスク、ドント・テル」はその後何年も何年も続くということでした。

興味深いことに、米軍はしばしば同盟軍と協力し合って作戦を進めていました。例えばNATO（北大西洋条約機構）加盟のヨーロッパ諸国の軍隊と。そしてヨーロッパの軍隊のほとんどは、すでにゲイやレズビアンの兵士たちの存在を認めていました。つまり米軍兵士は、自国では許されていないオープンなゲイやレズビアンの兵士たちと、他国では行動を共にしていたわけです。

国際的な広がり

LGBTの公民権は1970年代のアメリカで大変な進展を見たにも関わらず、1980年代はエイズ危機と保守台頭によって後退を余儀なくされました。ところがそんなアメリカを尻目に、他国では着々とLGBTの人権の拡大が進められていました。

1989年、デンマークが世界で初めて同性のユニオン（結びつき）を合法化しました。もっとも、宗教グループの反対があって「結婚 marriage」ではなく「登録パートナーシップ registered partnership」と呼んだのですが（この登録パート

ナーシップ制度はノルウェイが1993年に、スウェーデンも1995年に取り入れました）。1989年10月、デンマークのゲイ・ライツの先駆者アクセルとエイジル・アクスジルは早速、世界で初めての合法的な同性カップルとなりました。2人はそれまでの32年間を共に暮らしていました。アクセルは75歳、エイジルは67歳、すでに同じ苗字を名乗っていました。

1994年、数十年に及んだアパルトヘイトの圧制から自由になったばかりの南アフリカ共和国は、世界で初めて憲法でゲイとレズビアンの平等保護を謳った国になりました。その立役者が「ウィトウォータースランドのゲイ・レズビアン機構 the Gay and Lesbian Organization of Witwatersrand」（GLOW）の代表サイモン・ンコリでした。ンコリは1984年、アパルトヘイト廃止闘争に合流して逮捕され、ほか21人の被告とともに死刑に直面します。反アパルトヘイトの国際的な圧力が強まる中、彼は獄中でゲイであることもカムアウトし、最終的に反逆罪も無罪となって1988年に釈放されました。そして同年、GLOWを設立したのです。1990年には南アで最初のプライド・パレードも組織しました。1994年、彼は反アパルトヘイト政治団体「アフリカ民族会議 the African National Congress」のパトリック・レコタら他組織のリーダーたちとともに南ア大統領ネルソン・マンデラと面会しました。

レコタは疑問を呈しました。「どうやって我々は、アパルトヘイトを終わらせる神輿に肩を貸してくれたサイモンのような男女に対し、次に、あなた方はまた別の差別を受けるべきなのだと、どんな顔をして言えるのだろうか？」と。そんなことはできなかったのです。

数年後、ノーベル平和賞受賞者、南アの大司教デズモンド・ツツはこう予言しました。「私には何の疑いもない。さまざまな愛の形や人間同士の関わり方を犯罪としている諸法は、将来、いまの我々にアパルトヘイトの諸法がどう見えているかと同じように見えていることだろう──つまり、実に明らかに間違っているものとして」

英国イングランドで、アンチ・ゲイの反動（backlash）に火をつけたものの1つが、スザンヌ・ブッシュの子ども用絵本（絵本と言っても、絵の代わりに白黒写真が使われた本です）『Jenny Lives with Eric and Martin（ジェニーはエリックとマーティンと暮らしている）』でした。もともとは1981年にデンマークで刊行された本ですが、1983年に英訳版も出版されました。同性愛に関して英語で出版された、おそらく最初の子ども向けの本です。これがロンドンのいくつかの学校図書館で税金を使って購入されたことで、納税者の中に怒りの声を上げる者がいたのです。もちろん、納税者にはLGBTの人たちだってたくさんいます。怒った人たちには、彼ら彼女らは地域の図書館で自分たちの生活を反映した本を読む権利はないのか、という視点が欠けているのですが。

同じような論争が1992年にニューヨーク市でも持ち上がりました。その年に市立学校が取り入れたのが多文化カリキュラムで、その教育計画は「虹の子どもたち Children of the Rainbow」という名前で呼ばれました。「虹 Rainbow」という単語から「ゲイ」を連想する人はいますが、実際には443ページに及ぶ教育計画書で、LGBT問題に関連していた文はたった2つしかありませんでした。1つは「今日の社会における"家族"の概念の変化に気づくこと」という記述、もう1つは「教育者にはレズビアン／ゲイ・コミュニティへの受容と寛容とを増大させ、彼ら彼女らに向かう唖然とするほどのヘイトクライム（憎悪犯罪）の件数を減らす手助けができる潜在力がある」でした。

それと、3冊の子ども向けLGBT本がリストに挙げられていました ──『Heather Has Two Mommies（ヘザーにはママが2人いる）』『Daddy's Roommate（パパのルームメイト）』、そして『Gloria Goes to Gay Pride（グロリア、ゲイ・プライドに行く）』── 多文化教育の参考図書目録で、数百冊のリストの中で3冊。それだけ！

にもかかわらず、ニューヨーク市の地域教育

委員会であるクイーンズ区第24学区教委が、このカリキュラムの承認を拒否しました。「我々は、倒錯した性の実践に関わる同性2人のことを"家族"とは認めない」と、同教委委員長メアリー・カミンズは発言しました。彼女はまた、ニューヨーク市教育局長ジョセフ・フェルナンデスを「ヒトラーやスターリン並みの大嘘つきだ」として非難したのです。いやはや彼女、マジですか？

『ヘザーにはママが2人いる』が一番の怒りの元だったようです。登場人物がレズビアンだというだけでなく、これが離婚についても話し合っている本だったからです……とはいえ、離婚は子どもたちが直面するとても日常的な問題なのですが。書いたのはレズレア・ニューマン。彼女のレズビアンの友だちが、「私たちには、娘に自分たちのような家族のことを話して聞かせられるような本がないの。誰かが書いてくれなきゃ」と不満を漏らしたことで、この絵本を書いたのだと言います。

カリキュラムの承認がなされなかったことで、教育局長フェルナンデスは第24学区教育委員会の全員を解任しました。ところが市全体の教育委員会はその解任を取り消し、（最終的に）その代わりにフェルナンデスを解任したのでした。

90年代のエイズ

もちろんエイズ・ウイルスは相変わらず破壊的な侵攻を続けていました。1989年の夏までにエイズ発症数はアメリカだけで10万人を超

LGBT Hero
LGBTヒーロー

サー・イアン・マケーレン（1939〜）
Sir Ian McKellen

映画『ロード・オブ・ザ・リング The Lord of the Rings』シリーズのガンドルフ（Gandalf the Grey）役で何百万人もの映画ファンに知られている俳優イアン・マケーレン（日本では「マッケラン」「マッケレン」とも書かれますが、本来の発音は「ケー」にアクセントがあります）は、英国政府の悪名高き「セクション28 Section 28 of the Local Government Act」（地方自治体法第28項）に抗議して、1988年にカムアウトしました。この法律は、学校の教師や自治体の職員が「同性愛を助長する、あるいは……公立学校において、偽りの家族関係である同性愛を受け入れるように教えること」を違法とするものです。

英国保守党の首相マーガレット・サッチャーの政権がこの新法案を発表するや、ロンドンではLGBTによるかつてない規模の抗議に火がつきます。貴族院でのセクション28の審議の最中には、レズビアンのグループが傍聴席バルコニーの手すりから縄梯子を下ろし、議場になだれ込んで議論を妨害しもしました。抗議の人たちはまた、BBCの夕方のニュース番組『6時のニュース Six O'Clock News』の生中継に乱入し、テレビ視聴者に直接訴えかけもしたのです。法案はそれでもとにかく可決されました（その後、2003年までセクション28は撤回されませんでした）。

マケーレンはイングランドで1989年にできた主要ゲイ・ライツ組織「ストーンウォール Stonewall」の共同設立者でした。「私がゲイ・アクティヴィストたちに混じってなんらかのリーダーになりたがっていたというのは誤解でね」とマケーレンはのちになって語っています。「そうじゃなくて実際には、歩兵だったほうがどれだけ嬉しかったか」。しかし望むと望まざるとにかかわらず、マケーレンは英国LGBTコミュニティのリーダーになりました。そのせいで彼が1991年に、オープンリー・ゲイ男性として初めてナイト（騎士）の爵位を授与されたとき、反対の声も上がったほどでした。

© Mary McCartney

え、その中の 59,000 人がすでに亡くなっていました。

　それでも変わってきたものがあります。1989年にカナダ・モントリオールで開かれた「第5回エイズ会議 the Fifth Annual AIDS Conference」の閉会式では HIV 陽性者の活動家が初めて壇上に招かれてスピーチを行い、スタンディング・オヴェイション（聴衆総立ちの大喝采）を受けたのです。エイズ危機に対する当事者たちの、果敢で、かつ知識や経験に基づいた真摯なアプローチが、とうとうプロの医学者集団からも尊敬を獲得したのでした。1990年、アンソニー・ファウチ博士は、国立衛生研究所の自分のオフィスに ACT UP のメンバー5人を招き入れ、ついには彼らに「エイズ臨床試験研究班委員会 AIDS Clinical Trials Group Committee」の委員として入ってもらったのでした。新しい実験的治療法にも、喜んで医学研究被験ヴォランティアになる患者がさらに増えました。

　1993年末、ハリウッドが映画『フィラデルフィア Philadelphia』を公開します。トム・ハンクスとデンゼル・ワシントンが主演の、エイズ危機を描いた主流映画会社による最初の映画です。ハンクスはこれで、アカデミー賞主演男優賞を受賞します。その時の受賞スピーチで、彼は寛容を訴えたのでした。

　私の人生でとても大切な2人の男性がもしいなかったならば、私はいまここに立ってはいませんでした……1人はミスター・ローリー・ファーンズワース、彼は私の高校の演劇の先生でした……もう1人は私の同級生で……ミスター・ジョン・ジルカーソン。2人の名前をいま述べたのは、2人が最高に素敵なゲイのアメリカ人だからです。実に幸運にも、私は素晴らしい彼らと知り合うことができました。あんなに若い時に、私は彼ら2人から影響を受ける僥倖（ぎょうこう）に恵まれました。私は、私の子どもたちにも、私が得たのと同じような先生、同じような友人たちに恵まれることを願っています。

　エイズはまた、MTV の『リアル・ワールド The Real World』第3シーズンのテーマの1つにもなりました。リアリティ TV の先駆けとされるこの番組は、視聴者から募った数人の若者が一軒家で共同生活するさまを数カ月にわたってカメラで追うもので、このシーズンの出演者の1人がペドロ・サモラでした。彼はテレビの連続番組にレギュラー出演した史上初の HIV 感染者であり、エイズと闘う活動家でした。多くの視聴者にとって、エイズと共に生きる人間との共同生活を見るのは初めての経験でした。彼はルームメイトの半数からは友情と支援を得るの

やってみよう
A⊖TIVITY　禁止された本を読んでみよう

　毎年9月に、「アメリカ図書館協会 the American Library Association」（ALA）は「禁止図書週間 Banned Books Week」という催しをやって図書館の検閲問題に光を当てています。この催しが始まった1982年以降、ALA はアメリカで行われてきた出版書籍に対する異議抗議の動きをこれまでに 11,000件以上、リストに挙げてきました。この中の多くの本が LGBT をテーマに持つものです。つい最近では『タンタンタンゴはパパふたり And Tango Makes Three』『ウォールフラワー The Perks of Being a Wallflower』『Uncle Bobby's Wedding（ボビーおじさんのウェディング）』が問題となりました。

　自分の住む地域の図書館に、「禁止図書週間」にどんな催しをするかを聞いて、9月にそこに行ってみましょう。多くの図書館では、これまでさまざまな機関から読むのを禁止されたことのある本が陳列されていたり、知的自由に関する講演会が開かれたりします。これまでにアメリカで禁止されたり抗議を受けたりした本のリストは2004年度分から ALA のウェブサイト「www.ala.org/bbooks/frequentlychallengedbooks」で見つけることができます。読んだことのある本はありますか？

【訳注】『タンタンタンゴはパパふたり』はポット出版で、『ウォールフラワー』は集英社文庫で日本語訳が出ています。

ですが、他のメンバーからは差別と偏見を受けます。それでも彼は、エイズに関する正確な知識を出演者だけでなく、視聴者とも丁寧に共有しようと努めました。彼はのちにパートナーのショーン・ササーと婚姻の誓いを立てます。サモラは1994年11月11日にマイアミで亡くなりました。それはそのシーズンの最終回が放送された翌日のことでした。わずか22歳でした。

そして1996年にブレイクスルーが起きるのです！ 3種の抗HIV薬を併用した、いわゆる「エイズ・カクテル療法」が用いられるようになりました。この療法で多くの患者に、ウイルスの破壊的な増殖を抑える効果が現れました。それだけでなく、エイズの最もひどい数々の症状を好転させもしたのです。ベッドで寝たきりだった人たちが上半身を起こし始めました。やがて再び歩き始め、体重も増え始めました。このエイズ・カクテル療法を、イエスが死から蘇らせた男の名にちなんで「ラザロの薬 the Lazarus drug」と呼ぶ者もいました。

もちろんこの3剤併用療法も、エイズの症状を抑え込むだけで、ウイルスを死滅させるような完全治癒に結びつくものではありませんでした。しかしこれで初めてHIV陽性の人たちが、自分の病気に対処することができるようになったのです。それはちょうど糖尿病の人たちがやっていることと似ています。これはとても大きな前進でした。

その2年後の1998年、8月13日号を手に取った《ベイ・エリア・リポーター the Bay Area Reporter》の読者たちの目に大見出しが飛び込んできます。「No Obits（訃報、なし）」。それまでの17年間、サンフランシスコ湾岸地区のこのLGBT新聞は、訃報欄（obituaries）を掲載してきました。エイズで亡くなった人たちの知らせが友人や家族によって同紙に寄せられると、その名前を掲載してきたのです。時に、訃報だけで埋まったページが続くこともありました。ところがこの8月の最初の2週間、同紙編集部は誰からも訃報の届けを受けていませんでした。締め切り時間が迫っています。「まるでノーヒット・ノーランの試合を見ているようだった」とデス

クのマイク・サリナスは言います。「誰も口にしないんだ。まるで口にしたら失敗しちまうみたいに、本当に本当にそれが達成されるとわかるまで話題にもしたくなかった。みんな、息を殺して待っていたんだ」

LGBTコミュニティはあまりにも大きなものを、そしてあまりにも多くの者を失ってきました。それでもしぶとく生き延びて、人々をかつてなかったほどにきつく結びつけました。ヴィト・ルッソもまた、この日が来るのを知っていました。1988年5月、彼はニューヨーク州議会前に集まった抗議の群衆を前にこう話しました。

いつかエイズ危機は終わる……その日が来るときに、その日が来てそれも終わったときに、この地球上に生きている人々は——ゲイの人もストレートの人も、黒人も白人も男も女も——こんな話を耳にすることになるだろう。かつてこの国にはとんでもない病気があった、それは世界中で蔓延した、そこに勇敢な人々の集団が立ち上がって闘った、ある者は命を賭して闘った、それは他の人たちが死なないで済むための闘いだった、他の人たちの自由のための闘いだった、と。

ルッソは、生き延びてその話をすることはできませんでした。人々の映画を見る目を永遠に変えてくれた男、「ゲイ活動家同盟」（GAA）やACT UPの創設に尽力した男は1990年11月、エイズ関連の合併症で死亡しました。

しかし、ほかの者たちは生き延びました。あの1987年10月の「ワシントン大行進」で、おびただしいキルトに「ハスの花」を見ていたサンフランシスコ・カストロ地区の花店主ガイ・クラークは、予期しなかったコミュニティのこの勝利を振り返ってこう言いました。「この悲劇——それは私たちに、どう謙虚になれるかを教えてくれた。どう正直になれるかを教えてくれた。たとえトンネルの最後に何が待ち受けていようとも、どう愛すればよいかを教えてくれた」

ゲイとストレートの同盟

1995年秋、ユタ州ソルトレイクシティのイースト高校（East High School）4年のケリ・ピーターソンは、新しく作る部活動の申請書を届け出ました。部活名は「ゲイ-ストレート同盟 Gay-Straight Alliance」（GSA）。これは「同性愛者（ゲイ）と異性愛者（ストレート）とが一緒になって同性愛差別の解消に取り組む」という趣旨の課外活動で、最近ではもちろんトランスジェンダーやその他の性的少数者問題にも活動範囲を広げています。ピーターソンが申請した部は部活としては小さくて、メンバーは15人だけ。だいたいはLGBT当事者で、友人や家族の誰かがそうだという生徒も何人か入っていました。GSAはすでに全米各地でできていて、マサチューセッツ州では当時すでにすべての高校にGSAがありました。それでもユタ州のこの高校ではゲイの若者グループという考え自体がよろしくないと考える人もいて、彼女の部活申請を拒絶しようとしたのです。ユタ州はモルモン教という独自のキリスト教保守勢力の強い土地柄なのです。

ところで米国議会は、1984年に「平等機会保障法 the Equal Access Act」という法律を成立させています。公立学校がいったん課外部活動（カリキュラムに関係ない放課後のクラブ活動）を認める場合は、どんな部活動でも一律に許可しなくてはならないとする法律です。これは本来は「聖書研究会」などのキリスト教的部活動を認めさせるためにできた法律でした。アメリカには政府と特定の教会との分離原則があって、「聖書研究会」のような部活動はその原則に抵触するとして、公立の学校がそれを禁止するのを防ぐために制定した法律なのです。

部活申請したときにピーターソンはこの法律のことなど知りませんでした。しかしすぐにこれが、自分の部活動にも有効であることを学びました。公聴会に臨んだ彼女は、教育委員会の面々にこの法律がGSAを保護していることを思い起こさせるのでした。

> この部活動の基本は、憎悪と不寛容と無知と恐怖を終わらせることです。このグループは生徒が組織し、生徒が率い、生徒が参加するものです。法律が部活動の権利について述べている部分はとても明確です。ゲイとバイセクシュアルの生徒の権利は、ヘテロセクシュアルの生徒たちが持っているものと同じく、譲ることのできない権利です。これは宗教的問題、道徳的問題ではありません。これは法律の問題です。そしてその法律は実に明快です。従って私は

「ヴィジュアル・エイズ Visual AIDS」という団体が1989年に「アートのない1日 A Day Without Art」というイヴェントを始めました。エイズで失われたすべてのアーティストたちを悼み、思い出すための日として企画したのです。その日、スタッフがエイズのチャリティー・イヴェントにヴォランティアとして協力できるよう、美術館やギャラリーでは休館、休業するところもありました。また自分のところの有名作品やエイズに関連する代表的作品をわざと外して、アート好きの人たちに芸術界におけるエイズの衝撃の大きさを思い出してもらったのです。

1996年、毎年恒例だったそのイヴェントが名前を「A Day With（out）Art」に変えました。「Without〜（〜のない）」から「out」をアウト（外）して、「With〜（〜のある）」と変わった状態です。つまり「アートのない1日が、あるようになった1日」という意味です。休館、休業していた同じその美術館、ギャラリーが、今度はその日（現在は12月1日）を「アートのある1日」として開館、開業し、自らの作品で、あるいは自らの人生で、HIV/AIDSと取り組んだアーティストたちに光を当てた展示を行うのです。

毎年12月1日に「アートのある1日」が開催されています。その日はまた「世界エイズデー World AIDS Day」です。近くにある美術館やギャラリーに電話をして、その日に何か特別な催しをするか尋ねてみましょう。そのイヴェントに興味があれば、行ってみましょうね。

この委員会に、法律を破ることがないよう求めます。私たち生徒はこれまで責任をもって行動してきたと信じています。ですから、私は、あなたたちもそうしてくれることを希望します。

ここにきて教育委員会には2つの選択肢しかありませんでした。このGSAの活動を許可すること（参加するには親の許可が必要だと付帯条件を付けるにしても）、それとも、この高校のすべての課外部活動を例外なく廃止すること。そして委員会はあろうことか、投票で後者を選んだのでした。そのわずか数日後、今度はユタ州議会が、人間のセクシュアリティ、犯罪行為、あるいは偏見を取り扱う組織は、公共施設の使用を禁止するという法律を可決します。

しかしピーターソンはそう簡単には諦めません。彼女は友人たちとともに、イースト高校の授業ボイコットを組織しました。GSAのメンバーだけじゃありません、チェス部からフリスビー部まで46あった部活動のすべてが禁止されて影響を受けた全校生徒がこれに参加しました。この授業ボイコットはソルトレイクシティの他の学校にも波及します。やがて数千人の10代の若者たちが州議会議事堂に向けて抗議のデモ行進を行ったのでした。

これらの抗議活動と同州への悪評に耐えかねて、州議会は法律を撤回します。しかし教育委員会のほうは課外部活動全面禁止を貫きます。とはいえ、なぜか、1997〜98年の学年度に、教育委員会は「アメリカの未来の主婦の会 the Future Homemakers of America」というグループが学校内で活動するのは許可してしまうのです。これが課（カリキュラム）外活動か課内活動かで問題になります。というのも、もしこれが課外活動ならば、例の「平等機会保障法」に則して、他の課外活動も学校内で認めなくてはならなくなるからです。すべての部活を禁止してまでGSAを阻止した教育委員会の決定のこの矛盾を衝いて、GSAは教育委を訴え、勝訴したのです。2000年秋、イースト高校はついに「ゲイ-ストレート同盟」の設立を許可します。この部活動は現在も続いています。

いわゆる「結婚防衛法」というもの

ゲイやレズビアンのカップルはみな1980年代はそうだったのですが、ニニア・ベハーとジェノラ・ダンセルの2人も互いに配偶者として健康保険に加入できませんでしたし、生命保険の相互受取人にもなれませんでした。彼らの故郷であるハワイ州に関していえば、法の下では彼女たちは他人でした。血縁関係もないし結婚もしていない。州がカップルと認めていないのに、保険会社が認めるはずもありません。

でも、ひょっとしたら変えられるかもしれない。1990年12月17日、ベハーとダンセルは、ホノルルにある州保健局の住民記録室（vital records office）に結婚許可証を申請してみました。断られました。同じ日、ほかにも2組の同性カップルが不受理となります。1991年5月、その全員が州を相手取って差別訴訟を起こしました。4カ月後、判事は原告の訴えを却下します。

「ベハー対ルウィン Baehr v. Lewin」として知られるこのケースは、ハワイ州最高裁に上告されました。1993年5月、州最高裁は、原告カップルはこれを性差別事案として裁判を起こす権利があると認めたのです。実はハワイは、1959年にアメリカ合衆国の州になった際、州憲法で特に性に基づく差別（つまりその人が男か女かによって差別すること）を違憲としました。さて、ハワイ州民には誰かと結婚する権利があります。ところがその結婚する権利を、その相手の性別に基づいて（相手が男か女かによって）否定するのは、性差別である、という論理です。「同性カップルの結婚を否定するのは性差別ではない」と証明されない限り、同性間でも結婚はできる。州が同性婚を拒否するならば、それが性差別ではないことを州が証明しなくてはならない――最高裁は審議の差し戻しを命じました。

このニュースは全米の同性婚反対派を震え上がらせました。ハワイ州がゲイとレズビアンの結婚を認めたら――そしてどうもその可能性が高い――他の州でも同じことが起こるので

はないのか？　あるいは同性カップルがハワイ州を訪れてそこで結婚したら、自分の州に帰ってその州政府にも自分たちの結婚を認めよと迫ることができるのではないのか？（ええ、それは異性カップルでは当然なのです。ハワイで結婚しようがラスヴェガスで結婚しようが、その結婚は全米で有効な結婚ですから）

　社会的保守派たちが臨戦態勢に入りました。1996年2月、彼らは「結婚を守るためのキャンペーン Campaign to Protect Marriage」集会をアイオワ州で開きます。アイオワ州というのは実は、州ごとに行われる大統領選の候補者選びを他州に先駆けて実施する、とても象徴的な州なのです。4年ごとのその共和党党員集会前夜にこの反同性婚集会は開かれたのでした。共和党の大統領候補たちは全員が同性婚阻止運動への支持を公約していました。最終的に共和党の大統領候補となる上院議員ボブ・ドールも。同州都の《デモイン・レジスター Des Moines Register》紙のコラムニスト、ドナルド・カウルは、この愚行を見抜いていました。「集会を開くことだけでも十分に酷いのに」とカウルは書いています。「大統領になろうという男たちが1人1人やって来ては、家族主義（pro-family）運動のリーダーを気取る憎悪のデマゴーグたちにおべっかを使うのを見るのはなんとも胸糞の悪いものだった」と。

　ワシントンでは議会が「結婚防衛法 Defense of Marriage Act」という法案の審議を始めます。頭文字を取って「DOMA（ドーマ）」と呼ばれたこの法案は、たとえ合法的に結婚した同性カップルでも、異性間婚姻カップルに連邦政府が与える1,138件の特典——夫婦に認められる合算所得税申告や、相手が死亡した際の社会保障（Social Security）による寡婦（寡夫）手当（survival benefits）の受給、配偶者相続、共同親権、そして言うまでもなく子ども手当、等々——を、得させないというものでした。さらに、憲法に保障された「十分な信頼と信用 full faith and credit」条項を、同性結婚には無効化する（適用しない）としたのです。「十分な信頼と信用」条項というのは、先ほども触れましたが、

「各々の州は、他のすべての州の一般法律、記録および司法手続に対して、十分な信頼と信用を与えなければならない」としたもので、つまり他の州で決めたもの（例えば結婚）はどこの州でも尊重するとする、連邦国家としての一体性を保障した条項です。それが無化されるということは、同性婚はある州で認知されても他の州では無視してよろしいということでした。

　審議はさっさと進められました。しばしば敵意に満ちて進められました。そんな中にも明るい材料がなかったわけではありません。民主党の下院議員ナンシー・ペロシは、デル・マーティンとフィリス・リオンの2人の大きな写真を引っ張り出してきました。1955年に設立された、あの伝説のレズビアン・グループ「ビリティスの娘たち」の創設メンバー——彼女たちはペロシの選挙区のサンフランシスコに住んでいました。「彼女たちの互いへの献身、互いへの愛、そして幸福は、彼女たちを知るすべての人たちの強さの源です」と、下院に参集した同僚議員たちにペロシは訴えました。「彼女たちの関係は、誰の結婚をも脅かすものじゃない」と。

　DOMAは、下院では1996年7月12日、342票対67票の大差で可決されました。続いて上院では9月10日、票差率はさらに拡大して85票対14票で可決されました。いずれも大統領の拒否権も無効になる大差でした。LGBTコミュニティの多くの人はこれを、あと2カ月足らずに迫るこの年の大統領選挙で、2期目を狙うクリントンを窮地に陥れようという画策として見ていました。同時に、大統領とそのLGBTの支持者たちとの間にくさびを打ち込もうとするものだとも。その両方に、DOMA推進派は成功したのでした。

　クリントンは9月21日の土曜日未明という、誰からも注目されない時間帯に、こっそりとこの法案に署名して成立させました。けれど宗教的保守層の多い南部州で流したキリスト教ラジオ局の選挙コマーシャルや選挙チラシでは、この法案成立を自らの手柄として自慢したのです。ゲイやレズビアンの有権者は烈火のごとく怒りました。

その間も、州レヴェルで同じ動きが進んでいました。各州議会もまた、DOMAの州法版を成立させていったのです。1996年末までに、同性婚を禁止する州は計16州に増えていました。

ところで州最高裁から審議の差し戻しを命じられたハワイの裁判はどうなったのか？ こちらは裁判開始が決まってからすでに3年がたっていました。DOMAは成立し、クリントンは再選されていました。判事ケヴィン・チャンは1996年12月3日、やっと判決を下しました。同性カップルはハワイ州で結婚できる、と。ただし彼はその決定を一時保留にします。州最高裁がもう1件別の上告を抱えていたからです。

高裁判断を待ちつつも、ハワイの州議会はゲイやレズビアンのカップルにもなんらかの法的保護を与えるために「1997年相互受益者法 Reciprocal Beneficiaries Law in 1997」を成立させました —— 病院での面会権、財産の共同所有権、等々です。アメリカでこうした法的保護が保障されたのは初めてのことでした。

その1年後、ハワイは住民投票で州憲法による同性婚の禁止を賛成69％、反対29％で決定しました。州最高裁が例のベハー対ルウィン裁判の最終判断を下したのは1999年12月のことでした。「訴えの利益なし moot」 —— つまり「もう議論しても意味がない」。州の裁判所が10年もモタモタ足を取られている間に、州の有権者たちがその問題を“解決”してしまっていたのです。

そのときは、LGBTコミュニティにとってこんなに酷いことはないように思われました。しかし同性婚論議の暗い雲の裏に隠れていたのは、理解と受容の増大という銀色の希望の光でした。多くのアメリカ人にとってこれは、ゲイやレズビアンのカップルもまた結婚の権利を求めているのだと知った初めての機会だったのです。1988年の時点では、同性婚を支持するアメリカ人はわずか13％しかいませんでした。それが、DOMAが成立した年、1996年には27％に増えていました。人々の態度が変わり始めていたのです。

さらなる朗報は、LGBTコミュニティの中に結婚を求める闘いを支持する人たちが増えていたことでした。「ラムダ・リーガル Lambda Legal」という、LGBTの完全平等の達成を目的とした、アメリカで最初の法律組織があります。ハワイの裁判闘争に加わった弁護士の1人エヴァン・ウォルフソンが、その「ラムダ・リーガル」の中に「結婚プロジェクト Marriage Project」なる部門を立ち上げたのもこのときでした。

あっちでもこっちでもカミングアウト

1990年代は、LGBTの団体・組織が爆発的に誕生してきた時代です。それだけ多くの人々がカミングアウトに居心地の良さを感じてきたということでした。わずか数年の違いで、90年代の新しいLGBT団体はかつてない多様性を帯びるようになります。人種的・民族的多様性、障害者、宗教関係、スポーツ・チーム、同好の趣味クラブやら何やらと。

それと、少しずつですが全米ネットワークのテレビ番組でもゲイやレズビアンの登場人物が見られるようになってきました。1970年代や80年代には登場するとしても大体はステレオタイプな描かれ方でしたが、視聴者たちが実際にどんどんLGBTの友人や家族に接するようになると、ドラマ仕立ての登場人物たちといえどもまた、よりリアリスティックな存在でなくてはならなくなりました。そんな彼ら彼女らは仕事を持ち、パートナーを持ち、ちゃんと生きていて、もう単にジョークで嘲り笑われるだけの対象ではなくなりました。

1992年に、『ワン・ライフ・トゥ・リヴ One Life to Live』（人生は一度）という昼ドラ（soap opera）の長寿番組に、新たなキャラクターが登場してきました。ゲイのティーン「ビリー・ダグラス Billy Douglas」という役どころを、ライアン・フィリピー（日本では「フィリップ」と誤記されますが、実際は「フィリピー」と、最後の「ピー」にアクセントを付けて呼ばれます）が演じました。17歳の新人俳優がゲイの役をやるというのは、その後のキャリアに傷がつくと警告した人もいたそうです。けれどフィリピー

1997年4月30日の放送日には、アメリカ人の5人に1人がチャンネルを合わせて「エレン・モーガン」（左）がカムアウトするのを見つめた。
ABC/Photofest, © ABC

は喜んでその役を引き受けました。「テレビで最初のゲイのティーンエイジャー役をやれるなんて、自分はすごくラッキーだと思った——それも昼間ってだけじゃなくテレビでだ。それだけ。何より驚いたのは……反響がすごかったこと。ファンレターが山ほど届いて、母と一緒にいつもそれを読んでた」とフィリピーは当時を語ります。「テレビや映画が一度もきちんと自分たちのことを描いくれてないと思っていた少年たちが、このドラマを見てものすごく勇気づけられたって書いて送ってきてたんだ」

さらにはLGBTテレビ史上、最大の出来事が次に控えていました。1997年、自分と同名の『エレン Ellen』という主人公名をタイトルにした人気コメディドラマで、主役のエレン・デジェネレス本人がクローゼットからカムアウトしたのです。そのときの《タイム》誌の表紙は、微笑む彼女の顔の上に大見出しで「Yep, I'm Gay.（ええ、私はゲイ）」と打たれていました。ところがこの宣言は、劇中の彼女の役どころである「エレン・モーガン」のカミングアウトほど大変な騒ぎにはなりませんでした。ドラマもまた、「エレン」がレズビアンだと打ち明けるストーリーになると事前にアナウンスされていたのです。

まずはそのシーンの撮影をしなくてはなりません。そこに大量のヘイト・メールが届き始めます。実際の撮影当日にはスタジオに爆弾予告まで舞い込みます。スポンサーの自動車メイカー「クライスラー Chrysler」は、この回だけは広告を放送しないと発表します。そしてファストフードの「ウェンディーズ Wendy's」はこの番組スポンサー自体をすっかり降りると決めます。放送のABCと提携するアラバマ州バーミンガムのネットワーク局は、番組自体の放送を拒絶しました。

デジェネレスは怯みませんでした。1997年4月30日、全米で推計4,200万人がチャンネルを合わせてそのエピソードを視聴しました。ABCは毎回、放送に当たって警告を出すようになりました。「注意：この番組には成人向けコンテンツが含まれています」。「成人向けコンテン

ツ？」とデジェネレスは息巻きました。「テレビで他の番組を見てごらんなさい。みんないろんな人と寝て、しかも結婚なんかしてない。でも子どもがそれを見るのはオッケー。人が殺し合ったりもしてるけど、そんなのは私の番組には一切ない。見せてるのは2人の女性が手をつないだり『アイ・ラヴ・ユー』って言ってるだけよ」

次のシーズンは視聴率が振るわず『エレン』は打ち切りになります。それでもデジェネレスは自分のやったことを誇りに思っています。「お金が全部なくなっても、キャリアを失っても、全然構わなかった」と彼女は言います。「それが、私がやらなくちゃならないことだったから」

結果的に、彼女はそのどちらも失ったりしませんでした。デジェネレスは活躍を続け、映画『ファインディング・ニモ Finding Nemo』（2003年）ではヒロイン「ドリー Dory」の声を担当しました（続編『ファインディング・ドリー』でももちろんその主人公の声優です）。2003年には昼のトーク番組『エレン・デジェネレス・ショー』を始め、番組は現在も大人気です。2012年、彼女はアメリカ・コメディ界最高の栄誉「マーク・トウェイン賞」を受賞しました。

全米ニュースになった憎悪犯罪

1998年10月7日、夕方の5時を回ったころ、アーロン・クライフェルズはワイオミング州ララミーの町外れ、スノウィー・マウン

テンヴュー・ロード（Snowy Mountain View Road）を自転車で走っていました。そのとき、農場の柵に案山子のようなものが縛り付けられているのに気づきました。近寄ってみると、それは意識を失っている若者の体でした。その顔は血だらけで、クライフェルズは「なんてこった、この子は磔にされてる」と思ったそうです。

救急車が駆けつけ、この被害者を病院に搬送しました。マシュー・シェパードという名前であることがわかりました。警察はすぐに2人の容疑者の身柄を確保しました。シェパードはその日の未明に2人の見知らぬ男たちと、地元のファイアサイド・バー（Fireside Bar）を出ていました。2人はアーロン・マキーニーとラッセル・ヘンダーソンであることもわかりました。2人は、シェパードを車で家に送ってやる代わりに彼を殴りつけ、金品を奪ったのでした。そして農場の柵に縛り付けて放置したのです。血の乾いた彼の頬には、涙の跡だけが白かったといいます。

この事件は全米ニュースになり、数限りない激励と見舞いの手紙がシェパードの元に届きます。しかし5日後、そのかいもなく、シェパードは両親に見守られながら、コロラド病院の集中治療室で息を引き取りました。21歳でした。マシューの母親ジュディ・シェパードは声明の中でこう言いました。「家に帰って、あなたの子どもたちをハグしてあげてください。そして、愛していると言わないままに1日を終わらせることがないようにしてほしいのです」

同州キャスパーでシェパードの追悼会が行われるころには、この憎悪犯罪のニュースはさらに大きく報道されていました。ゲイを目の敵にする「ウエストボロ・バプティスト教会 Westboro Baptist Church」の牧師フレッド・フェルプスが、シェパードの死を祝うためにそこにやって来ました。フェルプスとその信奉者たちは、何年にもわたってLGBTコミュニティを愚弄してきました。ただし、ほとんどのアメリカ人には、彼らがどんなことをしているのかを見るのは、このときが初めてだったのです。「セントマークス・エピスコパル教会 St. Mark's Episcopal Church」の周りに集まった数百人の追悼の人々が口々に『アメージング・グレース Amazing Grace』を歌ったのは、そんな彼ら12人の抗議者の口汚い罵りの言葉をかき消すためでした。もっとも、彼らの手に掲げられたプラカードの文字は歌では隠せませんでした。そこには「Matt in Hell（マシューは地獄にいる）」「AIDS Cures Fags（エイズがオカマを治す）」そして「No Special Laws for Fags（オカマに特別な法は無用）」と大書されていました。

ヘンダーソンとマキーニーの裁判が翌春に始まりました。フェルプスたちが再びやって来ました。ただしそのとき、シェパードの友人のレズビアン、ロメイン・パターソンにはアイディアがありました。友だちと一緒に、彼女は白く長く大きな袖を持つ「平和の天使 Angels of Peace」の衣装を用意したのでした。両手に長い棒を持ってそれを高く掲げると、袖は翼のように広がるのです。「フェルプスたちがテレビに映らないようにしたかった」とパターソンは言います。「それと、マシューのお父さんとお母さんに、あの連中の姿を見せたくなかったから」。友人たちが肩を寄せ合いフェルプスたちを取り囲めば、その醜い罵りのプラカードもろとも彼らをその天使の翼が覆い隠すという仕掛けでした。

「私たちが着くだいたい10分前にフェルプスが（裁判所前に）来ていて……彼は叫んでるし、他の連中はみんなプラカードを宙で振っているしで、それで私たち、みんなでそこに行って計画どおり始めたの。翼を広げて取り囲んだら、みんな、唖然となって……フレッド・フェルプスと他のやつらも急に黙っちゃって、一言も喋らなくなった」

裁判が始まる前に、元イーグル・スカウト（Eagle Scout）（技能賞を21個以上受けた最高位のボーイスカウト団員）のラッセル・ヘンダーソンは誘拐、強盗、重罪謀殺罪での有罪を認め、仮釈放なしの2回の終身刑判決を受けました。アーロン・マキーニーのほうはいわゆる「ゲイ・パニック弁明 gay panic defense」が受け入れられることを望んでいました。つまり「（ゲイの）シェパードが自分にタッチしようとして

ワイオミング州ララミーのオルバニー郡裁判所の外で、翼を広げてウエストボロ・バプティスト教会の憎悪を視界から遮る「平和の天使たち」（1999年撮影）。
© Adam Mastoon/Corbis

きたので、それでパニックになって犯行に及んでしまった」という言い訳です。けれど判事はそれを退けました。マキーニーも結局、重罪謀殺で有罪になり、次に量刑の言い渡しで死刑判決の恐れに直面しました。しかし、彼はシェパードの両親に救われました。

「私は、きみが死ぬのを見る以上のことを期待してはいない、ミスター・マキーニー」と、判決言い渡しの公判で、父親のデニス・シェパードは陳述しました。「けれども、いまは癒しの歩みを始める時だ。どんな慈悲をも見せようとしなかった者に、慈悲を見せる時だ。ミスター・マキーニー、これはとても難しいことだが、私はマシューのために、きみが生きることを認める……すでに人生を失った者の思い出の中で、私はきみにその人生を与える。きみが長生きしてくれるように。そしてその毎日を、自分の命を救ってくれたマシューに、感謝してくれるように」──マキーニーもまた、仮釈放のない終身刑の判決となりました。

マシュー・シェパードのこの殺人事件で、LGBTの市民に対する暴力問題はやっと多くのアメリカ人にとっても身近で切実な問題になりました。しかし、それでもさらなる事件が続くのです。

1999年7月5日、兵卒キャルヴィン・グローヴァーが、ケンタッキー州フォート・キャンベル（Fort Campbell）の兵舎で、就寝中の兵卒バリー・ウィンチェルを野球バットで殴打しました。ウィンチェルは翌日死亡しました。米陸軍はこの事件を「兵士間の口論」の結果として隠蔽しようとしました。しかし、「ドント・アスク、ドント・テル」（p.130参照）以来、米軍における差別・虐待事案を監視してきた非営利の法律支援組織「軍人の法的防衛ネットワーク Servicemembers Legal Defense Network」（SLDN）が調査に入って、ウィンチェルがトランスジェンダーの女性とデートしていたことがこの殴打の原因だったことがわかりました。

同じ年、ハリウッドが『ボーイズ・ドント・クライ Boys Don't Cry』（男の子は泣かない）をリリースしました。1993年のナブラスカ州フォールズ・シティ（Falls City）におけるブランドン・ティーナ殺人事件を基にした映画でした。出生児に付けられた名前は「ティーナ・ブランドン」でした。その姓名を逆にして、男の名前に聞こえるようにしていたのです。この21歳の若者は、2人の若い男たちによって殺されました。トランスジェンダー男性であることを知られたからでした（その場にいた2人の目撃者たちも同時に殺されました）。映画ではヒラリー・スワンクがティーナを演じ、アカデミー賞の最優秀女優賞を獲りました。受賞スピーチで、スワンクはこう話しました。

私はブランドン・ティーナに感謝したいのです、私たちすべてにこんな啓示（inspiration）を与えてくれたことに。彼の遺産は私たちの映画を通して生き続け、私たちに常に自分自身であることの大切さを、自らの心の声に従うこと、迎合しないことの大切さを思い出させてくれます。私たちが私たちそれぞれの違いを受け入れるだけでなく、私たちの多様性を心から祝福する日が来ることを、私は祈っています。

こうした事件が続いた結果、「連邦憎悪犯罪法 Federal Hate Crimes Act」創設の圧力がマシュー・シェパードの両親の主導で新たに強まりました。「（マシューを）生き返らすことはできないが、こんなことが二度と絶対に他の人間に、他の家族に再び起きることのないよう最善を尽くすことはできる」とデニス・シェパードは言いました。けれど、法案は連邦議会で滞ります。福音派プロテスタント最大級の教会補助団体「フォーカス・オン・ザ・ファミリー Focus on the Family」（家族への焦点）、原理主義プロテスタント活動家グループ「ファミリー・リサ ーチ・カウンシル Family Research Council」（家族調査評議会）などの宗教右派団体がロビー活動を強めたからです。「フォーカス・オン・ザ・ファミリー」は、この法案こそが、同性愛は罪であると子どもたちに教えたい「親たちに対する憎悪犯罪 a hate crime against parents」だという論理をひねり出しました。1994年に米国で届け出られた暴力を伴うヘイトクライムの半数以上がLGBTコミュニティに対するものだったという事実（「南部貧困法律センター Southern Poverty Law Center」調べ）など、彼らには関係なかったのです。

ボーイスカウトでの問題

ジェイムズ・デイルはボーイスカウトが大好きでした。8歳のときに「カブ・スカウト Cub Scout」（幼年団）から始めて、やがて最高位である「イーグル・スカウト Eagle Scout」のバッジももらいました。「ボーイスカウトは共同体で、ぼくはいつもここが自分の居場所だって思ってた」と彼は言います。「ボーイスカウトでは自分が自分でいられた。ぼくがぼくであるこ

『ララミー・プロジェクト』を演じてみたら？

マシュー・シェパード殺人事件から4週間後、モイセス・カウフマンと彼の劇団「テクトニック・シアター・プロジェクト the Tectonic Theater Project」の9人のメンバーが、ララミーに飛びました。この事件の近しい関係者に聞き取りを行うためです。以来1年半にわたって彼らは、マシューの両親からあのウエストボロ・バプティスト教会の牧師フレッド・フェルプスに至るまで、200件以上のインタビューを集めました。それはのちに『ララミー・プロジェクト The Laramie Project』という、強烈な戯曲にまとめあげられました。その劇の中で、ララミーの住民たちはこの悲劇とそれがいかに彼らの生き方に影響したかを、自分たち自身のために語り始めるのです。

この演劇はいまでも高校や大学のほか、いろいろな地域の演劇集団によって演じられています。また、これを基にアメリカの有料テレビ局HBOが同タイトルの映画を作ってもいます。オンラインで「The Laramie Project」で動画を検索すると、それらが視聴できます。ファンたちが作ったウェブサイト（http://community.laramieproject.org）もあります。近くの町での公演も見つかるかもしれません。

もし興味があるなら、町の図書館でこの戯曲台本を探して読んでみましょう。好きな登場人物、面白そうなキャラクターを選んで、その人物のセリフを自分で話してみるのもいいですね。あるいは友だちと一緒に、その劇の一部の場面でも（あるいは全部でも）演じてみるのはどうでしょう？

とを、みんなが尊重してくれた」

　少なくとも彼はそう思っていました。大学生になって、彼は第73隊（Troop 73）のスカウトマスター（隊長）助手に志願しました。しかし1990年、彼は組織そのものから追放されます。なぜか？　何か間違いを犯したからではありませんでした。名門ルトガーズ大学で、デイルが「レズビアン・ゲイ同盟 Lesbian / Gay Alliance」の代表であることがボーイスカウトに知られたからでした。スカウト連盟は、デイルが「ボーイスカウトの誓い the Boy Scout Oath」に違反したと主張しました。誓いは次のようなものでした。

On my honor, I will do my best. To do my duty to God and my country and to obey the Scout Law; To help other people at all times; To keep myself physically strong, mentally awake and morally straight.
名誉にかけて、私はベストを尽くすことを誓う。神と祖国への責務を果たし、スカウトの掟に従うこと。いつ何時も他の人々を助けること。自分自身を肉体的に強く、精神的に目覚めて、道徳的に正直であるように保つこと。

　この「道徳的に正直 morally straight」という部分でした。同性愛は「ストレート（まっすぐ＝異性愛）」ではなく「ベント bent（ねじ曲がった＝倒錯した）」だと言われました。ゲイであること自体が「ストレート」ではなく、しかもそれを話さなかったことも「道徳的にストレート（正直）」ではなかったというわけです。

　デイルは同意しませんでした。彼はボーイスカウトを裁判に訴えました。

　1999年、ニュージャージー州最高裁は全員一致で、ニュージャージーのボーイスカウトはデイルを差別したと判決しました。けれど連邦最高裁は1年後にその判決を破棄したの

です。5対4の判断でした。判事5人の多数意見は、ボーイスカウトは「表現団体 expressive association」（なんらかの見解や立場を促進・推奨する団体）なので、自分たちの主張に重大な影響を与えるものを除外する権利を有するとしたのです。つまり、ニュージャージー州の反差別法もスカウト内部では適用されない、というものでした。

　判事4人の反対意見は違いました。判事ジョン・ポール・スティーヴンズはこう書きました。「そうならば多数意見の唯一明快な説明は……同性愛者たちは社会のほかの人とは単にとても異なっているが故に、彼らの存在それ自体が——ほかの個人とは違って——憲法修正第1条で唯一特別扱いされるべきものなのだということでしかない」——つまり、同性愛者は憲法で保障された表現の自由の権利を持たない、唯一例外的な存在だということか、と反問したのです。

　「アメリカボーイスカウト連盟対デイル Boy Scouts of America v. Dale」の判決は、LGBTコミュニティに、たとえこれまでの数十年に素晴らしい前進を成したとしても、先はまだまだ長いのだと思い知らせるものでした。法律上の話で言えば、彼らはまだ依然として「第二級の市民 second-class citizens」でした——結婚もできない、軍務にも就けない、雇用差別はされ放題、住む家選びでも差別される。

　その多くは、やがてすぐに変わるのでしたが。

【付記】アメリカのボーイスカウト連盟はこの後、連盟の全国諮問委員でもあった映画監督スティーヴン・スピルバーグが抗議の辞任をしたり、数多くの企業スポンサーや著名人が資金寄付中止を表明するなど大々的な抗議を受けます。米国世論の反発も予想外で、2013年には55％が同性愛者の入隊禁止規則の撤廃を支持し、規則撤廃反対派は33％にまで下がっていました（キニピアック大学調べ）。そこで同年5月、翌年1月からは同性愛を公言する少年の入会も許可すると決定したのです。さらに2年後の2015年7月には、同性愛者の成人が指導者や職員に就任するのを禁じた規則も廃止することになりました。ボーイスカウトのこの変化はまさに、同じ時期の同性婚に対する世論の変化と同様に、アメリカ社会が同性愛者をどう受け止めるかを見極めるリトマス試験紙でした。

サンフランシスコ市庁舎前で祝福される新婚の2人（2004年2月16日撮影）。
Photo by Daniel Nicoletta

2001年9月11日 ≫

2001年9月11日朝、「世界貿易センター the World Trade Center」のカオスの中で、ニューヨーク市消防本部付き司祭のマイカル・ジャッジ神父は消防士ダニエル・シュアの遺体の横に跪き、臨終の儀式を行っていました。その直後、南タワーが崩壊しました。北タワーのロビーにいたファーザー・マイク（マイカル神父はみんなから親しみを込めてそう呼ばれていました）は、崩壊で飛んできた瓦礫が頭部を直撃し、即死しました。

同じころ、ペンシルヴェニア州上空、ユナイテッド航空93便では、搭乗客数人がハイジャックされた自分たちの旅客機のコクピットに突撃する決心をしていました。その乗客の中にマーク・ビンガムがいました。PR会社の重役で、身長195cm、体重102kgの彼は、サンフランシスコ・フォグ（霧）という名前のラグビー同好会（the San Francisco Fog Rugby Football Club）の選手でもありました。ビンガムと他の乗客たちは、ドアを突き破ってハイジャッカーたちと闘いました。その直前までの通話録音が残っています。ハイジャック機は目指していた標的にたどり着くことができずに、シャンクスヴィル（Shanksville）近くの無人地に墜落しました。乗員乗客は全員死亡しました。

ニューヨークに戻ります。消防士たちがファーザー・マイクの埃だらけの遺体を手作業で運び出し、2ブロック先の聖ペテロ・カトリック教会（St. Peter's Catholic Church）に連れて行って祭壇前に安置しました。のちに第1消防

2000年〜現在

Things Get Better

いまよりすべてがよくなるさ

> 「本当ですよ、この国の政治的な分断は、リベラルと保守の間の分断じゃなくて、他人の愛の生活にも何か言わなくちゃと思っている人と、そうでない人との分断なんだって、ミス・マナーズはそう考えるようになってきたんです」
>
> ── ジュディス・マーティン

＊『ミス・マナーズのほんとうのマナー Miss Manners' Guide to Excruciatingly Correct Behavior』などの著作で「ミス・マナーズ」として知られるアメリカのジャーナリストでマナーの権威。

車隊兼第24梯子車隊消防分署（the Engine 1/ Ladder 24 firehouse）に移された神父を、検視官は世界貿易センター攻撃による犠牲者リストの第00001号として記載しました。

2日後、ヴァージニア州のテレビスタジオという安全地帯から、キリスト教原理主義のジェリー・フォルウェルとパット・ロバートソンという2人のTV伝道師が、クリスチャン放送ネットワーク（CBN）の看板番組『700クラブ The 700 Club』で、このテロ攻撃について放談しました。「私は真剣に信じてるんだが、異教徒ね、無神論者、中絶容認派、フェミニスト、それとゲイやレズビアン……こういう、アメリカを無宗教の俗世界にしようとする輩がだね──私はそういう連中の顔に指を突きつけてこう言っ

てやりたいんだ、『おまえらがこれを起こさせたんだ』とね」。そうフォルウェルがブチ上げると、ロバートソンも相槌を打ちました。「そうそう、私も完全に同意見だ」と。

消防士たちのほとんどは、マイカル神父がゲイであることを知りませんでした。この件でそれを知っても、気にもしませんでした。ファーザー・マイクは、1992年から消防本部付きの司祭になりました。同時にホームレスの人たちへの奉仕や、LGBTのカトリック信者組織「ディグニティUSA DignityUSA」のNY支部の世話役もしていました。マーク・ビンガムもまたゲイでした。9.11アメリカ同時多発テロ事件による2,996人の死亡者の中には、警察官や消防士たちも含め、数多くのLGBTの人々もいたのです。

フォルウェルとロバートソンの2人は、広く非難されました。この日のヒーローたちの話がより詳細にわかってくると、彼ら2人への非難はさらに強まりました。翌2002年6月、米国議会は「マイカル・ジャッジ法」を可決しました。連邦死亡手当を、公共の安全のために働いた殉職公務員の同性パートナーにも給付することを決めたのです。右派団体「フォーカス・オン・ザ・ファミリー」や「伝統的価値連合 Traditional Values Coalition」は、例によってこれに反対しましたが、法案は成立です。

ファーザー・マイクが現場で被っていた防護ヘルメットはその後、当時のローマ教皇ヨハネ・パウロ2世に献上されました。彼の住んでいた修道会のあるマンハッタン西31丁目の六番街と七番街の間は、彼の功績を称えて、現在は「マイカル・F・ジャッジ神父通り Father Mychal F. Judge Street」と改名されています。

ヴァーモント州のシヴィル・ユニオン

ヴァーモント州ミルトン（Milton）の町役場書記官ジョン・カッシングは優しい人間ですが、はっきりしていました——ロイス・ファーナムとホリー・ピュターボーの2人には結婚許可証を発行できない。それは州法違反だから。

カップルは驚きも怒りもしませんでした。カッシングは友だちでしたし、前日のうちに彼に電話しておいて、行くからと知らせていたのです。いや、本当は心の底から結婚許可証が欲しかったんですが、その日の目的は、正式に彼女たちの申請が拒否されたという手紙のほうでした。だからカッシングからそれを受け取って、嬉しかったのです。

公民権をめぐる訴訟を起こすには、まず最初にその当事者である本人が不当に扱われたという証拠が必要なのです。そう、その手紙が証拠でした。ほかにも2組のカップル、ニーナ・ベックとステイシー・ジョリーズ、スタン・ベイカーとピーター・ハリントンが、同じ日に同

様の書簡を受け取っていました。彼ら彼女らは、実は「ヴァーモントの結婚の自由対策部隊 Vermont Freedom to Marry Task Force」の弁護士たちによって注意深く選ばれた3組でした。

1997年7月22日、3組は、自分たちは結婚する権利を不当に否定されたとして訴訟を起こしました。この裁判は「ベイカー訴訟 the Baker case」と呼ばれ、2年半かかってヴァーモント州最高裁に上がります。1999年12月20日、判事たちは全会一致で3組のカップルは差別されたと認定しました。この違憲状況を解消するために、州議会は、結婚した異性間カップルに与えられるすべての公民権を、結婚を望むゲイやレズビアンのカップルにも拡大するよう命令されたのです。判決はこれを結婚と呼ぶか、ほかの何かと呼ぶか、議会が決めなければ、法廷が自らそれを決めるとしました。

さまざまな議論が公の場で交わされ、議会は誰も喜ばない妥協案で決着しました。ただし一歩前進だったことは前進でした。同性カップルは異性間結婚が享受する法的恩恵の多くを有する「シヴィル・ユニオン civil union」（市民の結合）の関係を与えられる、しかしそれは「結婚 marriage」とは呼ばない。

この法律は2000年7月1日に発効しました。その日の午前0時になってすぐに、キャロリン・コンラッドとキャスリーン・ピーターソンはヴァーモント州で最初にシヴィル・ユニオンを認められた同性カップルになりました。ブラットルボロ（Brattleboro）の町書記官事務所で結婚許可証に署名してから、彼女たちは通りを横切って公園に出向き式を挙げました。ピュターボーとファーナムの2人も、朝の9時に役場が開くのを待って許可証をもらいました。その後、同州バーリントンの第一会衆派教会（First Congregational Church）で式を挙げました。

ヴァーモントのシヴィル・ユニオンの訴訟は、LGBTコミュニティにとっての「結婚」に関する最初の大きな勝利でした。それは以後15年間、何度も何度も何度も何度も繰り返されました。

司法上の大勝利

2003年、アメリカ合衆国のLGBT公民権の進路を永遠に変えてしまう2つの裁判所判決が下されました。

最初の判決「ローレンス対テキサス州 Lawrence v. Texas」は2003年6月26日、連邦最高裁によって下されました。その5年前、テキサス州ヒューストン市警の警官がジョン・ローレンスのアパートに踏み込み、彼がタイロン・ガーナーとともにベッドにいるところを発見しました。2人は同州の「同性愛行為法 Homosexual Conduct Law」違反の現行犯で逮捕されました。男性2人がセックスをするのは違法だったのです。

一晩を留置所で過ごし、ローレンスもガーナーも裁判で争うことを決意します。自分の家にいるゲイの人間のプライヴァシーを侵害する権利は、政府にはないと2人は信じていました。ただし起訴容疑に関しては「不抗争 no contest」（罪は認めないが、検察と争わず刑罰を受容すること）として罰金125ドルを支払いました。それから訴訟を起こしたのです。

この裁判もまた、連邦最高裁にまで行きました。テキサス州の弁護士のほうは、州には「ある一定の不道徳行為を取り締まる」権利があるのだと主張しました――ほとんど同様の事件の裁判「バワーズ対ハードウィック訴訟」（p.117を参照）の最高裁判例がそう言っていたのです。ローレンスとガーナーの弁護士は違う論点を攻めました。この法律はゲイやレズビアンたちだけを取り上げて迫害しているということです。

連邦最高裁が自らの誤りを認めることはほとんどありません。けれど6対3の多数意見としてアンソニー・ケネディ判事が書いた判決文はまさにそれでした。「バワーズ判決は、判決がなされた当時、正しくなかった。そしていまも、それは正しくないままだ」と彼は書きました。「訴訟申立人には自分たちのプライヴェートな生活を尊重される権利がある。州は、彼らのプライヴェートな性的行為を犯罪とすることで彼らの存在を貶め、あるいは彼らの運命を差配することはできない」

保守派のアントニン・スカリア判事は、判決に不同意だったばかりでなく、ほとんどキレていました。「多くのアメリカ人は、おおっぴらにホモセクシュアルな行為に携わる人間を、ビジネスのパートナーにも、子どもたちのスカウトマスター（ボーイスカウトの隊長）にも、子どもたちの学校の先生にも、自分の家の間借り人にもしたくはない」と彼は反対意見を書きました。そして他の判事たちを糾弾して、「いわゆるホモセクシュアル・アジェンダ（同性愛者たちの企む実現計画）なるものに気前よく承認署名をしたのだ」とまで言いました。彼はまた、この判決がLGBTの公民権運動を押しとどめていた堰（floodgates）を、一気に開いてしまうことにもなりかねないと警告しました。まあ、それに関しては、彼は実に正しかった。

しかもそんなに時間もかかりませんでした。また別の、結婚の平等を求める訴訟がマサチューセッツ州の法廷で進んでいたからです。同州はアメリカ北東部に位置し、ハーヴァード大学やマサチューセッツ工科大学などがある最もリベラルな州の1つです。その州最高裁が同2003年11月18日、ローレンス対テキサス州の判決に短く言及して、それが「普通一般の、人間の尊厳の核心概念」を支持していると述べた上で、ゲイとレズビアンのカップルは、結婚する権利を有するべきであると判決したのでした。

この「グッドリッジ対州保健局 Goodridge v. Department of Health」訴訟で、4対3の多数意見を書いたマーガレット・マーシャル裁判長はこう述べました。「マサチューセッツ州憲法はすべての個人の尊厳と平等とを確約している。それは第二級市民の創出を禁じている……（州は）同性カップルの民事婚（civil marriage／宗教上ではない法律上の結婚）を否定するに足る、憲法上ふさわしいいかなる理由をも明確に示せなかった」

多数意見が判断した重要なことは、「シヴィル・ユニオン」では十分ではないということです――同性カップルは「結婚」を提供されなくてはならない。そうして最高裁は、州議会に、180日以内に州法を整備せよと命じたのでし

マサチューセッツ州を相手に裁判を起こしたジュリー（左）＆ヒラリー・グッドリッジは2004年5月17日にとうとう結婚許可証を手にした。挟まれているのは2人の娘アニー。

© Jessica Rinaldi / Reuters / Corbis

た。議会は従いました。州知事ミット・ロムニー（共和党の政治家で、キリスト教系の新宗教モルモン教の信者）とカトリック教会はその過程のいちいちで抵抗を試みました。ロムニーは、異人種間の混血を禁じた（つまりは異人種間の結婚を禁じた）1913年の法律まで持ち出してきて、マサチューセッツ州以外の住民が同州に来て結婚することを禁止しようとしました。どれもうまく行きませんでした。

2004年5月17日の午前0時を過ぎて、ちょうど「ブラウン対教育委員会判決 Brown v. Board of Education」（最高裁が1954年5月17日、公教育機関の人種隔離教育を違憲とした判決）から50周年のその日、計752組の同性カップルが、州内の至るところの市役所に出向いて結婚許可証を手にしました。結婚式で誓いを立てるときに、中にはグッドリッジ裁判のその判決文を引用する人もいました。

ケンブリッジ市役所の外では集まった多くの人たちが口々に「アメリカ・ザ・ビューティフル America the Beautiful」や「我が祖国／この国はきみの国 This Land Is Your Land」を歌っていました。例によってあのウエストボロ・バプティスト教会のフレッド・フェルプスの一団

が、またまた憎悪まみれのプラカードを持ってやって来ました。もう何度も同じことを繰り返していたので、今度は彼らが別のプラカードで撃退される番でした。大群衆が歓声を上げました。そこにはこう書かれていました。

YOU'RE NOT IN KANSAS ANYMORE AND SEE, CHICKEN LITTLE, THE SKY IS NOT FALLING.
ここはもうカンザスじゃないんだよ、見てごらん、怖がり屋さん、お空は、落ちてなんかきやしない。

有名な『オズの魔法使い』のドロシーの言葉をもじったものです。フェルプスたちは同性婚など認めた日には世界は滅びる、空が落ちてくると警告していたのでした。

フェルプスは15分後にはいなくなっていました。

愛という名の冬に

サンフランシスコ市長のギャヴィン・ニューサムは連邦議会下院の傍聴席に座って、ジョージ・W・ブッシュ大統領による2004年の一般

教書演説（State of the Union）を聴いていました。選挙区がサンフランシスコの下院少数党院内総務ナンシー・ペロシ（民主党）が彼を招待したのでした。演説で、ブッシュは同性婚に反対する旨を述べました。つまりそれは、合衆国憲法を修正する、ということになるのですが。

「胸糞が悪くなった」とニューサムは言います。市長になってまだ12日しかたっていませんでしたが、ニューサムは何かしないと、と決めました。それで、市の書記官に同性カップルにも結婚許可証を発給し始めるよう命令したのです。「私自身の子どもの育て方と私自身の結婚とに栄誉を与えるために、生涯を通じた絆を作ろうとする本当のカップルの献身を支持するために、単にある特定の人々ではなく、すべての人の自由と正義を守る、とした市長としての誓いを守るために、私は行動した」と、のちに彼は書いています。

2月12日の正午を回って、あの「ビリティスの娘たち」の創設者、フィリス・リオンとデル・マーティンの、51年来のカップルがカリフォルニア州史上第1号の同性結婚許可証を受け取りました。彼女たちはそれからすぐに結婚の誓いを立て合ったのです。「彼女たちが唯一の同性結婚カップルになるかもしれないと思った」とニューサムは認めます。裁判所から仮差し止

ペレズ対シャープ、ラヴィング対ヴァージニア州

実は、アメリカにおける同性婚の法律的な土台となったのはゲイ・カップルとはまったく関係ない2つの司法判決でした。何年も前、多くの州では異人種間の結婚は禁止されていました。そこにペレズもラヴィングも異議を唱えたのです。

1947年、アンドレア・ペレズとシルヴェスター・デイヴィスのカップルが結婚許可証を申請します。2人はロサンゼルスの軍需工場で働いていて出会いました。郡の書記官W・G・シャープはその申請を受理しませんでした。ペレズはメキシコ系アメリカ人で、デイヴィスはアフリカ系アメリカ人だったからです。カップルは裁判に訴えます。1948年、カリフォルニア州最高裁判所は、州の混血禁止法は憲法違反であると判決しました。

このペレズ判決は州法をめぐる争いでしたので、勝訴で結婚が認められるようになった異人種間カップルは、カリフォルニア州内の人たちだけでした。1958年、今度はミルドレッドとリチャードのラヴィング夫妻がヴァージニア州の自宅で逮捕されます。2人はワシントンDCで結婚していたのですが、ミルドレッドはアフリカ系でリチャードは白人で、異人種間結婚を禁じるヴァージニア州では違法な夫婦だったのです。刑務所に入るよりも、彼らは同州を離れ、25年間は戻ってこないという判決に同意する道を選びました。しかし1963年、子どもも3人になって、彼らは他の家族や親戚のいるヴァージニア州に戻りたいと思うようになりました。彼らは裁判を選びます。

この裁判は最終的に連邦最高裁が判断を下しました。1967年、アメリカ全州の、異人種間結婚を禁ずる法律のすべては合衆国憲法に違反している、というのが結論でした。代表して多数意見を書いた首席判事のアール・ウォレンは次のように述べました。「結婚の自由は長い間、自由である人間（free men）の秩序ある幸福追求に欠かせない重大な個人的権利の1つであると認知されてきた。結婚はその人間にとっての基本的な公民権（basic civil rights of man）の1つであり、我々のまさに存在と生存の根底を成すものである」

ラヴィング対ヴァージニア州の判決は、しばしば同性婚禁止の論拠を覆す論理として引用されてきました。この判決から40年を記念して、ミルドレッド・ラヴィングが自らの名前の付いたこの歴史を振り返っています。「私はいまも政治的な人間ではありません。けれど、リチャードと私の名前が、黒人や白人、若者や老人、ゲイやストレートなど、多くの人たちが人生で追い求める、愛と献身と公正さと家族の力を、より強めるのに貢献する判決の名前として在ることを誇りに思っています。私はすべての人の結婚の権利を支持します。それがラヴィング判決と、ラヴィング（愛すること）が、意味するもののすべてです」

2人の物語は『ラビング　愛という名前のふたり Loving』（2016）という映画にもなっています。

めの命令が掛かるかもしれないと思ったからです。「けれど裁判所はこの結婚で修復不可能な実害は出ないと言った。だから仮差し止め命令は出なかったのだ」

噂が広がり、人々が殺到します。その日のうちに、ほか89組のカップルが雨の中を何時間も並んで結婚の絆を結んだのでした。翌日はもっとたくさんの人が並びました。けれどその次の日は土曜、しかもヴァレンタイン・デイなのです。市役所は、通常は閉まります。通常は、週末は土日と2日続けて閉まります。そうなの？

とんでもない！ 裁判官たち、書記官たち、聖職者たち、そのほか結婚に関係する人たちがみんな、ヴォランティアでやって来てドアを開けたのです。カップルたちの列は家族や友人たちを引き連れて、何ブロックも延びていきました。ジェニファー・ナニーニとアンドレア・ブールゲもその大勢の人たちの中にいました。彼女たちが結婚の順番を待っている間に何が起きたか、ナニーニが語っています。

ヴォランティアの人がやって来て、結婚式用に花が必要かって聞いてきたの……彼女が言うには、アメリカ中から花が届いているんだって。よくわかんなくて、「その花って、誰の？」って聞いたのね。そうしたら「あなたたちのよ！」って。まったく見ず知らずの人たちが、私たちがこれからやろうとしていることを支持してるって言うために花を贈ってくれてる。信じられる？ 私たち、すごくきれいな薄紫のバラとチューリップの花束を選んだの。カードが付いてた。「愛し合うカップルへ：あなたたちお2人の、末長く幸せな人生を祈っています。ご結婚おめでとう。
Bruce and Sue, Atlanta PFLAG
（アトランタPFLAGのブルースとスーより）」

これは2月という冬の季節に起きた出来事であったために、「愛の冬 Winter of Love」と呼ばれました。29日間続いた結婚許可証の発給は、けれど最後は判事によって停止されました。

しかしそれまでの間に、計4,037組のカップルが市役所で結婚したのです。何年か前に、あのハーヴィー・ミルクとジョージ・モスコーニが殺されたのと同じ、あの市庁舎でした。この古い建物の歴史にいま、新しい章が書き加えられました。「その4週間というものは」とサンフランシスコ市の査定官兼記録員のメイブル・テンは言います、「ここは地球上で一番幸せな場所だった」と。

そしてすぐにまた、別の幸せな場所が生まれました。ニューサムの動きに触発されて、ニューメキシコ州サンドヴァル（Sandoval）郡の書記官が、2月20日、結婚許可証を発給し始めます。ここでは判事が介入するまでに64組の許可証が手渡されました。2月27日には今度はニューヨーク州ニューポルツ（New Paltz）の町長が、彼の町の25組の同性カップルに結婚式を執り行いました。3月5日から数日間にわたり、ニュージャージー州アズベリパーク（Asbury Park）でも、ゲイとレズビアンのカップルは結婚許可証を受け取ることができました。オレゴン州マルトノマ（Multnomah）郡では3月3日から7週間以上にわたり、3,000組以上がライセンスを受け取ったのです。

そしてそれは終わりを迎えました。カリフォルニア州最高裁判所は2004年8月12日、サンフランシスコ市で同性カップルに発給されたすべての結婚許可証は無効であると判決したのです。「デルは83歳で、私は79歳」とそのとき、フィリス・リオンは言いました。「50年以上一緒に暮らしてきて、私たちから結婚の権利と保護が奪われるなんて、とんでもない打撃だった。私たちみたいな年配の者には、時間の贅沢など、もうできないから」

時間を贅沢できる余裕など、もうなかったのかもしれません。けれど彼女たちには結婚証明書はありました。他の数千組のカップルにも。そして無効になったその証明書は、再び彼ら彼女らが本当に必要なものに変わります。ただし、それにはまだいささかの時間が必要だったのです。

サンフランシスコ市役所で結婚したデリック・タイナン-コノリーとジェイムズ・パトリック・ケネディの教師カップル（2004年2月16日撮影）。

Photo by Daniel Nicoletta

選挙の年の政治

2004年2月24日、カリフォルニアで「愛の冬」が始まって2週間後、ジョージ・W・ブッシュがホワイトハウスのルーズベルト・ルームの演壇に立っていました。「2世紀以上にわたるアメリカの法体系、数千年に及ぶ人間としての経験ののちにいま、数人の判事といくつかの地方自治体とが、文明の最も基本的な社会制度を変えようとしている」と彼は演説しました。「彼らの行動が、明快さこそが必須の問題に混乱を惹き起こしている……活動家の裁判所によって、国民の頼るべき道は1つしかなくなっている」。そして彼は、結婚を1人の男性と1人の女性の間に限るものとする憲法修正を呼びかけたのでした。このブッシュ演説の結びの言葉はこうです。「私たちはまた、この難しい討論を我々の国に値するやり方で、苦々しい敵意も怒りも伴わずに行うべきである。これから先に横たわるすべてにおいて、我々の強い信念が、我々の思いやりと善意と品位とに合致するようにしようではないか」

この議論が穏健に進むと期待した人はほとんどいませんでした。ちょうど大統領選挙の年でもありました。これが保守派有権者を取り込み、LGBTコミュニティと（リベラルな）民主党との間にくさびを打ち込もうという（保守的な）共和党の策略であることは多くの者にとって明らかでした。

憲法の修正はとても難しいのです。たとえ多くが修正すべきだと考えていても、まず連邦議会上下両院がそれぞれ3分の2以上の賛成で可決することが必要です。次に、全米50の州議会の4分の3が承認しなくてはいけません。つまり50州中38州が賛成に回らなければ通らないのです。さて修正案が成立する可能性はどれほどか？

そんなにはないでしょうね。実際、ブッシュの言った憲法修正案は第一歩で失敗しました。下院議会は定数が435議席なので、可決・通過するには290票を獲得しなければなりません。修正案への賛成は227票だけでした。上院では過半数すら獲得できませんでした。定数100なので可決には67票が必要ですが、結果は48票対50票で反対票が上回りました。ジョン・ケリーとジョン・エドワーズの2人の民主党議員は投

票自体を棄権しました。

というのも、ケリーは2004年の大統領選挙で、ブッシュに対抗する民主党の大統領候補だったからです。そしてエドワーズは、その副大統領候補。この2人のコンビは以前すでに、結婚ではなくシヴィル・ユニオンを支持すると表明していました。LGBTコミュニティは2人が棄権したことをあまり問題としませんでした。そういうのは大統領選挙絡みの政治的な立ち回りだと知っていたからです。それでも民主党の大部分がゲイとレズビアンの市民の、完全な平等を支持しているわけではないという事実は不愉快な記憶として刻印されました。

そして州レヴェルでも、事態はそう好ましくは進まなかったのです。グッドリッジ判決から12カ月の間に、13州が自分たちの州憲法を修正して同性間の結婚を禁止しました。さらに続く2005年、2006年にはそこに新たに10州が加わりました。それはいわゆる過剰殺戮（overkill）でした──それらの州の全部で、州憲法を修正するまでもなく、同性婚はハナから禁じられていたのですから。

共和党勢力が攻撃態勢に入り、民主党勢力のほとんどはその動きを強く阻止するわけでもなく（いや、時には共和党に歩調を合わせもして）、結婚の平等を支持する者たちに残る最善

の道は、やはり法廷での挑戦なのでした。

1州、1州ずつ

「結婚してくれる？」、ショーン・フリッツがティム・マキーランに尋ねました。フリッツは一緒に帰るためにマキーランを職場でピックアップし、駐車場の車の中でまだ座ったままでした。フリッツの手には2つの指輪と1本の白いバラが載っていました。結婚を申し込むにはもっとロマンティックな場所があったに違いないのですが、けれど事態は急速に動いていました。その日の午後、2007年8月30日のことです、アイオワ州の判事ロバート・ハンソンが同性婚を州が禁じているのは憲法違反だという判決を出したのでした。フリッツはニュースでそれを聞き、すぐにマキーランのお母さんに電話をして結婚の同意と許可と祝福とをもらい、それからすぐに宝石店に駆け込んだのでした。

マキーランは「イエス」と答えました。2人はその足で、ポーク郡（Polk County）の書記官オフィスに行ってライセンスを入手しました。翌朝、2人は州が定める3日間の待機期間の免除証書を申請し（結婚許可証をもらって3日間、もう一度結婚を確信するかどうかのクーリングオフの期間を設けているのです）、ランチ前にはも

行け、カナダ！

アメリカが同性結婚の問題をめぐって議論している間に、北の隣国カナダは、別に仰々しいことをするでもなく粛々と歩みを進めていました。LGBT問題に関しては、カナダは常により進歩的でした──同性愛を刑法の対象から外して合法化したのは、あのストーンウォールの反乱があった1969年です。1999年の時点で、カナダ最高裁が同性カップルは結婚した異性カップルと同じ法的かつ経済的恩恵を受け取るべきであると判決していました。もっとも、「結婚」という言葉を使えるのは異性愛カップルだけでしたが、それも2003年6月10日、首都オタワのあるオンタリオ州の控訴裁判所が、完全なる

平等にいささかでも欠けることがあるならば、それは「権利と自由のカナダ憲章 Canadian Charter of Rights and Freedoms」に違反すると結論づけました。州都トロントに住むマイケル・スタークとマイケル・レシュナーは、この判決後最初に結婚した同性カップルとなりました。このオンタリオ州の決断に、その後2年間で7つの州（provences）とユーコン準州（Yukon Territory）が追随しました。そして2005年6月、国会で「法案C-38」が可決されました。その法律が発効した7月20日は、カナダ全土で同性間の民事婚（宗教上ではない法律上の結婚）が合法となった日でした。

う、デモイン（Des Moines）のユニテリアン・ユニバーサリスト教会（Unitarian Universalist Church）の司祭によって結婚していたのです。

なぜそんなに急いだのか？　誰もが、ハンソン判事の判決は、すぐにも控訴されるだろうと知っていたからです。ひとたび控訴が告げられたら、その結婚はまた次の判断が出るまで保留されてしまうからです。そしてその午後、そうなりました。結婚許可証の発給はストップしました。その判決に結びついた裁判の6組の原告カップルでさえ結婚する間がありませんでした。

それから20カ月にわたって、フリッツとマキーランはアイオワ州で結婚している唯一のゲイのカップルでした。州議会の保守派議員たちは同性婚禁止の州憲法修正を試みましたが、民主党の指導者たちに阻まれて失敗しました。そして20カ月後の2009年4月1日、アイオワ州最高裁が全判事一致で原判決を支持する判断を下したのでした。結婚が再開されました。州下院議長パット・マーフィーと州上院多数党院内総務マイケル・グロンスタルが共同声明を出しました。

すべてが話され、為された後でも、今日の出来事に関してそれでも残る質問はただ、我々はなぜこんなにも長い時間をかけてしまったのかということになろう。その質問に答えるのは難しい。なぜならすべての者を公正に扱うことはまさに、アイオワの常識（common sense）とアイオワの良識（common decency）とに関する問題だからだ。

アイオワの最初の判決が控訴審に持ち込まれていた間、カリフォルニアではあの「愛の冬」での結婚が無効にされてしまったカップルの違憲訴訟が州最高裁にまでたどり着きました。2008年5月15日、州最高裁は4対3で州による同性婚禁止を違憲であると判決し、翌6月に結婚を同性カップルにも開放することを命令しました。

再び、あのフィリス・リオンとデル・マーティンがカリフォルニアで最初の同性結婚カップルになったのです。2008年6月16日午後5時1分、2人は同時に「I do」と答えました。サンフランシスコ市長ギャヴィン・ニューサムが執り行った短い結婚式で、永遠の愛を誓いますか、と聞かれての答えでした。

「I do」—— 誓います。

2カ月後、8月27日、デル・マーティンは他界しました。10週間連れ添った妻を遺して、あるいは55年間連れ添った妻を遺して。どう数えるかは、あなた次第です。

提案8号

それでもまだ、カリフォルニアでの闘いが終わるのははるか先でした。裁判で敗れることを見越して、教会と保守派団体が結託して別の新たな戦略を計画していました。「プロテクト・マリッジ Protect Marriage」（結婚を守れ）と名付けられた団体が、2008年選挙での住民投票に向けた署名集めを始めていたのです——「提案8号 Proposition 8」、結婚を男女間に限定し、同性婚を禁ずる州憲法の修正提案——また、です。

「Yes On 8（提案8号に賛成を）」キャンペーンは巧妙で、かつ多額の資金が注ぎ込まれていました。おカネの多くはモルモン教会とその信者から集められていました。それとカトリック教会も。市民なら誰でも政治運動に寄付すること、あるいはその反対運動に寄付することも完璧に合法です。けれど、宗教組織として税金控除の対象である教会が、どうしてそのおカネを政治運動に寄付してよいのか、疑問を呈する向きもありました。

カリフォルニア州の有権者たちは、その間もテレビやラジオの意見広告の大量爆撃を受けていました。両方のサイドからの。「Yes On 8」の陣営は親たちの感情に訴えるという最も効果的な方法を採りました。あるテレビCMでは小さな女の子が彼女の母親に向かってこんなことを言っていました、「今日学校で何を教わったかわかる？　王子様がどうやって王子様と結

婚したか。だからあたしもお姫様と結婚できるの！」。広告は続きます、提案8号が通らないと同性結婚は学校で教えるカリキュラムの一部になります、と。ほかのCMでは、すべての教会で同性婚の執り行いが強制されます、と。どちらも真実ではありません。

この恐怖のキャンペーンが効きました。11月の提案8号の住民投票は、52％対48％で可決しました。同性婚は直ちに停止されました。合法的に結婚できていた市民からその結婚の権利を、州が憲法を修正してまでして剥奪するというのは、アメリカ史上初めてのことでした。LGBTコミュニティにとって特に大きなショックだったのは、この住民投票では、同時に別の、提案2号というものも大差で可決されたことです。これは農家に対し、養鶏場の鶏たちをもっと人道的に扱えと命令するものでした。人道的

に扱われるのは、ほかの何よりもまず、鶏……。

カリフォルニアだけではありません、全米の都市で人々は街に繰り出しました。11月15日、ロサンゼルスでは12,000人の抗議の群衆が市庁舎に集まりました。ユタ州ソルトレイクシティでは、「ソルトレイク寺院 the Salt Lake Temple」（末日聖徒イエス・キリスト教会、通称モルモン教会の寺院）前で5,000人が抗議の声を上げました。ソーシャル・メディアやオンライン・キャンペーンではさらに多くの人々が、憤怒の渦を巻き上げました。

最も目についた抗議のオンライン活動は、「NOH8」キャンペーンでした。「8（エイト）」の発音からこれは「No Hate（ノー・ヘイト＝憎悪はやめろ）」との意味です。ゲイ・コミュニティでスーパースター・カメラマンと言われるウエストハリウッド在住のファッション写真家アダ

サンフランシスコのギャヴィン・ニューサム市長が見守る中、
フィリス・リオンの指に結婚のリングをはめるデル・マーティン（左）（2008年6月16日撮影）。
© Marcio Jose Sanchez/AP/Corbis

ム・ブースカと彼のパートナー、ジェフ・パーシュリーが、日常のカリフォルニア住民の写真をポストしていったのですが、彼ら彼女らの口は一様に銀色のダクトテープで覆われ、この措置によって封じ込められた声を象徴しています。そして頬には「NOH8」の文字。この運動は急速に拡大していき、すぐに映画スターやミュージシャン、政治家やアーティストたちも参加して、「憎悪」への無言の抗議を広めたのでした。

　そのメッセージは明らかでした。「This fight was NOT over.（この闘いは、終わっちゃいない）」

ワシントンの変化

　もちろん、2008年の選挙は、このカリフォルニアの提案8号のためだけにあったのではありません。11月4日、アメリカの大衆は新しい大統領にバラク・オバマを選び出します。LGBTの有権者たちは大多数がオバマを支持しました。彼とて選挙期間中には、ゲイとレズビアンのカップルには結婚よりもシヴィル・ユニオン制度のほうを支持すると言っていたのですが、しかしオバマは実際に、LGBT有権者の心に響く公約を多く謳っていたのです。例えばあの米軍における「ドント・アスク、ドント・テル（軍の勤務にあたっては同性愛者であることを聞かない、言わない）」規則、さらには「結婚防衛法」、この2つともの廃止などを。

　経済崩壊を押しとどめることがその当時のアメリカの、つまり新大統領オバマの第一の課題でした。とはいえ、春になって彼は「連邦政府人事局 Office of Personnel Management」（OPM）局長に、オープンリー・ゲイのジョン・ベリーを起用したのです。何年にもわたって人事局の（そしてその前身である「国家公務員任用委員会 Civil Service Commission」も）任命方針は、「政府にゲイは要らない」でした。2009年6月24日（プライド月間です）、公式の席で、ベリーはあのフランク・カムニーに文書での謝罪を行いました。52年前の1957年に、ゲイで

TVドラマ『glee/グリー』でスー・シルヴェスターを演じたオープンリー・レズビアンの俳優ジェーン・リンチも「NOH8」キャンペーンに参加した数千人のうちの1人だった。
Photo by Adam Bouska, courtesy NOH8 Campaign (noh8campaign.com)

あるということだけで連邦政府が彼から陸軍測量部の職を取り上げたことに関してでした。目に涙をためて、カムニーは声を詰まらせながらこう言いました、「Apology accepted（謝罪を、受け入れます）」。カムニーはそこでセオドア・ルーズベルト賞を授かりました。連邦職員に与えられる最高位の栄誉賞です。

　この賞はカムニーにとって、ここ数年の忙しさの締めくくりのようなものでした。2005年には彼とバーバラ・ギティングズの2人が、フィラデルフィアで毎年恒例で行った独立記念館前の「アニュアル・リマインダー」を表彰する、歴史記念碑の除幕式に出席しました。2006年には自分で所蔵していた歴史的な文書・資料の類を議会図書館に寄贈しました。2008年にはスミソニアン博物館が、あの「アニュアル・リマインダー」のピケやデモの際に使ったプラカード類を受け取って展示品に加えました。2009年には彼の自宅、5020 Cathedral Avenue（カセドラル通り5020番）が、DC歴史的建造物に指定されました。同じ年に、彼は、オバマが連邦政府職員の同性パートナーにも結婚関連諸手当を

拡大した際の、その大統領通達に署名した万年筆を贈呈されました。

オバマ大統領はヘイトクライム問題も進展させました。2009年10月28日、彼は前任のジョージ・W・ブッシュが拒否権行使を表明して滞っていた、2年半越しの「マシュー・シェパード＆ジェイムズ・バード・ジュニア・ヘイトクライム予防法 Matthew Shepard and James Byrd Jr. Hate Crimes Prevention Act」（通称：マシュー・シェパード法）を署名成立させまし

た（バードはテキサス州ジャスパーに住むアフリカ系アメリカ人でしたが、1998年6月7日に3人の白人至上主義者によって残虐に殺害されたのでした）。バードとシェパードの遺族も共に、大統領の署名に立ち会いました。人権犯罪は連邦政府の管轄です。この新しい連邦法によって、地方の法執行機関が、ある犯罪を人種や性的指向などに基づく偏見・差別事犯だと認定しなくとも、あるいは認定を拒んでも、連邦政府が介入してそれをヘイトクライムとして起訴

やってみよう ACTIVITY 住民投票の提案

アメリカでは州ごとに、住民投票の提案ができるようになっています。自分の州ではどういう手順で住民から直接、政治的な提案ができるのかを知っておくことは大切です。どうやったら州憲法を修正することができるか、その手順も決まっています。

そのルールは州によって違うので、住民提案の方法、州憲法修正の方法をまずは調べてみましょう。最初は州務長官（Secretary of State）か教育委員会のウェブサイトに行って調べてみましょう。リサーチすべきは次のようなことです。

● 住民提案（Propositions）

1. あなたの州は、市民たちが住民提案を投票にかけることを許可していますか？（許可していない州もあります）

2. 許可しているなら、市民は住民提案の投票を請願するために署名集めをします。さてどのくらいの数の署名を集めれば投票になるでしょう？

3. あるいは、投票するかしないかを決めるのは市民の署名ではなく、選挙で選ばれた代表（州議会議員）の場合もあります。あなたの州はどうですか？その場合はどうやったら住民投票に持ち込めるでしょうか？

4. さて、オンラインで最近の住民提案の請願を探してみましょう。あるいは次の選挙の時に予定されているものでもいいです。アメリカでは普通は大統領選挙のあるとき（4で割り切れる年の11月）に、あるいは中間選挙のとき（4で割り切れない偶数年の11月）に、一緒に住民提案に関する投票も行われます。さて、自分が有権者のつもりになって、あなたならその住民提案に賛成票を入れますか、反対票を入れますか？

● 州憲法修正（Constitutional Amendments）

1. あなたの州では、市民が州憲法を修正できますか？それとも修正は州議会の議員だけができるのでしょうか？

2. もし市民による住民投票で決められるなら、それは単純過半数で決まりですか？

3. もし州議会議員が修正を決めるのだとしたら、それはどんな手順を踏むでしょう？

4. あなたの州では最近、修正された州憲法の条文はありますか？もしあるなら、何がどう変わったのでしょう？

© Visions of America LLC

することができるようになったのです。

新たな種類の巻き返し

提案8号の支持者たちは、それがどれだけLGBTコミュニティの火に油を注ぐことになるかを理解していなかったのだと思われます。カリフォルニアの、だけではなく、全米の、です。提案8号の可決後の数年にわたって、ほとんどすべての州で、州の結婚法に対する法的な異議申し立てが起こりました。

いくつかの州ではその訴訟結果を見る前に、議会が彼らのために動き始めます。どんどん我慢しきれなくなるLGBTの有権者やその支援者たちに押される形で、議員たちが立ち上がったのです。2009年4月初め、ヴァーモント州議会が結婚の平等法案を可決します。同じ月に、次はコネチカットの州議会が結婚の平等法案を可決します。2009年中に、ニュー・ハンプシャーもコロン

ビア特別区も、結婚法を改正します。

カリフォルニアのカップルたちも黙って待ってはいませんでした。2009年春、「全米平等権基金 American Foundation for Equal Rights」のテッド・オルソンとデイヴィッド・ボイーズという2人の著名弁護士がタッグを組み、2組のカップル——クリスティン・ペリーとサンディ・スティア、ジェフリー・ザリーロとポール・カターミ——の代理人として連邦法訴訟を提起したのです。カリフォルニア州の選挙で選ばれた公職者たち、つまり知事もどの当局者も提案8号で修正された憲法の防御に立ちませんでした。彼らはその役を、あの「プロテクト・マリッジ」という組織に任せたのです。保守派にとってあまりいい進み行きではありませんでした。

12日間の裁判は、2010年1月に開廷しました。「プロテクト・マリッジ」側はすぐに、自分たちが同性婚反対キャンペーンで使った激しい非難の言葉は、法廷では通用しないことを知

連邦最高裁前の提案8号違憲訴訟チーム（前列左から）原告クリスティン・ペリーとサンディ・スティア、弁護士のテッド・オルソンとデイヴィッド・ボイーズ、原告ポール・カターミとジェフリー・ザリーロ。
© Jim Lo Scalzo/EPA/Corbis

ります。そうした主張には証拠が必要だからです。そして拠って立てる論拠、証拠は、ほぼ存在しなかった。例えば「Yes On 8」陣営のリーダーの1人ウィリアム・タムは、同性婚を合法化してわずか数年後にオランダはポリガミー（複数婚＝一夫多妻制）も合法化した、と喧伝していました（そんな事実はありません）。どこでそんな情報を入手したのかと尋問されて、タムは「インターネットで」と答えました。デイヴィッド・ボイーズは、「プロテクト・マリッジ」側の切り札となる証人から、次の証言を引き出すのに成功しました。「私が信じるに、同性婚を採用したら、ゲイとかレズビアンとかの家庭にも、その子どもたちにも、これまで以上の満足な生活を与えてしまいかねないのです」

2010年8月4日、ヴォーン・ウォーカー判事は、提案8号自体が法の下での平等保護と法の適正手続において憲法違反であり——つまりゲイの市民たちは、そのヘテロセクシュアルの隣人たちとは違う扱いを受けていて——したがってこの法律は不公正で不合理である、と結論づけました。もちろんこの判決はすぐに控訴され、さらに連邦最高裁へと到達するのです。【訳注】この2組の闘いは、米HBOドキュメンタリー映画『ジェンダー・マリアージュ The Case Against 8』（2014）に詳しく描かれています。

「聞くな、話すな」の終わり

「ドント・アスク、ドント・テル（DADT）」が発効してから10年、米軍は数千人ものゲイやレズビアンの兵士や軍勤務者を除隊・解任してきました。その中には数十人のアラビア語通訳・専門家たちも含まれます。中東問題が治安、戦争、外交上の核心テーマになっている時代に、これは致命的な痛手でした。ペンタゴン（国防総省）は、この不可欠な要員の欠員を十分に埋めることはついにできませんでした。

LGBTコミュニティは、1993年以来DADTと闘ってきました。けれどそれは長く困難な闘いでした。ある者たちは議会にその施策を撤回させようとロビー活動を重ねました。けれど議会こそがその施策を決めた者たちです——そんなにすぐに心変わりするものではありません。アフガニスタン紛争やイラク戦争も続いていて兵士はいくらでも必要だったのに、ブッシュ大統領も方針変更はなしと明言していました。

可能性がある唯一の戦略は、やはりこれも法

廷を通してでした。しかし米軍はそれ自身の裁判システムを持っています。文民法廷（つまり一般の裁判所）の判事たちは、ペンタゴンを左右するような大々的な判決を出すのは気乗りしないものなのです。DADT違反による除隊軍人たちの何人かも復職を求めて、あるいは恩給など完全な引退手当が保証される名誉除隊への変更を求めて裁判を起こしていました。何件かは勝訴しましたが、それもその当事者だけにしか適用されないケースでした。

そのころ、バラク・オバマが2008年選挙で当選します。世論調査では大多数のアメリカ人はDADTの廃止を望んでいました。それでも大統領は撤回には数年かかるかもしれないと言っていました。そこでゲイの退役軍人たちが圧力を強めます。2010年3月18日、元陸軍将校ダン・チョイとジム・ピトランジェロの2人が、ホワイトハウスのフェンスに自らの体をくくりつけて抗議しました。ダン・チョイ中尉はアラビア語も堪能なイラク戦争従軍兵でした。彼はDADT規則を破って、ゲイであることを明かし除隊させられたのです。1カ月後の4月20日、彼らはほか4人の退役した同僚とともに、再び戻ってきて同じ抗議を繰り返しました。

そして2010年9月9日、カリフォルニアの連邦判事がDADTは違憲であると判決したのです。もっとも、その判決の発効は控訴されている間、保留となりましたが、それでも同施策はいまやっと、議会や大統領やあるいは国防総省の協力なしでも終わりそうな気配を見せたのです。そもそも、誰もそんな規則などは望んでいなかったのですし。

不運なことに、中間選挙が2カ月後に迫っていました。何事かを変えるには遅すぎますが、審議はできました。中間選挙（大統領選挙の間の真ん中、2年目の年の11月に行われる上下両院などの公職選挙）はDADT撤廃に反対する共和党が優勢で、実際、選挙が終わってみれば議会は共和党が逆転して多数党になっていました。ところが彼らの就任は翌年1月からでした。そこで、まだ民主党が優勢な2010年議会は、12月ギリギリ最後の審議と調整で、DADTの撤廃を投票にかけたのです。そしてDADT撤廃は、そのとき可決されたのでした。

撤廃は直ちに発効されたわけではありません——DADTを廃止しても大丈夫か、その準備はできているか、国防総省がそれを「証明」してから実施されることが許されました。ほぼ1年近くかかりました。しかしいずれにせよ、2011年9月20日、この有害な施策は終止符を打つことになったのです。2005年からDADT撤廃運動を担ってきたLGBT退役軍人の利益団体「団結する軍人の会 Servicemembers United」によれば、DADT発効以来の18年間で、計14,346人の陸海空軍人及び海兵隊員が除隊させられていました。

すべて、今より必ず良くなる

アメリカの新学期は秋に始まります。2010年のその秋は、衝撃的なほどの数の10代の若者の自殺が全米あちこちで報告されました。コラムニストで政治評論家のダン・サヴェッジが2件の自殺について書きました。ミネソタ州アノカ（Anoka）のジャスティン・アーバーグ、そしてインディアナ州グリーンズバーグ（Greensburg）のビリー・ルーカス。2人ともクラスメイトや近所の友だちから情け容赦のないいじめを受けていたのです。

サヴェッジの読者の1人がコメントを投稿しました。「あなたの受けた痛みと苦しみを思って私の心は張り裂けそうです、ビリー・ルーカス。あなたに、すべて良くなるって、言ってあげられていたらよかったのに（I wish I could have told you that things get better）」

それでした！　サヴェッジは気づきます、「何を待ってるんだ、いますぐこういう子たちに何か言ってあげなくては！」と。「彼らにいま直接話しかける手段があるじゃないか。誰の許可もいらない、この子たちに教えてやるんだ、すべて、いまより必ず良くなる（it gets better）、この子たちにそう言わなければ！」

サヴェッジは夫のテリー・ミラーに電話しました。ミラーも大賛成でした。2人はすぐに心を

込めた動画を録ります。彼らもまた、大人になるまでにいろんないじめを経験したのだということ、そしてもっと重要なこととして、その後に素晴らしいことが彼らに起きたのだということ。彼らの結婚、そして息子を養子に迎えたことでした。9月21日、2人はそれをYouTubeに上げました。動画プロジェクトは爆発的に拡散されました。

　2週間のうちに「イット・ゲッツ・ベター・プロジェクト It Gets Better Project」は、YouTubeの1企画当たり650本というアップロード上限を超え、さまざまな人たちが自分自身のメッセージ動画を投稿してきました。制限枠を拡大しなくてはなりません。その年が終わるまでに、投稿ビデオは数千本になりました。その中にはバラク・オバマ大統領とミシェル・オバマ夫妻、当時国務長官だったヒラリー・クリントン、オープンリー・ゲイの人気俳優ニール・パトリック・ハリス、ご存じレディー・ガガ、人気コメディアンでTVホストのスティーヴン・コルベーア、大リーグのシカゴ・カブズ（Chicago Cubs）やロサンゼルス・ドジャーズ（Los Angeles Dodgers／当時同球団に所属していた黒田博樹投手も動画内で「It gets better」と言っています）、そして「セサミストリート」の

カエルのマペット、カーミットからのものもありました。みんな、事態は、状況は、時代は「必ず良くなる」と約束していました。メッセージ動画の投稿者は、全世界に広がりました。いまでは投稿エントリーは5万本以上、視聴回数は総計5,700万回を超えています（2019年10月現在）。

　動画のメッセージで、多くの人が、自暴自棄になりそうだったら「トレヴァー・プロジェクト Trevor Project」に連絡するといいと促していました。この組織は1995年のアカデミー賞短編映画部門で最優秀賞を獲った米映画『Trevor（トレヴァー）』にインスパイアされて立ち上がりました。映画は13歳の中学生トレヴァーが片思いの相手から拒絶され、さらにクラスメイトにもゲイだと知られて自殺しようとするという話です。トレヴァーは死にもしないし全編明るいコメディタッチなのですが、製作者たちは見た人が誤ったメッセージを受け取るかもしれないと心配して「トレヴァーいのちの電話 Trevor Lifeline」というホットラインを立ち上げました。これが「トレヴァー・プロジェクト」でした。誰でも絶望している人はここに電話して相談して、という企画です。

　「イット・ゲッツ・ベター・プロジェクト」によって、みんながこの「トレヴァー・プロジェクト」にも気づきました。「いのちの電話」は回線とオペレーターを増やす必要が出てきました。そこでサンフランシスコのあのハーヴィー・ミルクの昔のカメラ店を、3つ目のコールセンターにしたのでした。

自由が広がる

　夏の日にはナイアガラの滝から上がる霧の中に、よく虹が見えます。ところが2011年7月24日には、真夜中に虹がかかりました。あの大きな瀑布が途轍（とてつ）もないプライド・フラッグのように、全面レインボーカラーにライトアップされたのです。轟（とどろ）く水の流れの、ニューヨーク州側数メートルのところに立って、ナイアガラ・フォールズ市の市長ポール・ダイスターは、午前0時1分に式をスタートしました。そしてすぐに、

「イット・ゲッツ・ベター・プロジェクト」がスタートした最初の動画。投稿したのはここに映るテリー・ミラー（左）とダン・サヴェッジ（2010年9月）。
Courtesy It Gets Better

キティ・ランバートとシェリル・ラッドの2人が、ニューヨーク州で結婚した最初の同性カップルになったのです。その日が終わるまでにはあと数百組が結婚していました。

ニューヨーク州の結婚法の改正は、裁判所命令ではなく州議会が行いました。2007年以来、何度か上程されては失敗してきたのですが、最終的にやっと可決されて知事が署名、成立の運びとなったのです。

オバマ政権もまた、態度を変えました。その年の終わりに、国務長官のヒラリー・クリントンが国連人権デイ（Human Rights Day）の演説で、LGBTの権利を中心テーマに据えたのです。「ゲイ・ライツはヒューマン・ライツだ、そして

ACTIVITY やってみよう　いじめをやめさせる

いじめは学校で昔からある大問題です。幸運なことに、いまでは多くの学校でいじめを防ぐための、あるいはいじめが起きてしまった場合にどう正すかという取り組みや方策がなされています。いじめの理由はたくさんあります——単にその生徒がLGBTかもしれないという理由だけではなく——ただ、どんな理由にせよ、それは正当化できません。

あなたの学校はいじめを予防するために、どんな取り組みをしていますか？　もし知らないなら、聞いてみてください。アメリカには次の3つのいじめ反対キャンペーンがあります。学校ぐるみで参加しているところもあります。参考にしてみてください。

● 魂の日（Spirit Day）

10月は全米いじめ予防月間なのですが、毎年10月の第3木曜日には、紫色の服を着て学校に行こうという運動があります。紫色の服を着ることで、LGBTの若者たちへの支持を示すのです。この日は「スピリット・デイ（魂の日）」と呼ばれ、2010年から始まりました。LGBTの若者の自殺が相次いだことから、カナダの10代の少女ブリタニー・マクミーランが提唱して始まったのです。彼女が紫色を選んだ理由は、それがレインボー・フラッグの中の「魂」を表す色だからです。いまこのキャンペーンは「GLAAD（グラード）＝ Gay & Lesbian Alliance Against Defamation」（誹謗中傷に対抗するゲイとレズビアンの同盟）が後援しています。「スピリット・デイ」の詳細については「www.glaad.org/spiritday」にアクセスしてみてください。

● 全米沈黙の日（National Day of Silence）

1996年、ヴァージニア大学のマリア・パルゼッティが、学生たちに1日ずっと何も話さないことを誓ってほしいと呼びかけました。そうすることで、いじめによって何も話せなくなっている子たちに、みんなで思いを馳せようというのです。これがいま、全米の学校を中心に4月半ばに行われている「デイ・オヴ・サイレンス（沈黙の日）」の最初です。現在は「ゲイとレズビアンとストレートの教育ネットワーク Gay, Lesbian & Straight Education Network」がスポンサーになっています。次回の予定は「www.dayofsilence.org」に行けば書いてありますよ。

● スポーツ選手のアライ宣誓（Athlete Ally Pledge）

スポーツ大会ではよく、その大会に臨む選手たちの心構えを表明する選手宣誓が行われます。そこで「アスリート・アライ Athlete Ally」という団体が、選手同士の敬意と包容の大切さを広く促すために、次のような選手による「アライの誓い」の雛形を作りました。「アライ」とは「味方、協力者、同盟を結んだ者」という意味です。アメリカではスポーツ大会でこの宣誓を選手代表が、あるいは参加選手がみんなで唱えることがあります。

「私は、実際にそうか、そう見られているだけかのいずれにしても、その人の性的指向、ジェンダー・アイデンティティ、ジェンダー表現にかかわらず、すべての人を敬い、歓迎するようアスリート・コミュニティを先導することを誓います。いままさにここから、私は、すべての選手が競技の中でも競技の外でも敬意を払われていると感じられるよう、選手たちの最善を引き出すための自分の役割を果たします」

ヒューマン・ライツはゲイ・ライツだ」という彼女の有名な言葉はこのとき話されました。そして、米国が主導して、世界の国々のLGBT市民たちへの政策を国際的に改善させると約束したのです。

とはいえ、当の大統領が結婚の平等（marriage equality）を支持していないのに、その政権が他の国にどうのこうの講釈するのは偽善だろうという声もありました。そんなとき、副大統領のジョー・バイデンが日曜朝のNBCのインタビュー番組『ミート・ザ・プレス Meet the Press』で発言したのです。2012年5月のことでした。同性婚に関して個人的にどう感じているかと聞かれて、彼は「私は完璧にオーケーだよ、男が男と結婚しても、女が女と結婚しても、ヘテロセクシュアルの男女が互いに結婚しても、それはみんなまったく同じ権利だし、みんな公民権（civil rights）だし、市民の自由（civil liberties）だ」と答えました。「それに実にぶっちゃけた話、私にとっちゃ相手が違うって以外に大した違いは見当たらないんだ」

バイデンのこのコメントは、大統領とは齟齬を来していました。報道記者たちはホワイトハウスにその点の明快な答えを求め始めます。3日後、今度はオバマがABCニュースのキャスター、ロビン・ロバーツのインタビューを受けて、バイデンほど歯切れはよくありませんでしたが、こう話したのでした。「ある時点で、私はこう結論したんだが——つまり自分として個人的に、重要なことは私も前に進んで肯定することだと——私は、同性カップルは結婚できるべきだと考えている」。そしてこの変心は自分の娘たちのおかげだと言いました。「娘たちには、両親が同性カップルの友だちがいるんだ……夕食のテーブルで一緒にその友だちやご両親のことを話していて——娘たちは、どうして友だちのご両親が違う扱いを受けているのか、意味がわからないと言う。率直に言って、そういうことが物事の見方を変えるきっかけになる。自分の子どもたちに説明ができないんだ」

そのころ、2012年の大統領選挙が全面展開していました。オバマのこの心変わりが有権者の投票行動にどう影響するのか、吉と出るか凶と出るか、まだ誰にもわかりませんでした。共和党の対抗馬はミット・ロムニーです。ロムニーのほうは記者たちに、自分は同性婚を支持しないと念を押していました。シヴィル・ユニオンも支持しないと言っていました。

「私が思うに、大統領は、ミット・ロムニーの選挙運動に欠けていた1つの重大要素を提供したようだ」と、宗教保守派「ファミリー・リサーチ・カウンシル」のトニー・パーキンズが嬉々として語りました。オバマの同性婚擁護の発言で「ミット・ロムニーが選挙に勝つのに必要なものが手に入った。社会の保守層の、この選挙に臨む強烈な思いと動機付けだ。これで共和党の支持に火がついた」というわけでした。

11月の大統領選挙では今回もまた、ワシントン州、メリーランド州、メイン州で同性婚の是非が住民投票にかけられていました。住民投票では、LGBTコミュニティは2008年まで全戦全敗でした。しかし2012年は？　メイン州で勝ちました。メリーランド州で勝ちました。ワシントン州でも勝ちました。そしてバラク・オバマは自身2期目の当選を果たしました。さらに続いて、もっと素晴らしい勝利があと数カ月後に待っていたのです。

イーディス・ウィンザーが
DOMAドラゴンを虐殺する

1969年6月28日、そう、あの日が明けて、ティア・スパイヤーとイーディス・ウィンザーは、グリニッチ・ヴィレッジのストーンウォール・インの近くにいました。ヨーロッパで休暇を過ごしてニューヨークに戻ったばかりでした。だから、数時間前にここで何が起きたのかを知らなかった。とにかく警官があちこちにいるのです。

彼女たちも当時からLGBTの世界の一部ではありましたが、例えばドラァグクイーンたちとか、コミュニティにいるからと言ってみんなが仲間というわけではありませんでした。

2013年のウィンザー判決を下した当時のアメリカ連邦最高裁判事の面々。前列左から／クラレンス・トーマス、アントニン・スカリア、最高裁長官ジョン・ロバーツ、アンソニー・ケネディ、そしてルース・ベイダー・ギンズバーグ。後列左から／ソニア・ソトマイヤー、スティーヴン・ブライヤー、サミュエル・アリート、エレーナ・ケイガン。

Steve Petteway, Collection of the Supreme Court of the United States

「ドラァグクイーンと一緒にされることは嫌だった」と当時を振り返ってウィンザーは言います。しかしそのとき、彼女は前夜に何が起きたのか、そして誰が最も激しく闘ったのかを知ったのです。「それ以来……私はものすごい感謝を感じた。彼女たちは、私の人生を変えた。永遠に私の人生を変えたの、あのクイーンたちが」。それから40年以上たって、イーディス・ウィンザーはそのお礼を返すことになります。彼女が行ったことは、すべての意味でストーンウォールにも匹敵する歴史的なことでした。

ウィンザーとスパイヤーが出会ったのは1963年のことです。1965年に付き合い始めました。スパイヤーはやがて、ウィンザーに結婚を申し込みます。けれど職場の同僚たちが彼女たちの秘密に気づくのをおそれて、婚約指輪の代わりに丸いダイヤモンドのブローチをつけていました。

1977年、スパイヤーが多発性硬化症（MS）と診断されます。中枢神経系の病気で、しばしば体の自由が利かなくなる病気です。すぐに仕事ができなくなるわけではありませんでしたし、2人で幸せな時間を過ごせなくなるわけでもありませんでしたが、10年、20年とたつうちに、彼女のMSはだんだんと悪化していきました。2007年、彼女は余命1年以下と告げられました。そこで彼女はウィンザーに対して、いまでも自分と結婚したいか尋ねたのでした。ウィンザーはイエスと答えました。彼女たちはカナダ・トロントに飛びます。2007年5月22日、彼女たちは結婚しました。長い長い婚約期間でした——そのときすでに42年が過ぎていました。

スパイヤーはあと2年を生き、2009年2月5日、自宅で亡くなりました。ひと月もたたないうちに、ウィンザーは心臓発作を起こしました。さらに36万3,053ドル（当時の1ドル＝100円換算で約3,600万円）もの税金を払わされるということを知ります。スパイヤーの財産の"相続"税だというのです。もちろん相続したものなんかありません——すべて、カップルとして2人で一緒に作り上げ蓄えてきたものでした。しかし、あの結婚防衛法（DOMA）によれば、アメリカの連邦政府では、彼女たち2人の完璧に合法なカナダでの結婚は認知されないのです。ウィンザーはしたがって、スパイヤーが妻ではなく単なる知人であるとして課税されたわけです（配偶者なら相続税などありません）。

ならば、とウィンザーは弁護士ロバータ・カプランを雇って裁判を起こしました。地裁、控訴裁とも彼女が勝ちました。最後は2013年3月27日、連邦最高裁に持ち込まれます。いったん上告されたら、あとは判決を待つ以外にありません。

しかし3つの州は待ちませんでした。5月に、ロードアイランド州が、デラウェア州が、そしてミネソタ州が、いずれも議会投票で同性婚を合法化しました。いずれの州知事もその法案を署名、成立させました。

次は2013年6月26日です。連邦最高裁が2つの件で判断を下します。1つは例の提案8号のケース。判決は、提案8号の支持者は、下級審でそれが違憲だと判断されても、それに対して上訴する権利を持たない、というものでした。つまり下級審での違憲判断が、そのまま通ったのです。提案8号は死にました。

ウィンザーのケースはもっとはるかに重要でした。5対4の票差で、連邦最高裁は結婚防衛法（DOMA）のほとんどを葬り去りました。多数意見としてケネディ判事はこう書きました、「DOMAは州が認めた同性結婚の公的及び私的な重大性を損なうものだ。なぜならそれは、そ

うしたカップルに対し、そして全世界に対し、彼ら彼女らの、ほかの形では有効な結婚が、連邦政府の認知には値しないものだと告げるのと同じことだからである」。ケネディ判事は、DOMAによって同性カップルには享受できない連邦政府からの恩恵のすべてを詳細に挙げていきました。それからDOMAがそうした家族に与える感情について、彼自身の思いを付け加えたのです。「それは、いま同性カップルによって育てられている数万もの子どもたちに屈辱を与えるものだ。当該の法律は、子どもたちが自分自身の家族の一体感や親密さを理解するのをさらにより困難にしている」

スカリア判事は例によって不同意でした。そしてこの判決が広範囲にわたって重大な結果に結びつくだろうと予言しました。「この法廷に関する限り、誰もだまされるべきではないのだ。いまは単に、次に当然起こるべきことを耳を澄まして待っているという状況に過ぎない……（この判決の）多数意見は、結婚を伝統的な意味に限定する州法に対して、反対者すべてに十分な武器を与えるものである」。同性婚の合法化は、結婚制度を誰にでも平等に与えるというものなので、特権ではなく「結婚の平等

marriage equality」と呼ばれます。結婚の平等化は全米に広がり、それを止めるためにできることは、誰にもほとんどありませんでした。

連邦最高裁判断から2日後、カリフォルニアで同性婚が再開されます。再開後の最初のカップルは、クリスティン・ペリーとサンドラ・スティアでした。彼女たちが提起した裁判でした。彼女たちの結婚式は、サンフランシスコ市庁舎で執り行われました。ハーヴィー・ミルクの彫像のすぐそばで。もう1組の原告ジェフリー・ザリーロとポール・カターミも、その日のうちにロサンゼルス市長アントニオ・ヴィラレイゴウサによって結婚が認められました。

判決に次ぐ判決

最高裁での勝利の後で、全米各州の判事たちが同性婚禁止の州法の無効を宣言し始めました。多くは直接、あの「合衆国対ウィンザー裁判」の判決を引き合いに出しました。アントニン・スカリアの反対意見もしばしば引用されました。

ニュージャージー州が最初に陥落しました。2013年9月27日です。共和党の州知事クリス・クリスティは判決を不服として闘いましたが敗れました。10月21日午前0時を回って、ニュージャージー州で同性カップルたちが結婚し始めました。

11月には相次ぐ訴訟に急き立てられる形で、ハワイとイリノイの両州の州議会が同性婚合法化法案を可決しました。ハワイでは12月から結婚が可能になりましたが、イリノイでは翌年6月まで待たねばなりませんでした。

2013年12月10日、次はニューメキシコ州最高裁が、同性婚禁止法の撤回を命じます。翌日にはユタ州の州法が違憲であると宣告され、新年になるとさらに毎週のようにあちこちで、結婚の平等が認められるようになりました。1月14日にはオクラホマ、2月13日にはヴァージニア、テキサス、ミシガン、アーカンソー、アイダホ……みんな春までには決着がつきました。そのすべてが州法による禁止を覆したのです。

ほとんどの判決は、州レヴェルの連邦判事によるものだったので、当然その上の控訴裁判所へ、最終的には連邦最高裁判所へ上告することも可能です。上訴されると下級審での判決がふつうは保留されることになるので、結婚は待たなければならなくなります。

しかし、すべてのケースがそうではありません。オレゴン州では2014年5月19日に、ペンシルヴェニア州では翌20日に、判事が同性婚禁止法撤廃の判決を出します。ペンシルヴェニアの判事ジョン・ジョーンズ3世は判決文で、「我々はそれらの禁止法が提示するよりも善良な人間である」と書きました。「そしていまや、それらを歴史の灰の山の上に捨てるべき時なのだ」。こうして両州では即座に結婚が可能になりました。

6月、ウィスコンシンとインディアナの禁止州法が取り消されます。7月にはケンタッキー。そしてコロラド。そしてフロリダ。9月までに、そのうちの11州が連邦最高裁に上告します。2014年10月6日、連邦最高裁は誰もが衝撃を受ける発表を行うのです。「上告されたすべてのケースを、連邦最高裁は審議しない！ なぜなら、下級審で総じて禁止法が違憲であると議論を尽くして合意しているのだから、連邦最高裁の判事たちがこれ以上審議することはあまりない」ということだったのです。連邦最高裁が上告を却下したいま、下級審の判決がすべてでした。却下の前日には、19州（それとコロンビア特別区と）で同性婚が可能でした。それが11州の訴えの却下で、計30州で同性婚が合法になったのです。

1週間後にはあと2州がこれに加わりました。アラスカとアリゾナです。そして次にはミズーリ、さらにミシシッピ。2015年にはサウスダコタとアラバマも加わりました。

すると次は決まっています。連邦最高裁が、州それぞれが、つまりはアメリカ全体が国家として、「ゲイ・マリッジ」を禁止できるのかどうかという問題を取り上げるのです。2015年、この裁判は「オバーゲフェル対ホッジズ Obergefell v. Hodges」と呼ばれます。2013年

「宗教の自由と結婚の公正 religious Freedom and marriage Fairness」法案に署名する
イリノイ州知事パット・クイン（Pat quinn）（2013年11月20日撮影）。
Photo by author

にウィンザー判決が出た直後に、ジェイムズ・オバーゲフェルとジョン・アーサーは結婚を決心します。アーサーはALS（筋萎縮性側索硬化症＝ルー・ゲーリック病）を患っており、そう長く生きられないことがわかっていました。このシンシナティのカップルは医療用飛行機をチャーターして、合法的に結婚できるメリーランド州に着陸し、その滑走路で結婚し、再びオハイオ州に戻りました。

　3カ月後、アーサーは他界します。オハイオ州はしかし、彼の死亡証明書に「既婚」と記入する

のを拒否しました。それで夫たるジェイムズ・オバーゲフェルが、州の同性婚禁止を無効とする裁判を起こしたわけでした。2015年6月26日、連邦最高裁が最終判断を下しました。5対4の多数意見を書いたのは、再びアンソニー・ケネディ判事でした。

　いかなる結びつきも結婚以上に深淵なものはない。なぜならそれは愛情と貞節と献身と犠牲とそして家族の、最高の理想を具現したものであるからだ。結婚の結びつき

を形にすることで、2人の人間はかつての自分たちよりもさらに偉大ななにものかとなる……結婚は死を超えてさえ生き残り得る愛の表現形である。これらの男性たち女性たちが、結婚の概念を軽視していると言うのは彼らを誤解することになる。彼らの申し立ては彼らがそれを尊重するということであり、深く尊重するがゆえに己がため結婚の充足感を追い求めるということなのだ。彼らの希望は、孤独の中で、愛することを非難されないこと、文明の最古の制度の1つから排除されないことである。彼らは法の目の届く中で平等な尊厳を求めている。アメリカ憲法は彼らのその権利を当然のものとする。

4人の判事が反対しました。しかしこの時点で、そんなことはもうどうでもよかった――結婚の平等はいま、この国の法律となったのでした。どの場所でも。From sea to shining sea――1つの海からもう1つの輝ける海まで遍く。

次は何？

アメリカでのLGBTの平等のための闘いが、もうほとんど勝利したかのように考えがちですが、しかしこの本が出版される直前2015年10月の時点で、実はアメリカでは50州のうち計28州で、ゲイだとかレズビアンであるという理由で、誰かを解雇することはまったく問題なく合法なのです。トランスジェンダーの人たちに関してはさらにリスクは高く、32州で雇用差別を禁止する法律がありません。公共の宿泊施設や住宅の賃貸・購入でも差別は同じです。LGBTの人は客としてレストランで食事するのを断られたり、ホテルで宿泊お断りと言われたりします。そのような州では彼、彼女には何をすることもできません。

雇用差別の問題もあります。「雇用非差別法 Employment Non-Discrimination Act」という

法案が、1994年に初めて連邦議会に提出されました。性的指向、ジェンダー・アイデンティティを理由に、誰かを解雇することを違法とする連邦レヴェルの法律です。人種や性別を理由に誰かを解雇できないとするのと同様の法律です。なのに、20年以上たっても、その法律は成立していません。

トランスジェンダー・コミュニティもどんどん目に見える存在になってきています。トランスジェンダーを公表している女優ラヴァーン・コックスが《タイム》誌の表紙に登場したのは2014年6月9日号です。表紙の見出しは「THE TRANSGENDER TIPPING POINT—America's next civil rights frontier（トランスジェンダーの転換点――アメリカの次の公民権の未開拓地）」でした。2015年春にはモントリオール五輪（1976年）で10種競技の金メダリストだったブルース・ジェンナーが性別移行してケイトリン・ジェンナーと名乗り始めたことを世界が知ることとなりました。それでもトランスジェンダー・コミュニティには完全な平等と受容を達成するために、克服しなければならないことがたくさんあります。

さらに、目を世界に移すとどうか？　アメリカよりも西ヨーロッパ社会のほうがLGBTコミュニティにとっての保護も権利も充実しています。しかし東ヨーロッパ、ロシア、アフリカ、アジアではLGBTの人々は広く迫害・弾圧に遭っています。中央アメリカ、南アメリカではゲイやレズビアンを保護する法律を持つ国もありますが、ほとんどは違います。彼らの闘いは始まったばかりです。

すべての平等にたどり着くにはまだまだやらねばならないことがたくさんあります。けれど、いままでここに書いてきた歴史を読んでみて、2つのことは完全に明らかだと思います。1つは、LGBTコミュニティは決して闘うことを投げ出さないということ。たとえ達成までに何十年かかろうとも。2つ目は、最後に、彼らは必ず、いつも、勝利するということです。

いままで見てきたように、LGBTの公民権をめぐる闘いは、女たち、男たち、そして子どもたちの、しかも勝つ見込みのほとんど見えない不正義に立ち上がり、そして勝った者たちの物語であふれています。それはヒーローたちに事欠かない歴史です──誰もがきっと自分たちのコミュニティの中に、あるいは家族の中にも、そんな誰かを見つけることができるかもしれません。

テレサ・ヴォルピーとメルセデス・サントスのことを憶えていますか？ この本の冒頭で、彼女たちの物語を紹介しました。2人は特にヒーローには見えません。どんな親もそうであるように、彼女たちの第一の心配は子どもたちのことでした。ただ、その子どもたちにとっての最善を尽くすことが、2011年にあの病院で起きたこと以上のものを伴わざるを得なかったということなのです。さて、そこからこの物語を再開しましょう。

メルセデスは小児集中治療室を出てどうにかテレサを見つけます。病院職員との議論は堂々巡りでどうにもなりません。2人は互いの顔を見合わせ、言います、「2人で入っちゃうしかない」。するとそこに、病院の管理責任者がやって来ました。再び同じ説明を繰り返すと、今度は2人ともジェイダンのいる部屋に入るのを認められたのでした。彼の病状は最後には良くなったのですが、治療が終わって帰宅するまでには2週間がかかりました。

テレサとメルセデスは考え込まざるを得ま

日々のヒーローたち

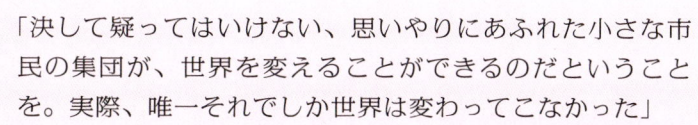

「決して疑ってはいけない、思いやりにあふれた小さな市民の集団が、世界を変えることができるのだということを。実際、唯一それでしか世界は変わってこなかった」
――マーガレット・ミード

せんでした。もしまたこんなことが起きたら？あの病院が彼女たち家族に向けた扱いは、彼女たちに国が向ける扱いと同じものです。彼女たちは第二級の市民でした。2人が結婚していれば、こんなことは起こるはずもありませんでした。そして彼女たちは、結婚できません。なぜなら2人とも女性だからでした。

彼女たちの病院での話はやがて「ラムダ・リーガル」に届きます。イリノイ州での同性婚禁止に対して訴訟を起こそうとしていた民間の公民権法律組織です。彼らが2人に接触しました。最終的に、2人もその訴訟に参加することになりました。イリノイ州の各地から計16組のカップルが、この「ラムダ・リーガル」の訴訟に加わったのです。そこに、さらに9組のカップル

の代理人として「米国自由人権協会 American Civil Liberties Union」による訴訟も並行して提起されました。

訴訟に訴える方法というのは、なかなか審理が進まないのが難です。普通は判決が出るまでに何年もかかります。というわけで、この裁判も這うようにしか進みませんでした。そこでLGBTの活動家たち、政治家たちは州議会を通じてこの禁止法を変えようと試みます。

その後2年以上にわたって、サントス-ヴォルピーの家族はスプリングフィールドにある州議会に何度も足を運び、州上院・下院議員にロビー活動を行いました。2013年1月、結婚の平等法案を検討している州上院執行委員会で、彼女たちは証言に立ちました。メルセデスとアヴァ

とジェイダンを横にして、テレサは家族のために話しました。2年前に病院で起きたことを思い出しながら、なぜその法案の成立が必要なのかを。「私たちの子どもたちが、私たちの結婚を望んでいます」と最後に彼女は言いました。「子どもたちが私たちを必要とするとき、私たちは子どもたちを守れる、子どもたちのためにそこにいる、そうしっかりと安心して感じていたいのです。あの子たちに、自分の家族も、他のいろんなイリノイの家族とまったく同じように、敬意をもって接せられるに値するものなのだと理解してほしいのです」

ヴァレンタイン・デイにこの法案は、州の上院で可決しました。けれど下院ではその春に膠着状態に陥りました。LGBTのアクティヴィストたちとコミュニティ・リーダーたちはヒートアップしました。もちろん反対陣営もまた。両陣営ともデモを行い、抗議集会を開きます。新聞や政治家に投書や手紙も書きました。そして

とうとう、2013年11月5日に、法案は下院での投票にたどり着きました。サントス‐ヴォルピーの一家も、傍聴席のバルコニーから討論のやりとりを見つめていました。投票結果が発表されます。一家はみんなで手を握り合っていました。賛成61、反対54。勝った！

その日の終わりに一家は、イリノイ州知事公舎に招待されました。勝利の祝宴でした。そこでアヴァとジェイダンの2人のママは、子どもたちに、壁に掛かったエイブラハム・リンカーンの肖像画を指差して見せました。「奴隷解放の父」とされるリンカーンは、イリノイ州議会議員から国政に進出した人です。2人は子どもたちに、自分たちもまたイリノイ州の歴史の新たな一部なのだと教えたのです。

サントスとヴォルピーは、イリノイ州で結婚を平等なものとするために闘った数多くの人たちの中で、最初に名前の挙がるカップルでしょう――活動家たち、当事者たち、弁護士や裁判

日々のヒーローたち

の原告、議員やロビイストたち、そしてデモや集会に参加して選挙で選んだ代表に圧力を与えてきた数千、数万もの人たち。それはとんでもない数です。事実、11月20日に、法案を成立させる知事の署名が行われたときに、一家は混雑する署名ステージの上には招待されませんでした。

でもきっとそのほうが良かった。というのもテレサとメルセデスは手がいっぱいだったのです。その8日前、テレサは一家の3人目の子どもを産みました。レノックスといいます。それでも一家には実は、知事が署名するそのステージの前列1列目の席が用意されていました。署名デスクは、かつてエイブラハム・リンカーンが使っていたものでした。会場にあふれ返った数千人もの人々は、署名を見守りながら喝采を送り、泣いていました。

サントス-ヴォルピーの一家にも、いつものノーマルな生活が戻っています——「ノーマル」とは、みんなで、アヴァのバスケットの練習に、市外の水泳大会に、数学クラブに、そしてピアノやヴァイオリンのレッスンに、ジェイダンのチェスのトーナメント試合に、カラテ教室に、ピアノ・レッスンに、それからレノックスの「ママと赤ちゃん音楽教室」に、車で出かけるということです。もちろん学校、それに宿題もあります。

けれど全部が以前と同じというわけではありません。前より良くなったのです。テレサとメルセデスは、子どもたちを見ていてそれを実感します。世界を見る子どもたちの目が変わりました。子どもたちは、世界が公正（fair）であってほしいと願っています。少なくとも、前よりも公正（fairer）であってほしいと。そして彼らが自分の母親たちのおかげで知ったことは、それは可能なのだということです。「私たちが自分たちの権利のために自ら立ち上がらないままで」と、テレサとメルセデスにはとうにわかっていました。「子どもたちの世代なら立ち上がってくれるだろうって期待しても、そんなの無理に決まってるじゃない」

関連資料

Resources

読むべき本

Alsenas, Linas. *Gay America: Struggle for Equality.* New York: Amulet Books, 2008.

Bausum, Ann. *Stonewall: Breaking Out in the Fight for Gay Rights.* New York: Viking, 2015.

Kaufman, Moisés, and the Members of the Tectonic Theater Project. *The Laramie Project.* New York: Vintage Books, 2001.

Lecesne, James. *Trevor.* New York: Seven Stories Press, 2012.

Marcus, Eric. *Making Gay History: The Half-Century Fight for Lesbian and Gay Equal Rights.* New York: HarperCollins, 2002.

Savage, Dan, and Terry Miller, eds. *It Gets Better: Coming Out, Overcoming Bullying, and Creating a Life Worth Living.* New York: Dutton, 2011.

Setterington, Ken. *Branded by the Pink Triangle.* Toronto: Second Story Press, 2013.

Smith, Rachelle Lee. *Speaking Out.* Oakland, CA: PM Press, 2014.

見るべき映画

The Times of Harvey Milk (『ハーヴェイ・ミルク』)(1984)

Common Threads: Stories from the Quilt (1989)

Longtime Companion (『ロングタイム・コンパニオン』)(1990)

Philadelphia (『フィラデルフィア』)(1993)

The Celluloid Closet (『セルロイド・クローゼット』)(1995)

Out of the Past (1997)

訪れるべき場所

ザ・センター (The Center)

208 W. 13th Street
New York, New York 10011
(212) 620-7310
https://gaycenter.org/archives

この場所から「ACT UP」「QUEER NATION」、その他諸々のLGBT組織が始まりました。「ザ・センター」はLGBT公民館であり、アメリカ歴史資料保管所でもあります。

クリストファー・パーク (Christopher Park)

Christopher, Grove, and W. Fourth Streets
New York, New York 10014
https://www.nycgovparks.org/parks/christopher-park

「ストーンウォール・イン」からクリストファー通りを渡ったところにあります。クリストファー・パークには、ジョージ・シーガルが作った、LGBTコミュニティを祝う「ゲイ解放の像 Gay Liberation Monument」が（左写真）。

ガーバー／ハート図書館兼資料保管所 (Gerber/Hart Library and Archives)

6500 N. Clark Street
Chicago, Illinois 60616
(312) 381-8030
http://www.gerberhart.org

もともとは調べ物や貸出用の図書館でしたが、いまでは興味深い所蔵資料をいっぱい展示してあったり、LGBTコミュニティのための読書会やイヴェントも催したりしています。

- *Wilde*（『オスカー・ワイルド』）（1997）
- *Boys Don't Cry*（『ボーイズ・ドント・クライ』）（1999）
- *No Secret Anymore: The Times of Del Martin & Phyllis Lyon*（2003）
- *Milk*（『ミルク』）（2008）
- *J. Edgar*（『J・エドガー』）（2011）
- *How to Survive a Plague*（2012）
- *Pride*（『パレードへようこそ』）（2014）

- *The Case Against 8*（『ジェンダー・マリアージュ』）（2014）
- *The Imitation Game*（『イミテーション・ゲーム／エニグマと天才数学者の秘密』）（2014）
- *Love Is Strange*（『人生は小説よりも奇なり』）（2014）
- *The Danish Girl*（『リリーのすべて』）（2015）
- *Boy Erased*（『ある少年の告白』）（2018）

GLBT歴史博物館
(The GLBT History Museum)

4127 18th Street
San Francisco, California 94114
(415) 621-1107
https://www.glbthistory.org/museum/index.html

この博物館にはサンフランシスコという街がいかに独自にLGBTの公民権運動に貢献してきたかに焦点を当てています。「ビリティスの娘たち」やホセ・サリア、ハーヴィー・ミルク等々、いろんなことに関連する古い資料や遺品があります。ちなみにここは「LGBT」ではなく「ゲイ」が先に来る「GLBT」という、かつてのコミュニティの呼び方をそのまま踏襲しています。

レガシー・ウォーク (The Legacy Walk)

3200–3700 N. Halsted Street
Chicago, Illinois 60613
https://legacyprojectchicago.org

「遺産の散歩道」という名前の付いたシカゴの5ブロックほどの街並みのことをこう読んでいます。通りに沿って、オスカー・ワイルドやシルヴィア・リヴェラなどLGBTコミュニティの開拓者たち、組織リーダーたちや歴史事実など、数十枚の説明パネルが建っていて、それらを読んで歩くと世界のLGBT史がわかるようになっています。中にはアフリカ・ウガンダのLGBT権利活動家で暗殺されたデイヴィッド・カト（David Kato）のパネルもあります。シカゴに来られなくともオンラインでそのパネルを見ることができます。

NAMES 基金　エイズ追悼キルト
(The NAMES Foundation AIDS Memorial Quilt)

204 14 Street NW
Atlanta, Georgia 30318
(404) 688-5500
https://www.aidsquilt.org

「NAMES基金」は毎年全米、全世界で1,000枚以上のエイズ追悼キルトを展示しています。いつどこで行われているかはウェブサイトで調べられます。

全米LGBT博物館
(National LGBT Museum)

PO Box 1975, New York, NY 10113
https://www.nationalmuseum.nyc

現在ニューヨーク市内で開設が計画されている博物館です。まだ完成していませんが、建設計画の進捗状況や予定される展示などがウェブサイトで公開されています。

ONEアーカイヴズ財団
(ONE Archives Foundation)

909 W. Adams Boulevard
Los Angeles, California 90007
(213) 821-2771
https://www.onearchives.org

「ONEアーカイヴズ」はLGBTの歴史に関する巡回展示会を行っています。学校や、図書館、企業や文化イヴェントなどで展示や講演を依頼することができます。

参考文献

Notes

Introduction

All quotes, interview with Theresa Volpe and Mercedes Santos, November 21, 2014.

Chapter 1

"It was then and there" Lynn Sherr, *America the Beautiful* (New York: Public Affairs, 2001), 34.
"Greetings from Pikes Peak" Ibid., 37.
"A better American" Ibid., 29.
"one soul together" Paula Martinac, *The Queerest Places* (New York: Henry Holt, 1997), 37.
"did not care for women" R. B. Parkinson, *A Little Gay History* (New York: Columbia University Press, 2013), 15.
"Society has had recently" Will Roscoe, *The Zuni Man-Woman* (Albuquerque: University of New Mexico Press, 1991), 56.
"universal regret and distress" Ibid., 4.
"I have fallen in love" Michael Bronski, *A Queer History of the United States* (Boston: Beacon Press, 2011), 73.
"We were familiar at once" Frank Muzzy, *Gay and Lesbian Washington, DC* (Mount Pleasant, SC: Arcadia, 2005), 17.
"with my love" Keith Stern, *Queers in History* (Dallas, TX: BenBella Books, 2009), 489.
"I now and then put it on" Rodger Streitmatter, *Outlaw Marriages* (Boston: Beacon Press, 2012), 10.
"Howard's ancestral family" Charles H. Hughes, "Marriages Between Women," *Alienist and Neurologist* 23, no. 4 (November 1902), 498–500.
"Miss Nancy" and "Aunt Fancy" Jean H. Baker, *James Buchanan* (New York: Times Books, 2004), 25.
"I am now 'solitary and alone'" Robert Watson, *Affairs of State* (New York: Rowman & Littlefield, 2012), 246.
"male-bodied person" Jim Burroway, "Today's Birthday: Karl Heinrich Ulrichs," Box Turtle Bulletin, August 28, 2014, www.boxturtlebulletin.com/2014/08/28/66711#1825.
"female-bodied person" Ibid.
"the most depraved man" John Lauritsen and David Thorstad, *The Early Homosexual Rights Movement* (New York: Times Change Press, 1974), 53.
"Gentlemen of the jury" Ibid., 55.
"The world is growing more tolerant" Moisés Kaufman, *Gross Indecency* (New York: Vintage, 1998), 122.
"This is the worst case" Ibid., 126.

Chapter 2

"It is funny that men" Gertrude Stein, *Wars I Have Seen* (New York: Random House, 1945), 12.
"I regard it as a tragedy" Lauritsen and Thorstad, *The Early Homosexual Rights Movement*, 37.
"were often of finer grain" Martinac, *The Queerest Places*, 310.
"You must know, dear" Streitmatter, *Outlaw Marriages*, 37.
"Through science to justice" Ralf Dose, *Magnus Hirschfeld* (New York: Monthly Review Press, 2014), 8.
"The film you are about" Paul Russell, *The Gay 100* (New York: Kensington Books, 1995), 17.
"The first difficulty was" Jonathan Ned Katz, *Gay American History* (New York: Avon, 1978), 388.
"We were up against a solid wall" Barry D. Adam, *The Rise of a Gay and Lesbian Movement* (New York: Twayne Publishers, 1995), 46.
"Paris has always seemed" Linas Alsenas, *Gay America* (New York: Amulet Books, 2008), 34.
"You're neither unnatural" Erin McHugh, *Loud and Proud* (Los Angeles: Alyson Books, 2007), 121.
"I would rather give" David Leavitt, *The Man Who Knew Too Much* (New York: Atlas Books, 2006), 18.
"If You Are Gay" Charles Kaiser, *The Gay Metropolis* (New York: Grove Press, 1997), 19.
"At that time, $800" Eric Marcus, *Making Gay History* (New York: Harper Perennial, 2002), 29.
"At 9:30 am some" Lauritsen and Thorstad, *The Early Homosexual*

Rights Movement, 40–42.
"I have resigned myself" Dose, *Magnus Hirschfeld*, 37.

Chapter 3

"Ask anyone who served" John Loughery, *The Other Side of Silence* (New York: John Macrae Books, 1998), 136.
"I stood there and he looked up" Alan Bérubé, *Coming Out Under Fire* (Chapel Hill: University of North Carolina Press, 1990), 197.
"[I] knew an awful lot" Ibid., 23.
"On behalf of the British government" Jim Burroway, "Today's Birthday: Alan Turing," Box Turtle Bulletin, June 23, 2014, www.boxturtlebulletin.com/2014/06/23/65287#1912.
"When we all walked in" Marcus, *Making Gay History*, 6.
"I venture to predict" Edythe Edye (Lisa Ben), "Here to Stay," *Vice Versa* 1, no. 4 (September 1947).
"I wanted to live it" Marcia M. Gallo, *Different Daughters* (New York: Carroll & Graf, 2006), xxxiv.
"Tolerance is the ugliest word" Donald Webster Cory, *The Homosexual in America* (New York: Greenberg, 1951), 151.
"[If an appeal were made] to the American traditions" Ibid., 243.
"Communists and queers" David K. Johnson, *The Lavender Scare* (Chicago: University of Chicago Press, 2004), 3.
"Homosexuals and other" George Chauncey, *Why Marriage?* (New York: Basic Books, 2004), 20.
"First, they are generally" Kaiser, *The Gay Metropolis*, 79–80.
"any criminal, infamous, dishonest" Johnson, *The Lavender Scare*, 123.
"exposing the pinks, the lavenders" Loughery, *The Other Side of Silence*, 199–204.
"Think of all the guys" *Hope Along the Wind* (Frameline, 2001), 00:35:42.
"We do not advocate" Lillian Faderman and Stuart Timmons, *Gay L.A.* (New York: Basic Books, 2006), 115.
"I'm tired of talking" Linda Hirshman, *Victory* (New York: Harper Perennial, 2012), 44.
"A mystic bond" Paul D. Cain, *Leading the Parade* (Lanham, MD: Scarecrow Press, 2002), 5.
"We weren't going to go out" Marcus, *Making Gay History*, 40.
"I have been miserable" Faderman and Timmons, *Gay L.A.*, 135.
"key positions with . . . the FBI" David F. Freeman, "How Much Do We Know About the Homosexual Male?", *ONE Magazine*, November 1955, 4–6.
"put up or shut up" Jim Burroway, "J. Edgar Hoover's Personal Interest in Gay Movements Revealed," Box Turtle Bulletin, September 25, 2013, www.boxturtlebulletin.com/2013/09/25/59187.
"no further action be taken" Jim Burroway, "FBI Launches Investigation Against *ONE Magazine*," Box Turtle Bulletin, January 26, 2014, www.boxturtlebulletin.com/2014/01/26.
"By winning this decision" Don Slater, "Victory! Supreme Court Upholds Homosexual Rights," *ONE Magazine*, February 1958, 17.
"We have let you see" Marcus, *Making Gay History*, 4.
"He replied that they could" Ibid., 5.
"Bronx GI Becomes a Woman" Christine Jorgensen, *Christine Jorgensen: A Personal Autobiography* (New York: Paul S. Eriksson, Inc., 1967), 138.
"All of America is anxiously awaiting" Ibid., 141.
"After a long talk" Ibid., 147–148.
"I thought for a moment" Ibid., 182.
"If I sneezed" Ibid., 188.
"Would you like to be" Gallo, *Different Daughters*, 1.
"[Bamberger] wanted it to be" Ibid., 1–2.
"gay girl of good moral character" Ibid., 4.
"Qui vive" Ibid., 5.
"I called up when I arrived" *Before Stonewall* (First Run Features, 1985), 00:47:51.
"It was a business meeting" Marcus, *Making Gay History*, 62.
"The movement was entirely run" Victoria A. Brownsworth, "Barbara Grier (1933–): Climbing the Ladder," in *Before Stonewall: Activists for Gay and Lesbian Rights in Historical* Context, ed. John Dececco and Vern L Bullough (New York: Routledge, 2002), 258.

"Thank you a thousand times over" Gallo, *Different Daughters*, 81–82.

"You never knew what" Rev. Troy D. Perry and Thomas L. P. Swicegood, *Profiles in Gay & Lesbian Courage* (New York: St. Martin's, 1991), 168.

"I decided that my dismissal" Marcus, *Making Gay History*, 81.

"For about eight months" Kaiser, *The Gay Metropolis*, 138–139.

"As an employer, the government's" Perry and Swicegood, *Profiles in Gay & Lesbian Courage*, 164.

"I am right and they are wrong" Hirshman, *Victory*, 58.

"God save us nelly queens" *Before Stonewall*, 01:09:42.

"I sang the song" Michael R. Gorman, *The Empress Is a Man* (New York: Harrington Park Press, 1998), 162.

"with the intent to deceive" Ibid., 179.

"The police knew a potential lawsuit" Ibid., 180.

"When are American homosexuals" William Lambert [Dorr Legg], "When Will Homosexuals Stop Pitying Themselves?", *ONE Magazine*, March 1959, 4–5.

"For those of us who were homosexual" *Before Stonewall*, 00:31:53.

Chapter 4

"I decided then" Jean M. White, "Those Others: A Report on Homosexuality," *Washington Post*, February 1, 1965.

"Applause for the challenger" Kay Tobin (Kay Lahusen), "'Expert' Challenged," *The Ladder* 9, nos. 5–6 (February–March 1965), 18.

"He was, let's say" Loughery, *The Other Side of Silence*, 250.

"I went down to City Hall" Gorman, *The Empress Is a Man*, 206.

"But that didn't stop me" Ibid., 207.

"My platform when I ran" Jim Burroway, "José Sarria Runs for San Francisco City Supervisor," Box Turtle Bulletin, November 7, 2013, www.boxturtlebulletin.com/2013/11/07/60044.

"I campaigned in schools" Gorman, *The Empress Is a Man*, 206–207.

"I lost the election" Cain, *Leading the Parade*, 40.

"Mr. Hoover would like to be" Marcus, *Making Gay History*, 91.

"9. Insist that you be treated" Jim Burroway, "FBI Collects Info on Homophile Groups 'Obstructing Efforts of the Bureau,'" Box Turtle Bulletin, June 4, 2014, www.boxturtlebulletin.com/2014/06/04/64955#1965.

"That's enough!" Marcus, *Making Gay History*, 101.

"It's useless to waste everybody's time" Alsenas, *Gay America*, 75.

"It is time that we begin to move" Frank Kameny, "Does Research into Homosexuality Matter?" *The Ladder* 9, no. 8 (May 1965), 14.

"Halt Government's War Against Homosexuals" Hirshman, *Victory*, 68.

"We had no idea" *Before Stonewall*, 01:13:11.

"It was thrilling" Marcus, *Making Gay History*, 105.

"I did not like parading around" *Stonewall Uprising* (American Experience, 2010), 00:43:50.

"a lot of guts to stand up" Gallo, *Different Daughters*, 115.

"If I had to specify" Kaiser, *The Gay Metropolis*, 147.

"It is time to open the closet door" Donn Teal, *The Gay Militants* (New York: St. Martin's, 1971), 62.

"Many of us who went south" *Before Stonewall*, 01:11:35.

"an immediate cessation" Susan Stryker, *Transgender History* (Berkeley, CA: Seal Press, 2008), 62.

"That's all the identification you need" Teal, *The Gay Militants*, 26.

"It's not against the law" Jim Burroway, "Flower Power Protest Against Los Angeles Police," Box Turtle Bulletin, August 17, 2014, www/boxturtlebulletin.com/2014/08/17/66518#1968.

"I think these people are a fit subject" CBS Reports, *The Homosexuals* (3/7/67), 00:30:49.

"Instead of the homosexuals slinking off" David Carter, *Stonewall* (New York: St. Martin's, 2004), 147.

"Everybody's looking at each other" Marcus, *Making Gay History*, 127.

"Why don't you guys do something?!" Carter, *Stonewall*, 151.

"Flip the paddy wagon!" Hirshman, *Victory*, 98.

"I'll never forget the looks" Marcus, *Making Gay History*, 131.

"I had been in combat situations" Kaiser, *The Gay Metropolis*, 197.

"We are the Village girls!" Carter, *Stonewall*, 177.

"What's going on here?" Gallo, *Different Daughters*, 149–150.

"My father called and congratulated me" Hirshman, *Victory*, 101.

"We had discovered a power" *Stonewall Uprising*, 01:10:57.

"All of a sudden, I had brothers" Ibid., 01:14:40.

"It'll blow our cover" Perry Brass, "Sisters and Brothers: A Writer Hungering for Family Finds GLF," in *Smash the Church, Smash the State!*, ed. Tommi Avicolli Mecca (San Francisco: City Lights Books, 2009), 128.

Chapter 5

"You have to give them hope" James Daley, ed., *Great Speeches of Gay Rights* (Mineola, NY: Dover, 2010), 70.

"The Christopher Street Liberation Committee" Teal, *The Gay Militants*, 305.

"Out of the closets" *After Stonewall* (First Run Features, 1999), 00:12:11.

"For all of us who had" Robert Liechti, "Of the Day That Was and the Glory of It," *Gay Scene*, no. 3 (1970).

"You can't do that!" Teal, *The Gay Militants*, 14.

"They've lost that wounded look" Ibid., 7.

"We homosexuals plead with our people" *Stonewall Uprising*, 01:14:05.

"Let me tell you homosexuals" Fred W. McDarrah and Timothy S. McDarrah, *Gay Pride* (Chicago: A Cappella, 1994), 9.

"The time has come" Carter, *Stonewall*, 217.

"[It] became a community" Hirshman, *Victory*, 108.

"I was sitting with some friends" Marcus, *Making Gay History*, 141.

"It was like fire" Alsenas, *Gay America*, 90.

"Would you believe" Marcus, *Making Gay History*, 136.

"Every day brought something new" Néstor Latrónico, "My Memories as a Gay Militant in NYC," in Mecca, *Smash the Church, Smash the State!*, 49.

"[There] were all these gay people" *Vito* (First Run Features, 2011), 00:24:22.

"The experience of seeing those movies" Ibid., 00:24:35.

"It also seems like gay audiences" Michael Schiavi, *Celluloid Activist* (Madison: University of Wisconsin Press, 2011), 98.

"People were being taught" Marcus, *Making Gay History*, 141.

"I'm not missing a minute of this" Liz Highleyman, "Sylvia Rivera: A Woman Ahead of Her Time," in Mecca, *Smash the Church, Smash the State!*, 173.

"When we asked the community" Marcus, *Making Gay History*, 151.

"You people run if you want to" Stephen Cohen, *The Gay Liberation Youth Movement in New York* (New York: Routledge, 2007), 118.

"The idea was, these are like" Hirshman, *Victory*, 120–121.

"When are you going to speak" Carter, *Stonewall*, 243–244.

"I like to go on the rule of thumb" Teal, *The Gay Militants*, 213.

"wish homosexuality off" Schiavi, *Celluloid Activist*, 82–83.

"Good morning" Hirshman, *Victory*, 122–123.

"open channels to the gay community" Schiavi, *Celluloid Activist*, 84.

"Well, a rather interesting development" Edward Alwood, "Walter Cronkite and the Gay Rights Movement," *Washington Post*, July 26, 2009.

"a complete exchange of energy" Erin McHugh, *Homo History* (Los Angeles: Alyson Books, 2007), 112–113.

"the happiest check I ever wrote" Mark Segal, "New Book Reveals More on Gay Raiders' CBS News/Cronkite 'Zap,'" *Philadelphia Gay News*, June 7, 2012.

"This is not a gimmick" Joyce Murdoch and Deb Price, *Courting Justice* (New York: Basic Books, 2001), 164.

"to permit two males to marry" Teal, *The Gay Militants*, 266.

"homosexual is after all" Murdoch and Price, *Courting Justice*, 165.

"lead to a breakdown" James T. Sears, *Rebels, Rubyfruit, and Rhinestones* (New Brunswick, NJ: Rutgers University Press, 2001), 59.

"it could spread" Eric Pianin, "Hearing Held on Women's Bid to Wed," *Louisville Times*, November 12, 1970.

"She is a woman" Sears, *Rebels, Rubyfruit, and Rhinestones*, 61.

"I am proud of my son" Jim Burroway, "I Am Proud of My Gay Son," Box Turtle Bulletin, April 29, 2014, www.boxturtlebulletin.com/2014/04/29/64234.

175

参考文献

Notes

"Not everything happens in San Francisco" Jim Burroway, "First US Municipal Anti-Discrimination Ordinance," Box Turtle Bulletin, March 7, 2014, www.boxturtlebulletin.com/2014/03/07/63076.
"beat our people over the head" Hirshman, *Victory*, 132.
"I realized something" Ibid., 133.
"In those days gay psychiatrists" Kaiser, *The Gay Metropolis*, 236.
"Twenty Million Homosexuals Gain Instant Cure" Russell, *The Gay 100*, 290.
"There were so many men" Ellen Shumsky, "The Radicalesbian Story: An Evolution of Consciousness," in Mecca, *Smash the Church, Smash the State!*, 190.
"Enough already" Hirshman, *Victory*, 112–113.
"What is a lesbian?" Dudley Clendinen, *Out for Good* (New York: Touchstone, 1999), 91.
"Listen to her!" Schiavi, *Celluloid Activist*, 113.
"As a mother" Anita Bryant, *The Anita Bryant Story* (Ada, MI: Fleming H. Revell, 1977), 119.
"if gays are granted rights" McHugh, *Loud and Proud*, 10.
"Never Again, Never Forget" McDarrah and McDarrah, *Gay Pride*, 154.
"advocating, imposing, encouraging" Amy L. Stone, *Gay Rights on the Ballot Box* (Minneapolis: University of Minnesota Press, 2012), 14.
"Homosexuals want your children" Kaiser, *The Gay Metropolis*, 276.
"We had volunteers" *The Times of Harvey Milk* (Telling Pictures, 1984), 00:16:51.
"It was more than just" *The Times of Harvey Milk*, 00:18:06.
"You can stand around" Randy Shilts, *The Mayor of Castro Street* (New York: St. Martin's, 1982), 190.
"There was . . . pretty serious bashing" Jim Burroway, "Sydney Police Block Pride Parade," Box Turtle Bulletin, June 24, 2014, www.boxturtlebulletin.com/2014/06/24/65303#1978.
"My name is Harvey Milk" Harvey Milk, *An Archive of Hope* (Oakland: University of California Press, 2013), 217.
"Come Out! Come Out!" Bronski, *A Queer History of the United States*, 220.
"Lesbian separatists worked with men" Faderman and Timmons, *Gay L.A.*, 214.
"Whatever else it is" Jim Burroway, "Prop 6/Briggs Initiative Defeated," Box Turtle Bulletin, November 7, 2013, www.boxturtlebulletin.com/2013/11/07/60044.
"To the gay community" *The Times of Harvey Milk*, 00:47:19.
"Most importantly, every gay person" *The Times of Harvey Milk*, 00:47:48.
"I think we sent a message" Ibid., 01:02:44.
"Good people, fine people" Ibid., 01:12:30.
"Harvey knew that the lowest nature" Perry and Swicegood, *Profiles in Gay & Lesbian Courage*, 19.
"Avenge Harvey Milk!" Steve Gdula, *Wearing History* (Los Angeles: Alyson Books, 2007), 54.
"If a bullet" Milk, *An Archive of Hope*, 246.
"I think it's time gay people" Perry and Swicegood, *Profiles in Gay & Lesbian Courage*, 119.
"For us the feeling" Marcus, *Making Gay History*, 230–231.

Chapter 6

"Doctors in New York" Lawrence K. Altman, "Rare Cancer Seen in 41 Homosexuals," *New York Times*, July 3, 1981.
"Like many others" Larry Kramer, *Reports from the Holocaust* (New York: St. Martin's, 1990), xxx.
"Eighty men sat down" Marcus, *Making Gay History*, 247.
"I hope you will write a check" Larry Kramer, "A Personal Appeal," *New York Native*, August 24–September 6, 1981.
"Question: Larry, does the president" Jim Burroway, "AIDS a Laughing Matter at the White House," Box Turtle Bulletin, October 15, 2013, www.boxturtlebulletin.com/2013/10/15/59615.
"There is no doubt" Kaiser, *The Gay Metropolis*, 285.
"People were acting" Marcus, *Making Gay History*, 269.
"If this article doesn't scare" Larry Kramer, "1,112 and Counting," *New York Native*, March 14–27, 1983.
"If we don't act" Ibid.
"It is necessary that we have a pool" Ibid.

"When straight nurses" Faderman and Timmons, *Gay L.A.*, 318.
"talking about how they'll never talk" *After Stonewall*, 00:44:24.
"Over 400 patients" Larry Kramer, "2,339 and Counting," *Village Voice*, October 4, 1983.
"I don't think that" Marcus, *Making Gay History*, 293.
"AIDS is not just God's punishment" McHugh, *Loud and Proud*, 31.
"the citizenry of this country" Alsenas, *Gay America*, 115–116.
"all AIDS carriers" William F. Buckley, "Crucial Steps in Combating the AIDS Epidemic; Identify All the Carriers," *New York Times*, March 18, 1986.
"tendency toward an intrinsic" Peter Freiberg, Rick Harding, and Mark Vandervelden, "The New Gay Activism: Adding Bite to the Movement," *The Advocate*, June 7, 1988.
"when civil legislation is introduced" Perry and Swicegood, *Profiles in Gay & Lesbian Courage*, 97–98.
"One of the saddest lessons" Larry Kramer, "Second-Rate Voice," *New York Native*, March 17, 1986.
"If we have somebody speaking" Marcus, *Making Gay History*, 272–273.
"Twenty years ago we marched" Perry and Swicegood, *Profiles in Gay & Lesbian Courage*, 94.
"We know we do not have" Ibid., 95.
"I remember a 12-year-old boy" Marcus, *Making Gay History*, 276.
"A good percentage of our kids" Ibid.
"Many people, especially our youth" Kaiser, *The Gay Metropolis*, 309.
"My position on AIDS" C. Everett Koop, MD, *Koop: Memoirs of America's Family Doctor* (New York: Random House, 1991), 216.
"We [had] to embarrass the administration" Kramer, *Reports from the Holocaust*, 136.
"to determine as soon as possible" Ibid., xiv.
"blood terrorists" Gdula, *Wearing History*, 102.
"because they know nothing" Ibid., 102.
"connection to blood" McHugh, *Homo History*, 117.
"firmly rooted in Judeo-Christian" Peter Irons, *The Courage of Their Convictions* (New York: Penguin, 1990), 390.
"This case is about" Dave Walter, "In The Justices' Own Words," *The Advocate*, August 5, 1986.
"1-2-3-4, civil rights or" Peter Freiberg, "Supreme Court Decision Sparks Protests: 'New Militancy' Seen in Angry Demonstrations," *The Advocate*, August 5, 1986.
"Every time they knock us down" David Walter, "High Court Upholds Sodomy Law," *The Advocate*, August 5, 1986.
"We have a message for Burger" Freiberg, "Supreme Court Decision," August 5, 1986.
"You've sold out the gay community!" Clendinen, *Out for Good*, 543.
"Turn on the lights" Marcus, *Making Gay History*, 292.
"Four years ago" Kramer, *Reports from the Holocaust*, 127.
"At the rate we are going" Ibid., 128.
"Every one of us here" Ibid., 136.
"At ACT UP I found" Marcus, *Making Gay History*, 307.
"It [was] like living in a war" *How to Survive a Plague* (Sundance Selects, 2012), 00:08:01.
"I said, 'Enough of this'" Ibid., 00:11:55.
"You guys don't know diddly" Ibid., 00:15:05.
"It was like . . . lotus flower" *We Were Here* (Docurama Films, 2012), 01:16:01.
"I didn't understand what it was" Cain, *Leading the Parade*, 279.
"After a little while" Jim Burroway, "ACT UP Occupies the FDA," Box Turtle Bulletin, October 11, 2013, www.boxturtlebulletin.com/2013/10/11/59558.
"It sort of felt like reaching" *How to Survive a Plague*, 00:34:21.
"Stop killing us" Chris Bull and John Gallagher, *Perfect Enemies* (New York: Crown, 1996), 76.
"As long as the epidemic" Mark Blasius and Shane Phelan, eds., "ACT UP Post-Action Position Statement, 1989," *We Are Everywhere* (New York: Routledge, 1997), 626.
"Surely ACT UP has taught everyone" Kramer, *Reports from the Holocaust*, 289.
"Not only has the AIDS epidemic" Larry Kramer, letter to the editor, *The Nation*, March 20, 1989.

Chapter 7

"Come out and face the people!" Daniel M. Weintraub and Scott Harris, "Gay Rights Protest Disrupts Wilson Speech," *Los Angeles Times*, October 2, 1991.

"There is a religious war" Patrick J. Buchanan, "1992 Republican National Convention Speech," August 17, 1992, Patrick J. Buchanan official website, http://buchanan.org/blog/1992-republican-national-convention-speech-148.

"Family Rights Forever" Bull and Gallagher, *Perfect Enemies*, 88.

"Americans try to raise their children" Ibid., 94.

"We find nothing special" Romer v. Evans, 517 U.S. 620 (1996).

"You don't need to be 'straight'" Robert Goldberg, *Barry Goldwater* (New Haven: Yale University Press, 1997), 332.

"When a president takes on tough issues" Bull and Gallagher, *Perfect Enemies*, 157.

"promote homosexuality or" Michelle Baker and Stephen Tropiano, *Queer Facts* (London: Arcane, 2004), 42.

"It was wrongly assumed" McHugh, *Loud and Proud*, 99.

"How could we say that men" Jim Burroway, "Today's Birthdays: Simon Tseko Nkoli," Box Turtle Bulletin, November 26, 2013, www.boxturtlebulletin.com/2013/11/26/60659.

"I have no doubt" Parkinson, *A Little Gay History*, 92.

"Be aware of the changing" Bull and Gallagher, *Perfect Enemies*, 219.

"We will not accept two people" Ibid., 220.

"as big a lie as any" Steven Lee Myers, "How a 'Rainbow Curriculum' Turned into Fighting Words," *New York Times*, December 13, 1992.

"We have no books" Betsy Bird, Julie Danielson, and Peter Sieruta, *Wild Things!* (Somerville, MA: Candlewick Press), 124.

"I would not be standing here" Chauncey, *Why Marriage?*, 53.

"It was like watching a no-hitter" *We Were Here*, 01:19:32.

"Someday the AIDS crisis" Vito Russo, *Out Spoken, Reel Two* (New York: White Crane Books, 2012), 283–284.

"This tragedy—it taught us" *We Were Here*, 01:24:17.

"The basis of this club" *Out of the Past* (Allumination, 1997), 00:39:01.

"Bad enough that they" Evan Wolfson, *Why Marriage Matters* (New York: Simon & Schuster, 2004), 34.

"Their commitment, their love" *No Secret Anymore* (Frameline, 2010), 00:53:14.

"I felt lucky to play" Brandon Voss, "Ryan Phillippe: Cool Intentions," *The Advocate*, May 12, 2010.

"Adult content?" Marcus, *Making Gay History*, 397.

"It didn't matter if" Ibid., 373.

"Go home, give your kids" Moisés Kaufman, *The Laramie Project* (New York: Vintage, 2001), 70.

"The idea was to keep Phelps" Marcus, *Making Gay History*, 415.

"Phelps had arrived" Ibid., 416.

"I would like nothing better" Kaufman, *The Laramie Project*, 96.

"altercation between soldiers" Alsenas, *Gay America*, 139.

"I want to thank Brandon Teena" Hilary Swank, Academy Award acceptance speech, transcript, March 26, 2000, http://aaspeechesdb.oscars.org/link/072-3/.

"I can't bring [Matthew] back" Hirshman, *Victory*, 277.

"a hate crime against parents" Gdula, *Wearing History*, 170.

"Boy Scouts was community" Chuck Sudetic, "The Struggle for the Soul of the Boy Scouts," *Rolling Stone*, July 6–10, 2000.

"The only apparent explanation" Jan Crawford Greenburg, "Scouts Can Ban Gay Leader in N.J. Discrimination Case," *Chicago Tribune*, June 29, 2000.

Chapter 8

"Indeed, Miss Manners" McHugh, *Loud and Proud*, 98.

"I really believe that the pagans" Jim Burroway, "Jerry Falwell Blames Gays for 9/11," Box Turtle Bulletin, September 13, 2013, www.boxturtlebulletin.com/2013/09/13/58961.

"to prohibit certain immoral conduct" Carlos A. Ball, *From the Closet to the Courtroom* (Boston: Beacon Press, 2010), 231.

"Bowers was not correct" Lawrence v. Texas, 539 U.S. 558 (2003).

"Many Americans do not want" *Lawrence v. Texas.*

"the core concept" *Lawrence v. Texas.*

"The Massachusetts Constitution affirms" Chauncey, *Why Marriage?*, 134–135.

"The freedom to marry has" Loving v. Virginia, 388 U.S. 1 (1967).

"I am still not a political person" Mildred Loving, "Loving for All, Public Statement on the 40th Anniversary of *Loving v. Virginia*," June 12, 2007.

"I was disgusted" Jonah Owen Lamb, "Gavin Newsom Has No Regrets About Leading Same-Sex Marriage Charge," *San Francisco Examiner*, February 10, 2014.

"I acted in order to honor" Amy Rennert, ed., *We Do* (San Francisco: Chronicle Books, 2004), 6.

"We thought they'd be" Lamb, "Gavin Newsom," February 10, 2014.

"A volunteer approached us" Rennert, *We Do*, 73.

"the happiest place on earth" Ibid., 95.

"Del is 83 years old" Jim Burroway, "Today's Birthdays: Phyllis Lyon," Box Turtle Bulletin, November 10, 2013, www.boxturtlebulletin.com/2013/11/10/60258.

"After more than two centuries" "Transcript of Bush Statement," CNN.com, February 24, 2004, www.cnn.com/2004/ALLPOLITICS/02/24/elec04.prez.bush.transcript/.

"Will you marry me" Reid Foregrave, "Pair Reflects on Months as Married Gay Couple," *Des Moines Register*, January 20, 2008.

"When all is said and done" Chad Nation, "Iowa Supreme Court: Gay Marriage Ban Illegal," *Southwest Iowa News*, April 3, 2009.

"Guess what I learned" Stone, *Gay Rights on the Ballot Box*, 36.

"Apology accepted" Jim Burroway, "Frank Kameny Fired from Government Job for Being Gay," Box Turtle Bulletin, December 20, 2013, www.boxturtlebulletin.com/2013/12/20/61157.

"It's in the Internet" David Boies and Theodore B. Olson, *Redeeming the Dream* (New York: Viking, 2014), 147.

"I believe that adopting" Ibid., 157.

"My heart breaks" Dan Savage and Terry Miller, *It Gets Better* (New York: Plume, 2012), 2.

"Why are we waiting for permission" Jim Burroway, "Dan Savage," Box Turtle Bulletin, October 7, 2014, www.boxturtlebulletin.com/2014/10/07/67277#1964b.

"Gay rights are human rights" Parkinson, *A Little Gay History*, 22.

"I pledge to lead" "Take the Athlete Ally Pledge," Athlete Ally, www.athleteally.org/action/athlete-ally-pledge/.

"I am absolutely comfortable" Joe Biden, interview by David Gregory, *Meet the Press*, NBC, May 6, 2012.

"At a certain point" Phil Gast, "Obama Announces He Supports Same-Sex Marriage," CNN.com, May 9, 2012, www.cnn.com/2012/05/09/politics/obama-same-sex-marriage/.

"The president, I think" Ibid.

"I [didn't] wanna be" *Edie & Thea* (QC Cinema, 2009), 00:33:58.

"DOMA undermines both the public" United States v. Windsor, 570 U.S. ___ (2013).

"As far as this Court is concerned" *United States v. Windsor.*

"We are a better people" Whitewood v. Wolf, 992 Supp. 2d 410.

"No union is more profound" Obergefell v. Hodges, 576 U.S. ___ (2015).

Afterword

"Never doubt that a small group" McHugh, *Loud and Proud*, 12.

"Our children want us to be married" Theresa Volpe, "Testimony of Mercedes Santos and Theresa Volpe Before the Illinois Senate Executive Committee," January 2, 2013, Lambda Legal, www.lambdalegal.org/in-court/legal-docs/leg_il_20130102_testimony-santos-volpe-hb5170.

All other quotes, interview with Theresa Volpe and Mercedes Santos, November 21, 2014.

平等を諦めない人たちの記録 ── 作用と反作用の行方

　1980年代初め、毎日新聞水戸支局勤務だった私は茨城県内の事件事故報道をこなしながら、世界で拡大し始めたエイズ禍の行方が気になっていました。1つはその神話的な"隠喩"のいかがわしさへの生理的かつ論理的な反発から、1つはエイズ禍に対抗する欧米ゲイ・コミュニティの凄まじいうねり音が（当時はLGBTという言葉はなくGL＝ゲイ＆レズビアンの頭字語があったくらいです）微かながらもずっと私の耳に届いてきていたからです。以来、地方記者業務の傍らで、続いて東京新聞社会部記者になってからも、日本から遥か彼方のゲイ・コミュニティの動きを外電を通してチェックするようになっていました。

　そのころから本書にある「歴史」は私と同時代の出来事でした。1993年にニューヨーク支局勤務となってからは、自分自身が目撃証人にもなりました。エイズにカクテル療法が登場してきた時（p.134）、マシュー・シェパードが殺された時（p.140）、9.11でゲイのヒーローたちが顕彰された時（p.144）、ソドミー法が撤廃された時（p.147）、そしてオバマがTVインタビューで同性婚を認めると言った時（p.162）……その光景の1つ1つは今もまざまざと憶えています。同時に、それらがあまり大きなニュースとして伝えられなかった日本社会のまどろっこさも。性的少数者の人権問題こそ、いま最も旬な社会正義の問題なのだと同僚記者たちに呼びかけても、反応はほとんどない時代でした。

　そんな日本でマスメディアがやっと（イロモノ扱いをヤメて）LGBTの存在を人権問題として正面から取り上げるようになったのは、東京・渋谷区が同性カップルに「パートナーシップ証明書」を交付するようになった2015年前後からでした。それはちょうど本書が語り終える時期と重なります。本書は、日本社会がLGBTのことを真面目に考え始めたこのわずか4〜5年ほどの営みの以前に、世紀をまたぐ数百年の歴史があることを教えてくれます。

　本書に登場するのは各時代の新聞や雑誌、書籍など述べ300もの文献から再構築された400人近い個人史とエピソードの集大成です。それは同性愛で有罪を宣告されたオスカー・ワイルドが、反論すら許されなかった法廷で「私には？　私には何も言うことができないのですか、裁判官どの！」と叫んだ（p.25）その無念を晴らすべく代弁してきた、LGBTコミュニティの100年以上に及ぶ言葉と行動の記録です。それにしても、迫害され、嘲笑され、逮捕され、排除され、無視されても必ず這い上がり立ち上がり闘い続けるこの人間たちの強靭さは一体どこから来るのでしょう？

　ガートルード・スタインが75年前にそれに答えています──「科学的だと思われている男性たちが、作用と反作用が同じ力で逆に働くという物理学の基本的な原則に自ら気づけないというのはおかしなことです。あなたたちが人々を迫害するたびに、あなたたちはその人たちをより強くさらに強く立ち上がらせることになるのです」（p.27）。

　LGBTコミュニティは行政がダメなら立法に、立法がダメなら司法に、あるいはそのすべてがダメでも手を替え品を替え直接行動に訴えて社会をよりフェアなものに変えてきました。本書は、いま日本社会で聞かれるLGBTの人権運動に対する不満や反発のほぼすべてがすでに議論し尽くされ、とうの昔に解決済みの事案であることも教えてくれます。つまり、このところ

急ごしらえで「理解が進んだ」ことになっている日本社会のLGBT問題の、その実取り残している多くの空白を埋めてくれるテキストなのです。私にしても、ハーヴィー・ミルクが呼びかけた「カムアウト！　カムアウト！」が、あの『オズの魔法使』の映画の歌からきているとは知りませんでした（p.99）。

　本書には「あなたたち」「きみたち」と呼びかける文章が随所に見られます。これはもともとが「for kids（子ども向け）」と銘打たれた本だからですが、逆に、こうした複雑な歴史の内実を体系的かつ具体的に若い世代への「教育」として社会に蓄積しようという人々の努力には頭が下がります。人権問題とは、ジャーナリズムや政治の問題を経て、とどのつまりは教育の問題だからです。

　さて、本書が扱ったその歴史はこれが刊行された2015年までだということはすでに書きました。それからいま私がこのあとがきを書いている2019年10月の現在までに何が起きたかということを、ざっと書き足さなくてはなりません。

　大統領最後の任期の2016年、オバマが「ストーンウォール・イン」を国定記念物として宣言しました。その年11月の大統領選挙で、「ゲイ・ライツはヒューマン・ライツだ」と言っていた民主党のヒラリー・クリントンがオバマを引き継いで大統領に選出されることを多くの人は疑っていませんでした。ところが大統領になったのは共和党候補のドナルド・トランプでした。

　2017年1月21日、トランプの大統領就任式が終了して1時間後に、ホワイトハウスのウェブサイトからLGBTに関する資料ページが消え

ました。トランプも副大統領のマイク・ペンスも、LGBTの存在を嫌悪するキリスト教原理主義の有権者に支持されて当選したからです。トランプ政権は性の定義を生まれつきの性別に限定し、変更を認めない措置を検討し始めました。トランスジェンダーの存在を行政上否定するものです。さらにトランスジェンダーの兵士は2019年4月12日以降は入隊禁止となりました。1万人近くいるとされるすでに入隊している現役および予備役のトランスジェンダーの兵士は、そのまま出生時に決められた性での勤務を続けることが求められ、性別適合治療は受けられなくなりました。

　トランプ政権によるこうした公然たる反LGBT施策を背景に、アメリカ社会にはいま白人至上主義、男性主義といった、時代を逆行する反PC（political correctness 政治的正しさ）の風も吹き荒れています。LGBT、時にトランスジェンダーの人たちへの暴力憎悪犯罪も後を絶ちません。

　ただし、作用と反作用の喩えもあるように、2020年の大統領選挙には民主党候補の中で弱冠37歳のゲイ男性、インディアナ州サウスベンド市長ピート・ブーティジェッジの存在が注目を集めています。オープンリーゲイの候補者が出てきたのはもちろん史上初のことです。民主党候補の中ではLGBTの人権問題に特化した討論会も行われているのです。キリスト教プロテスタントという保守的な人々が作ったアメリカでも、女性大統領、LGBTの大統領の誕生は時間の問題となっています。

　本書に倣って言えば、これからのその歴史を、新たに日本のことも含めて書き足していくのは「あなたたち」なのです。

北丸雄二

索引

Index

索引

Index

索引

Index

索引

Index

著者：ジェローム・ポーレン Jerome Pohlen

独立系出版社シカゴレビュー出版の編集長。人権運動としてのLGBT運動の子ども向けの本がないことに気が付いたため、本書を執筆。小学校の理科の先生だった経験もあり、子ども向けのわかりやすい科学書『アインシュタインと相対性理論』（丸善出版）は、日本でも翻訳出版されている。また『アメリカの奇人』シリーズを手掛けた旅行ライターとしても有名。

翻訳者：北丸雄二 Yuji Kitamaru

中日新聞（東京新聞）ニューヨーク支局長を経て1996年からフリージャーナリストに。長年にわたってNYから米政治・文化などのほか、LGBTQ＋の情報を日本に向けて発信。2018年から拠点を日本に移して活動。

LGBTヒストリーブック
絶対に諦めなかった人々の100年の闘い

2019年12月21日　第1版第1刷発行
2021年 4月20日　第1版第3刷発行

著者	ジェローム・ポーレン
翻訳	北丸雄二
発行者	古賀一孝
発行所	株式会社サウザンブックス社
	〒151-0053
	東京都渋谷区代々木2-23-1
	http://thousandsofbooks.jp

装丁イラストレーション	しんちけんろう
装丁・本文デザイン	atelier yamaguchi（山口吉郎、山口桂子）
編集	山縣真矢（ぐび企画）
企画・協力	プライドハウス東京
印刷・製本	シナノ印刷株式会社

Special Thanks	東浦可奈、山口洋佑、松中権
	ゴールドマン・サックス

サウザンブックスのPRIDE叢書について

PRIDE叢書はLGBTがプライドを持って生きるための書籍をクラウドファンディングで出版していくシリーズです。本書はその第3弾として出版されました。

LGBTムーブメントについて語るとき、アメリカにおけるストーンウォール蜂起はしばしば1つの起点として語られます。日本においてもストーンウォールに呼応し、影響を受け、動いてきた人たちがいました。しかしながら国内においてそのような動きが大きく報じられることはなく、一般にはあまり知られていません。その結果、当事者にさえ日本のLGBTムーブメントの歴史がストーンウォールとは切り離されているかのごとく思っている人が少なくないのです。

ストーンウォールを含むLGBTムーブメントの歴史を紹介するこの本が広く読まれることで、日本と世界の動きが本当の意味で地続きになり、安易な日本特殊論が排されることを願ってやみません。そしてまた、日本国内における先人たちの歩んできた道をきちんとまとめていくことが今後の課題となると考えます。

ストーンウォールから半世紀という節目の年に、プライドのために闘ってきた人たちを紹介するこの本をPRIDE叢書で訳出できたことを編集主幹として誇りに思います。

PRIDE叢書 編集主幹／宇田川しい

『ぼくを燃やす炎』　『ふたりママの家で』